리더십 리셋
Leadership Reset

다시 세워 가는 한국 교회

리더십 리셋

LEADERSHIP RESET

다시 세워 가는 한국 교회

계재광 지음

차 례

머리말 : 왜 '리더십 리셋'인가? _ 8
서 론 : '변화, 그 쉽지 않은 일'을 해낸 교회들 _ 12

<1부> 교회와 리더십 _ 21

1장 리더십, 정말 내가 알고 있는 그것일까? _ 23

2장 교회, 정말 내가 알고 있는 그것일까? _ 29
   1. '삼위일체론'에서 교회의 기초 찾기 _ 30
   2. '선교적 교회'에서 교회의 정체성 찾기 _ 38

3장 통합적 사고로 리더십 바라보기 _ 49

4장 통합적 사고로 진단하는 한국 교회 리더십 _ 57
   1. 개인 내면 차원 : 소비문화 속 신학의 빈곤에서 비롯된 그리스도인의 정체성 혼란 _ 57
   2. 일대일 관계 차원 : 그리스도인으로 살고 있다고 착각하는 이원론적인 삶 _ 60
   3. 공동체 차원 : 끌어모으기식의 수직 계층적 리더십 _ 62

<2부> 한국 문화 속 교회의 변화를 위한 리더십 _ 69

1장 문화와 리더십은 어떤 관계가 있을까? _ 71
  1. 문화와 리더십 _ 71
  2. 교회가 마주하고 있는 현대 문화 _ 75

2장 후기세속사회 vs. 섬김의 리더십 _ 83
  1. 교회만이 내 세상 _ 83
    1) 개인 내면 차원 : 그리스도인이라는 정체성의 부재
    2) 일대일 관계 차원 : 믿지 않는 사람과 구분이 없는 삶
    3) 공동체 차원 : 내 교회 일만으로도 바쁘다
  2. 나를 넘고 내 교회를 넘는, 섬김의 리더십(Servant Leadership) _ 96
    1) 개인 내면 차원 : 주님이 리더 되심을 자각하기
    2) 일대일 관계 차원 : 신실하게 섬기며 살아가기
    3) 공동체 차원 : 지역사회를 품는 복음의 공동체 되기
    4) 결론 및 요약
      교회 사례(장유대성교회, 창동염광교회) _ 126

3장 포스트모던 사회 vs. 관계적 리더십 _ 145

1. 여전히 옛날에 머물러 있는 교회 _ 145
　1) 개인 내면 차원 : 존재보다 권위가 우선
　2) 일대일 관계 차원 : 소통보다 지위가 우선
　3) 공동체 차원 : 위임보다 지시가 우선

2. 교인과 동행하는, 관계적 리더십(Relational Leadership) _ 153
　1) 개인 내면 차원 : 예수 그리스도와의 관계에 기초한 정체성 갖기
　2) 일대일 관계 차원 : 관계 변화를 가져오는 공감적 경청하기
　3) 공동체 차원 : 기꺼이 속하고 싶은 공동체 되기
　4) 결론 및 요약
　　교회 사례(새들백교회, 파주 주사랑교회) _ 182

4장 다문화사회 vs. 포용의 리더십 _ 197
  1. 가깝지만 먼 우리 _ 197
    1) 개인 내면 차원 : 다름에 대한 불관용성
    2) 일대일 관계 차원 : 권위적인 '우리'주의 문화
    3) 공동체 차원 : 다문화가정과 교류 부족
  2. 다문화 가정과 함께하는, 포용의 리더십(Embrace Leadership) _ 204
    1) 개인 내면 차원 : 주변부 사람들과 자신을 동일시하기
    2) 일대일 관계 차원 : 순전해짐으로 끌어안기
    3) 공동체 차원 : 환대하고 존중하는 공동체 되기
    4) 결론 및 요약
      교회 사례(상주교회, LA 움직이는교회, 부천 복된교회) _ 224

맺는말 : 거목이 아니라 숲이 되기 _ 246

머리말

왜 '리더십 리셋'인가?

　3년 전, 캘리포니아 LA 근교의 전통 있는 작은 마을에서 연구년을 보냈다. 처음에는 걸어서 갈 수 있는 동네 교회 두 곳에 3개월씩 출석했다. 첫 번째 교회는 과거 1,000명이 넘는 교인이 출석했던 회중교회였지만 현재는 겨우 20~30명이 모여 예배를 드리고 있었다. 그 커다란 공간과 부지를 인종이 다른 다섯 개 개척교회에 시간대별로 임대하여, 거기서 나오는 사용료로 겨우 교회를 유지하고 있는 형편이었다. 두 번째 교회는 그 지역의 한 블록을 차지할 정도의 큰 규모에 커다란 유치원까지 소유하고 있었지만, 역시 현재 남아 있는 교인은 40~50명 정도로 그나마 60~80대의 백인 노인들이었다.
　두 교회에 출석하면서 내가 경험한 것은 한 마디로 '환대의 부재'였다. 두 교회 모두 "누구나 환영합니다!"라는 글귀를 내걸고 있었지만, 정작 예배에 나온 새로운 신자에 대한 관심은 찾아볼 수 없었다. 예배 후 커피 타임에 나를 초청하는 이가 아무도 없었으니 말이다. 그러면 나는 '누구나'의 범주에 들지 않았던 것일까? 교회가 추구하는 가치가 구호로만 남아 있고 실제로 실행되지 않을 때 한 명의 성도로서 느낄 수 있는 공허함을 그 일을 통해 크게 경험했다.

그 후 6개월은 이른바 '선교적' 교회라고 일컫는 교회에 출석했다. 교회 입구에 들어서면 친절한 미소와 함께 "주차권이 필요하세요? 아니면, 샤워가 필요하신가요?"라는 질문을 받는다. 차를 가져온 사람에게는 주차권을 주고, 샤워가 필요한 홈리스(homeless), 즉 노숙인에게는 샤워할 수 있도록 도움을 주고 있었다. 이 교회는 매주 커다란 홀을 빌려 예배를 드리고 있었는데, 중상류층 이상의 백인들과 동양인, 그리고 라티노와 흑인 홈리스들도 함께 있었다.

이 교회에 두 번째 출석했던 날의 일이다. 주보를 나눠 주던 한국계 성도 한 분이 나를 반갑게 맞이하며 어디에 사는지 물어보았다. 그러면서 본인도 내가 살고 있는 동네에서 세탁소를 운영한다는 이야기와 함께 몇 마디를 더 나누었다. 그 교회에 두 번째 출석하고서 아는 사람이 생긴 것이다. 나중에 그분과 조금 더 교제하면서 그분이 이 교회에 출석하게 된 과정을 알게 되었다. 딸이 먼저 이 교회에 출석했는데, 혹시 이단은 아닌지 걱정이 되어 알아보기 위해 왔다가 등록까지 했다는 것이다. 그분은 대화 중에 아주 밝고 명랑한 표정으로 내게 물었다. "이 교회, 정말 교회 같죠?"

몇 년이 지난 지금도 이 말이 내게 깊은 여운으로 남아 있다. 일상이 힘들더라도 정말 교회 같은 교회를 찾아 열심히 섬기고 있는 그분의 모습에 감사함을 느끼면서도, 한편 그런 교회가 많지 않다는 생각에 목회자로서 미안한 마음이 들었다. 그렇다면 '정말 교회 같은 교회'는 어떤 교회인가? 우리가 찾아 헤매는 교회는 어떤 교회인가? 내가 찾던 교회가 아니었음에 실망하는 이유는 무엇인가? 교회의 교회다움! 신앙인의 신앙인다움! 이것이 이 시대에 우리 교회가 잃어버린 본질이 아닌가 하는 생각이 들었다.

연구년이 종료된 후, 나의 이런 고민은 곧 한국 교회의 변혁에 대한 고민,

이어서 한국 교회가 속해 있는 한국 문화에 대한 고민, 그리고 그러한 상황 속에서 교회의 교회다움을 회복하기 위한 첫걸음으로서 '교회를 변혁할 수 있게 하는 리더십'에 대한 고민으로 이어졌다.

리더십 이론가들이 공통적으로 말하는 리더십의 핵심은 바로 '변화를 이끄는 것'이다. 즉, 리더십을 통해 변화를 이끌 수 없다면 그 리더십은 제 역할을 하고 있지 않은 것이다. 한국 교회가 교회다움과 신앙인다움을 회복하기 위해서 변화하길 원하지만, 변화가 어렵다면 리더십 문제일 것이다. 따라서 현재 한국 교회 리더십의 어느 부분이 문제인지 파악하고 개선하여 리더십이 목적대로 역할을 할 수 있도록 하는 일이 필요하다. 어떤 장치가 다시 바르게 기능할 수 있도록 조절하는 것, 바로 이 책의 제목인 '리셋'(Reset)[1]은 여기에서 비롯되었다. 고장난 시계를 고치려면 무작정 덤벼들 것이 아니라, 시계의 수많은 부품 중 어느 부품이 문제를 일으키는지 확인한 뒤 그 부품을 교체하거나 수선하는 작업을 거쳐야 한다. 그러기 위해서는 시계 및 부품의 설계도를 명확히 알아야 하는데, 그 안에 시계 설계자의 의도가 고스란히 들어 있기 때문이다. 교회의 변혁을 위한 리더십도 마찬가지다. 우리를 통해 리더십이란 개념을 발견하고 활용하게 하신 하나님, 교회의 설계자이신 하나님의 의도를 살핌으로 한국 교회에 맞는 리더십을 찾아 가야 할 것이다.

부디 이 작은 책이 한국 교회 성도들과 목회자들 개개인과 그들 모두의 일상, 나아가 교회 공동체를 건강하게 만들어 가는 데 조금이라도 기여할 수 있기를 간구한다.

끝으로 본 저서가 나오기까지 격려와 도움을 주신 모든 분들께 감사를 드린다. 부족한 제자를 위해서 기꺼이 추천사를 써 주신 서정운 목사님, 삶의 멘토 되신 임성빈 총장님, 열심히 섬기지 못한 협동목사를 끝까지 지지해 주신 김지철 목사님, 부족한 후배를 격려해 주신 실천신학회 회장 김경진 교수님, 함께 글을 읽고 토론하며 잘 다듬어 준 이승옥 자매와 이세영 목사님, 글이 책으로 나올 수 있도록 도와주신 한국장로교출판사의 채형욱 사장님과 김효진 대리님, 그리고 무엇보다 부족한 남편을 이해하고 격려해 준 사랑하는 아내 박경희와 두 아들 명석, 한석에게 사랑의 마음을 담아 고마움을 전하고 싶다.

서론

'변화, 그 쉽지 않은 일'을 해낸 교회들

한국 교회가 위기에 처했다는 것은 모두가 알고 있다

한국 교회가 위기에 처했다는 것은 모두가 알고 있다. 교회 내부적으로는 교회의 본질과 정체성이 흔들리고, 교회 외부적으로는 교회의 사명 망각과 한국 사회로부터 게토(ghetto)화되는 문제에 맞닥뜨리고 있다. 목회자들의 언행이 일치하지 않고, 교인들의 생활은 신앙을 가지지 않은 사람들과 별 차이가 없으며, 교회가 이웃을 배려하고 섬기기보다는 집단적 이기주의의 모습을 보임으로 인해 한국 사회에서 신뢰를 잃어 가고 있다. 동시에 내적으로 기독교인이라는 정체성은 있으나 교회에는 출석하지 않으며 계속해서 교회다운 교회를 찾아 헤매는 이른바 '가나안 성도'들이 늘어나고 있는 형편이다.[1] 결과적으로 기독교의 대사회적 가치와 바른 교회론을 상실한 한국 기독교는 갈수록 이 사회에서 주변화되어 가고 있다. 세상이 교회를 걱정해 주는 시대를 살고 있는 것이다. 신앙인은 신앙인 됨을, 교회는 교회 됨의 본질을 점점 더 잃어 가고 있다.

다행히 한국 교회는 스스로 변화의 필요성에 대해 인식하고 변화를 위해 노력하고 있다. 그러나 그 필요성의 크기만큼 진정으로 변화하고 있는지 자문할 때 긍정적으로 대답하기는 힘들 것이다. 한국의 종교 인구 중 개신교인은 불교에 이어 두 번째로 많으나,[2] 한국인이 가장 신뢰하는 종교는 가톨릭과 불교 순이고 개신교는 그에 훨씬 못 미친다.[3] 비종교인들을 대상으로 개신교에 대한 신뢰를 상실한 이유를 물었을 때, 가장 많은 사람이 "언행일치가 되지 않아서"(24.8%), 그다음으로는 "교회 내부적 비리와 부정부패가 많아서"(21.6%)라고 답했다. 이러한 연구 결과에 따르면, 한국 교회의 목회자와 교인들의 부도덕성 혹은 윤리성 부재와 관련된 응답 비율이 65.6%에 이른다는 것을 확인할 수 있다.[4]

변화, '그 쉽지 않은 일'을 해낸 교회들

그렇다면 한국 교회라는 조직 안에서는 무슨 변화가 일어나야 할까? 먼저, 조직문화를 바꾸기란 쉽지 않은 일임이 분명하다. 조사에 따르면 최고경영자로부터 구성원들까지 모두 변화의 필요성을 느끼는 조직일지라도 그중 60~70%는 변화에 실패하고 있다.[5] 성공 경험을 통해 얻은 이전의 익숙한 방식을 언제든 쉽게 선택하려는 경향이 있기 때문이다. 물론 안정적인 상황에서는 이러한 관성(inertia)이 긍정적인 영향력을 끼칠 수 있다. 그러나 변화가 필요한 시기에, 특히 조직에서 주요 의사결정권들을 쥐고 있는 리더들의 '습관대로 일하려는 경향성'은 변화의 속도를 늦출 뿐 아니라 실패를 초래하게 된다. 스탠퍼드 대학 칩 히스(Chip Heath) 교수의 설명처럼, 이전의 익숙한 성공 방식이 '지식의 저주'(The Curse of Knowledge)가 된다. 기존 지식에 매몰됨으로 그 이상을 상상하기 어렵고, 전문가일수록 비전문가의 마음을 모르는 선택을 하게 될 수 있다는 것이다.[6] 교회도 동일하다. 세계 최대 기독교 관련 연구 센터인 '라이프웨이리서치' 대표 에드 스테처(Ed Stetzer)와 톰 라이너(Thom S. Rainer)는 7,000개 교회를 조사한 후, "교회는 변화의 고통보다 같은 자리에 머무르고 있는 고통이 더 클 때까지 변화되지 않는다."라고 결론 내렸다.[7]

다행스러운 점은, 이 방대한 조사를 통해 변화라는 '그 쉽지 않은 일'을 해낸 교회들의 특징이 발견되었다는 것이다. 변화하는 교회들의 특징은 교회의 크기가 크다거나 탁월한 프로그램, 혹은 뛰어난 설교나 예배가 아니었다. 이들은 '좋은 교회' 혹은 '좋은 것을 하는 교회'에 머물지 않았으며, 하나같이 사람을 변화시키는 복음의 능력에 집요하게 집중한 교회들이었다고 스테처와 라이너는 주장한다.[8] 최근 '선교적 교회'라고 일컬어지는 교회들의 특징은 복음에 기반한 교인들의 정체성 교육을 철저히 함으로 일상의 삶 속에서 복음에 합당한 삶을 신실하게 살아가도록 돕고, 지역사회에 꼭 필요한 공동체가 되고자 노력하는 모습을 보인다.[9] 그런 교회들은 어떤 제도나 프로그램을 통한 교회의 변화를 가져오기 전에, 그리고 복음을 지금의 일상과 지역 공동체에 풀어 내기 전에, 먼저 복음이 무엇이며 하나님의 마음이 어디에 있는지 충분히 숙고하여 그에 맞는 철학과 방향을 세워 나가는 모습을 보인다.

교회는 항상 복음을 보수하되, 새롭게 해석된 복음을 현실에 맞게 세워 나가야만 한다. 즉, 어느 때나 교회의 본질과 사명을 고민함으로 각 문화적 상황 속에서 복음을 구체화하고 그 복음을 삶으로 살아내야 한다. 교회는 자신이 서 있는 지역에서 복음의 핵심인 하나님 나라의 예시로서, 공동체적인 삶의 증거를 통해 주 안에서 이루어진 하나님의 구속적인 통치와 미래에 완성될 하나님 나라를 나타내야 한다.

교회가 변화되기 위해서는, 즉 교회가 속한 사회 문화적 상황 속에서 교회의 본질을 재정립하고 실천하기 위해서는 그 시대의 사회 문화적 환경과 그 환경 속에서 살아가는 사람들에게 필요한 것이 무엇인지 이해하고자 하는 실천적 고민이 병행되어야 한다. 변화하는 현대문화와 사회 속에서 변하지 않는 복음을 전하기 위해서는 '형성'(forming)과 '개혁'(reforming)을 지속하는 지혜가 필요하다.[10] 교회의 지도자들은 성경적 본질과 신학적 진리 위에서 교회의 지속적 회심을 위한 개혁을 추구하고, 새롭게 변화하는 상황과 문화에 반응하는 새로운 형성을 주도해야만 한다.

약 500년 전의 교회도 변화하지 않으면 안 될 위기를 겪었다. 당시 교회가 가지고 있던 획일화된 교의와 신학은 더 이상 사람들의 삶에 의미를 줄 수 없었고, 하나님을 살아 있는 방법으로 매개해 주지 못했다. 다시 말해, 교회의 가르침과 선포에서 그들은 살아 있는 하나님을 만나지 못했던 것이다.[11] 그러한 시대에 목숨을 내걸고 변화를 주창하였던 종교개혁가들은 변화된 시대 속에서 어떻게 하나님을 살아 있는 방법으로 매개할 수 있을지 고민하였고,[12] 그들의 이 고민이 바로 '종교개혁의 정신'으로 나타났다. 종교개혁은 신학이라는 옷을 입힌 정치, 사회, 도덕의 개혁을 요구한 것이 아니었다. 오히려 더 깊이 파고 들어가면, 무엇보다 중요한 관건은 "복음이란 무엇인가? 우리는 어떻게 알 수 있는가? 구원이란 무엇이며 우리는 어떻게 구원받을 수 있는가? 하나님의 백성은 누구이며 교회는 무엇인가?"와 같은 신학적 문제들이라는 것을 알 수 있다. 종교개혁은 개인의 삶을 바꾸는 일이었고, 외면을 개신교로 바꿀 뿐 아니라 내면의 중심을 복음에 합당하게 바꾸는 것이었다.[13] 이러한 종교개혁 정신은 2,000년대 북미에서 교회의 위기에 대한 인식과 탈기독교화되어 가는 시대를 향한 선교적 사명으로 나타나기 시작한 이머징 교회

(Emerging Church)와 선교적 교회(Missional Church) 운동[14]까지 이어졌다.

공동 목표 달성을 위한 기독교 리더십

오늘날 한국 교회 공동의 목표는 '교회의 교회 됨 회복'과 '신앙인의 신앙인 됨 회복'임이 명확해 보인다. 이는 목회자나 교회 지도자만의 목표가 아닌 '교회 공동의 목표'가 되어야 하며, 어느 한순간에 비범한 능력을 지닌 개인의 힘으로 달성 가능한 것도 아닐 것이다. 목표 달성이라는 성과는 집단 내 구성원들의 공동 노력으로 조금씩 목표에 가까워지는 '과정'을 통해서만 얻을 수 있다. 그렇다면 이러한 목표 달성의 과정 중에서, 집단 내 구성원들은 이를 위해 어떤 식으로든 서로에게 영향을 주고받지 않을까? 바로 이것, "공동 목표 달성을 위해 한 개인이 집단의 성원들에게 영향을 미치는 과정"을 학계에서는 리더십(Leadership)이라 일컬으며, 그 핵심은 바로 '변화를 이끄는 것'이라고 주장한다.[15] 이러한 정의하에서 한국 교회의 기독교 리더십은 '교회가 본질을 회복하고, 본질을 따라 실천할 수 있도록 변화하기 위하여 개인[16]이 교회 공동체에 영향을 미치는 과정'이라고 할 수 있을 것이다.

하지만 사람이든 교회든 모두 '살아 있는 시스템'(a living system)으로 항상 다른 시스템 혹은 조직과의 상호관계 속에 있게 된다. 사람은 가족이라는 더 큰 시스템에 속해 있고, 가족은 공동체와 직장 등 더 큰 조직에 속해 있으면서 상호관계 속에 존재한다. 그러므로 교회 조직이 변한다는 것은 사람과 교회 조직의 상호 관계성을 이해해야 하는 일이고, 천천히 진행되어야 하며, 그에 대한 대가를 요구하는 작업이 될 것이다.[17] 결국 기독교 리더십에 대한 접근은 "전체적인 것이 어떻게 구성되었고, 그 구성원들이 서로 어떻게 연관되었는가를 생각하며, 그 각 부분들 사이의 관계가 어떻게 새로운 것을 창출해 내는가?"를 고려하는 '시스템적 사고'[18] 혹은 '통합적 사고'를 바탕으로 하여야 할 것이다.

왜냐하면 공동체가 속한 문화는 공동체의 리더십과 그 효과에 영향을 주고받기 때문이다. 따라서 오늘날 한국 교회에 영향을 주는 한국 사회의 문화를 이해하고, 그에 상응하는 교회 리더십을 세워 가야만 교회 공동의 목표를 달성할 수 있을 것이다.

이 책의 구성

머리말에서 다룬 것처럼 조직의 변화를 만들지 못하는 리더십은 바르게 작동하고 있다고 할 수 없다. 따라서 리더십은 공동체와 조직이 건강한지 혹은 역기능을 하고 있는지 알아볼 수 있는 잣대라고도 할 수 있다.[19] 한국 교회가 변화의 필요성을 느끼고 있음에도 쉽게 변화하지 못한다는 것은, 이전의 익숙한 성공 방식이 현재의 시대 및 문화와는 맞지 않음에도 불구하고 제도적 교회가 이를 놓지 못하고 있으며, 이에 교회 리더십이 흔들리고 있음을 시사한다.

스테처와 라이너의 조사가 말해 주듯, 변화에 성공한 교회는 교회의 본질인 복음을 고수하며 시대에 알맞게 해석해서 그것을 삶으로 살아내는 사명을 감당하는 교회이다. 변화를 원하는 한국 교회가 추구해야 할 리더십 역시 이러한 연장선에 있어야 할 것이다.

이 책은 궁극적으로 교회 됨과 신앙인 됨의 회복과 실천을 위한 '변화'를 끌어내기 위해 '리더십'을 '리셋'하자는 내용을 담고 있다. 1부 '교회와 리더십'

에서는 먼저 리더십의 올바른 정의부터 다룬다. 이어 제도적 교회가 놓치고 있는 교회의 본질과 정체성이 무엇이고, 한국 교회의 생명력과 건강한 변화를 위해 무엇이 갖추어져야 하는지를 삼위일체 신학과 선교적 교회론을 통해 찾으려고 한다. 특히 기존에는 일대일 관계에만 초점을 맞추던 리더십의 형태에서 벗어나 개인, 일상, 공동체의 다차원적 접근을 통하여 각 차원에서 놓치지 말아야 할 본질과 사명을 함께 제시하고자 한다. 2부 '한국 문화 속 교회의 변화를 위한 리더십'에서는 한국 교회가 마주하고 있는 현대 문화의 특성을 후기세속사회, 포스트모던사회, 다문화사회의 세 가지 유형으로 구분하고, 각 문화에 대응하여 구비하여야 할 리더십의 다차원적 측면을 이론적 배경과 실제 교회 사례를 통해 논할 것이다.

시대에 따른 교회 변화의 필요성을 느끼고, 하나님 나라를 이 땅에서 실천하고자 하는 모든 교회와 신앙인들에게 이 책이 작은 등불로나마 기능할 수 있기를 바란다.

1부

교회와 리더십

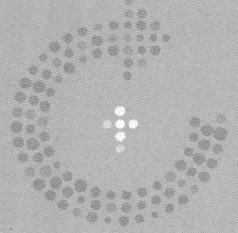

Leadership Reset

1장

리더십,
정말 내가 알고 있는
그것일까?

우리 일상에서 '리더십'이라는 단어는 무척 익숙하다. 구글에서 '리더십'을 검색하면 무려 천만 건 이상의 문서가 존재한다. 꽤 오래전부터 어느 서점을 방문하든지 리더십 관련 코너가 잘 보이는 곳에 있고, 'ㅇㅇㅇ 리더십', '성공하는 리더들의 ㅇㅇ가지 습관·원칙' 등을 다룬 책이 베스트셀러에 오르는 것은 어제오늘 일이 아니다. 기업·기관 등의 조직은 물론이며 대학에도 구성원의 리더십 역량을 함양하기 위한 리더십센터가 설립되고, 나아가 과학적으로 리더십을 연구하기 위한 여러 분야의 학회에서 다양한 논의가 펼쳐지고 있다.

리더십은 '무리를 다스리거나 이끌어 가는 지도자로서의 능력'[1]이라는 표준국어대사전의 정의처럼, 강력하고 역동적인 한 개인의 이미지를 내포하고 있다.[2] 우리는 리더가 어떤 사람이며 어떻게 행동하느냐에 따라 그가 이끄는 조직의 방향이 달라진다는 것을 인정하기에, 효과적인 리더가 되기 위해서 어떤 능력을 갖추어야 하는지, 즉 어떤 리더십을 지녀야 하는지에 대해서 관심이 많다. 이는 리더십에 대한 정의가 개인 혹은 조직의 관점과 관심사에 따라 달라질 수도 있음을 시사한다. 그래서 랄프 스톡딜(Ralph Stogdill)은 리더십 연구를 광범위하게 검토한 후, "리더십의 정의는 그 개념을 정의하려고 시도했던 사람들만큼이나 많다."고 결론 내렸다.[3]

20세기 들어 비로소 체계적 접근이 시작된 리더십 연구는 '지능, 성격, 동기, 가치관, 능력 등에서 천부적으로 특별한 특성을 갖춘 사람이 리더가 된다'는 특성(Trait) 이론부터 시작되어 리더들이 실제로 취하는 행동에 주목하여 바람직한 리더의 스타일을 찾아가려고 하는 행위(Behavior) 이론, 주어진 상황에 따라 효과적인 리더십이 다르게 나타난다고 보는 상황(Contingency) 이론 등으로 변화해 왔다. 다시 말해, 한 분야의 힘과 능력을 가진 리더가 구성원들에게 어떻게 효과적인 영향을 끼칠 것인가를 고민하는, 리더 관점에서의 리더십 연구였다.

시간이 지남에 따라, 80년대 이후 리더십 연구는 리더와 구성원의 관계성에 주목하면서 리더가 구성원에게 미치는 영향과 더불어 구성원이 리더에게 미치는 영향까지 생각하는 양방향관계에 초점을 두게 되었다. 지난 35년 동안, 학자들은 리더를 따르는 구성원들에 대한 이해와, 현대적 리더십 이론들의 연구를 통해 리더는 혼자가 아닌, 따르는 구성원들에 의해 정의됨을 알게 되었다.[4] 그 예로 구성원 모두를 하나의 전체로 보는 것이 아니라 리더와 구성원 각자 간에 존재하는 개별적 관계에 관심을 두고 그 과정을 연구하는 리더-구성원 교환(Leader-Member Exchange) 이론,[5] 구성원의 정서,

가치관, 윤리, 행동규범, 장기적 목표 등을 바꾸어 줌으로써 개인을 변화시키고 조직을 변혁시키는 과정을 연구하는 변혁적 리더십(Transformational Leadership) 이론, 팀의 성공을 확보하기 위해 필요한 리더십과 의사결정 방법을 연구하는 팀 리더십(Team Leadership) 이론 등이 있다. 이러한 이론들은 리더십의 관계적인 요소를 강조하는데, 그중에서도 리더와 그 구성원들 간의 상호 관계에 초점을 맞추고 있다.[6] 더불어 최근에는 리더의 정체성에 초점을 맞추는 섬김의 리더십(Servant Leadership), 윤리적 리더십(Ethical Leadership), 진성 리더십(Authentic Leadership) 등의 이론이 추가되고 있다.

이렇듯 다양한 관점에서의 리더십 정의와 연구가 있지만, 공통적으로 나타나는 몇 가지 구성 요소를 기초로 하여 학문적으로는 "공동목표를 달성하기 위하여 한 개인이 집단의 구성원들에게 영향을 미치는 과정(process)"을 리더십으로 정의하고 있다.[7] 초점은 사람이 아닌 과정에 있다. 20세기까지 리더십의 흐름은 한 분야의 힘과 능력을 가진 리더가 구성원들에게 어떻게 효과적인 영향을 끼칠 것인가를 고민했다. 그런데 21세기에는 구성원들이 그들이 따르는 리더가 과연 따를 만한 가치가 있는 사람인지를 보고 그를 따를지 결정한다. 그렇기 때문에 21세기의 리더십은 구성원들에게서 나오게 되며 다른 말로 팔로워십(followership)이라고 할 수 있다. 기존의 연구가 팔로워들을 향한 리더의 영향력에 의존해 왔다면 최근에는 리더와 팔로워의 관계가 쌍방향으로 상호적으로 이루어지며, 팔로워들은 그저 리더를 맹목적으로 따르는 것보다는 훨씬 많은 영향력을 행사함을 발견하게 되었다. 그래서 현대사회의 리더십 이론가들은 리더십을 리더의 선천적 또는 후천적인 특성보다도, '리더와 팔로워 간의 관계에서부터 비롯되는 과정'이라고 정의한다.[8] 이러한 정의는 '모든 리더는 또한 팔로워'라는 사실을 접어 두고서라도, 현대

사회의 리더십에 관한 합리적인 이해에 팔로워에 해당하는 구성원들의 힘과 중요도가 비중 있게 기여한다는 사실 때문에 점차 더 중요하게 받아들여지게 되었다.9) 심지어 조셉 로스트(Josep Rost)는 "리더십이 리더와 팔로워 간의 상호적 관계로 정의된다면, 리더와 팔로워는 서로 모두 리더십을 발휘한다."라고 주장했다.10) 다시 말해, 리더십은 누구든지 집단 내 다른 사람에게 영향을 미치고, 그들에 의해 영향을 받으며 공동의 목표를 달성하기 위해 준비하고 노력하는 상호작용적 과정이라는 것이다. 따라서 리더십은 집단 내 공식적으로 임명된 리더에게만 제한적으로 적용되는 것이 아닌, 모든 사람에게 적용 가능한 개념이 된다.

지금까지 살펴본 리더십 이론은 말 그대로 '이론'이며 대부분 교회 밖에서 개발된 것이다. 과연 이것을 교회를 포함한 기독교 세계관에 바로 적용해도 되는 것일까? 자연스럽게 이러한 의문이 들 것이다. 성경은 리더십에 대해 무엇이라 말하고 있는가? 사실 성경에 리더십이라는 단어가 직접 등장하지는 않는다. 하지만 리더십이라는 말 자체가 잘못된 것도 아니고 성경에 어긋나지도 않는다. 성경에는 수많은 리더들이 등장한다. 아브라함, 모세, 다윗, 느헤미야, 베드로, 사도 바울 등이 어떻게 리더십을 발휘하였는지는 비신앙인들에게도 익히 알려져 있고 여러 책들에 잘 소개되어 있다. 하지만 최고의 리더는 삼위일체 하나님이시며, 인간의 육체를 입고 우리 곁에 오신 성자 예수 그리스도는 참된 리더의 모습을 우리와 가장 가까운 곳에서 보여 주셨다. 예수 그리스도는 "인자는 섬김을 받으러 온 것이 아니라 섬기러 왔다" (마 20 : 28)는 말씀과 함께 '섬김의 리더십'의 모범을 보여 주셨다. 따라서 섬김은 성경이 가르치는 리더십의 토대가 되며 예수 그리스도의 제자로 살아가려는 모든 사람들의 신앙생활 또한 섬김을 근간으로 해야 할 것이다. 물론 우리가 모두 리더로 부르심을 받은 것은 아니다. 하지만 리더는 먼저 종으로 부르심을 받았고, 그다음에 다시 리더로 부르심을 받았다는 사실을 잊지 않아야 할 것이다.

또한 성경에서 진정으로 주목해야 할 점은 하나님은 리더만큼이나 공동체와 구성원에도 관심이 많으시다는 점이다. 삼위일체 하나님은 스스로부터 공동체의 영이시다. 삼위일체 하나님은 세 위격이 서로 구분되어 있지만 항상 상호 관계적이며, 서로를 배척하지 않고 그 안에서 공존하신다. 그 삼위일체 하나님은 각 사람을 부르시되, 개인이 고립된 채로 신앙생활하게 하지 않으시고 교회 공동체를 세워 그리스도 안에서 함께하게 하셨다.

Leadership Reset

2장

교회, 정말 내가 알고 있는 그것일까?

　기술문명의 발달과 더불어 급변하는 사회 속에서 교회는 교회의 근거와 목표, 비전을 어디에서 찾아야 할까? 그동안 교회가 어떻게 해야 하는지에 대한 실용적인 면을 강조하여 특정 프로그램, 사역방식에 대한 논의는 목회현장에서 활발하게 이루어졌으나 교회의 존재에 대한 문제, 즉 교회가 어떤 모습으로 존재해야 하는지에 대한 논의는 많지 않았다.
　교회는 자신을 둘러싸고 있는 사회 · 문화의 중심사상과 그 요구를 알고 그것에 대해서 복음적으로 '응답'할 사회적 책임이 있다. 하지만 교회가 처한 환경과 사회의 요구에 따라 '자신의 존재방식을 결정'하는 것에는 문제가 있다. 교회가 그저 생존에 급급해서 교회란 무엇이고 어떤 모습으로 존재해야 하는지에 대한 고민을 놓칠 때, 교회는 하나님 나라를 위해서 감당해야 하는 책임과 소명까지 놓치게 될 것이다.

팀 켈러(Timothy Keller)는 리디머 교회(Redeemer Church)의 오랜 목회 경험을 통해서 "한 사람의 교리적 믿음과 사역 방법들 사이에는, 어떻게 복음을 특정 문화적 상황과 역사적 순간 안으로 가져갈 것인가에 대해 잘 고안된 비전이 있어야 한다"[1]고 주장한다. 좋은 교리적 믿음이 있다고 해서 자동적으로 그에 맞는 목회 사역이 도출되는 것이 아니라, 교리를 해석한 비전이 도출될 때에만 교리적 신념이 사역을 이끌어 갈 수 있다는 것이다.[2] 신학적 비전(theological vision)이라 일컬어지는 이것은 교리적 신념(무엇을 믿을 것인가)과 구체적 사역 프로그램들(복음이 어떻게 표현되며, 무엇을 할 것인가) 사이에 가교가 되어 '복음을 어떻게 볼 것인가'에 대한 틀을 교회에 제공한다.[3] 그는 '복음중심적인 사역은 프로그램보다 신학의 영향을 받는다.'고 명확히 주장하면서 신학적 비전의 중요성을 강조한다.[4]

이 신학적 비전이란, 교회의 존재론적 근거가 되는 '하나님은 누구신가?'를 이해하는 것으로부터 출발해야 한다. 교회는 하나님의 본성이 나타나는 곳이기 때문이다. 하나님에 대한 이해를 바르게 설명해 냄으로 신앙인과 교회가 가져야 할 신학적 비전이 명확해질 것이다.

1. '삼위일체론'에서 교회의 기초 찾기

기독교는 하나님을 어떤 분으로 상상하고 해석하느냐에 따라 자신과 세상에 대한 이해를 달리하게 된다. 즉, 신앙인과 교회가 가지고 있는 정체성은 하나님에 대해서 어떻게 이해하고 있느냐와 긴밀히 연결되어 있다. 하나님을 혼자 있는 분으로 생각하느냐, 혹은 사귐과 관계 가운데 있는 분으로 상상하고 해석하느냐에 따라 기독교인의 사회적인 태도가 어느 정도 결정된다.

삼위일체 하나님의 사귐과 관계

하나님이 성부, 성자, 성령 삼위의 하나님으로 존재하시면서 동시에 본질적으로 한 분이시라는 삼위일체(Trinity)의 교리는 4세기에 제정된 니케아, 콘스탄티노플 신조 이후 줄곧 기독교 신앙의 핵심이 되어 왔다.[5] 삼위의 하나님은 평등한 인격들로 구성되어 있으며, 각 인격들이 독특한 자기 자리를 가지지만 다른 인격과의 친밀한 관계 안에서 하나의 실체를 형성하며 끊임없이 움직이는 페리코레시스(Perichoresis)[6]적 관계 속에 있다. 삼위가 먼저 있고 그다음에 관계가 있는 것이 아니라, 어떠한 시작 없이 영원부터 함께 살았고 서로 연결되어 서로를 허용하고 받아들임으로 존재하는 것이다. 삼위일체 하나님의 관계 안에서 신적 위격들은 자신의 정체성을 상실하지 않고도 자신을 상대방에게 자유롭게 내어 주고, 동시에 다른 두 위격의 충만한 사랑과 사귐을 받아들인다.

삼위일체론은 하나님이 그리스도 안에서 인간이 되시고, 하나님은 성령을 통하여 교회 안에서 현존하시며, 우리는 성령 안에서 하나님의 삶에 동참하게 되었음을 말한다. 삼위일체 하나님은 개별성이 존중되는 사귐을 통해서, 그리고 서로 자신을 복종시킴으로 영속하는 관계 가운데 살도록 사람들과 교회를 초대하신다.[7] 따라서 삼위일체 하나님의 삶은 또한 우리의 삶이기도 하다.[8]

하나님의 형상을 닮은 존재로서의 사람과 교회

인간은 하나님의 형상을 따라 창조된 존재(창 1 : 26)이다. 하나님을 혼자 계시는 분으로 생각할 경우 하나님의 형상은 인간에게 내재하는 어떤 능력이나 특성을 이루는 것이 된다. 인간 본성의 이성과 의지는 하나님의 형상과 비슷한 모습을 보인다고 간주하기 때문에, 예수님의 사랑이나 삶의 모습을 따라 실천하는 일은 전적으로 우리 자신들에게 달려 있게 된다.

반면, 하나님의 형상을 피조물인 인간과 창조주인 하나님의 근본적 관계[9]로 볼 경우 하나님의 형상은 어떠한 속성이 아니라 인격적 관계의 결과로 나타난다. 앞서 살펴본 것처럼 삼위일체 하나님 스스로가 공동체적 관계 속에 존재하고 계신다. '하나님의 형상을 닮는다'는 서술은 우리가 하나님 및 다른 사람들과 갖는 관계를 통해 삼위일체 하나님의 상호성과 개방성, 그리고 사랑의 특성을 보이는 것이다. 우리는 다른 사람과의 관계를 통해 서로에게 자기를 개방시키는 동시에 상대방을 알아 감으로써 자기 자신을 알게 되고 타인의 삶에 참여하게 된다. 즉, 삼위일체 하나님의 관계적 삶은 우리들 안에서(within)가 아니라 우리들 사이(among)에서 나타나는 것이다.[10] 스탠리 그렌츠(Stanley J. Grenz)는 "하나님의 형상은 개인 그 자체 안에 있지 않고 오히려 공동체에 속한 개인들의 관계 안에 있다."[11]고 말함으로 하나님 형상에 대한 관계적 관점의 중요성을 이야기한다.

삼위일체 하나님은 관계를 통해 역사하신다. 이러한 이해는 신앙인과 교회가 사랑의 교제 가운데 있는 하나님의 모습을 닮아야 한다는 것을 알려 준다. 하나님의 본성을 세상에 드러낼 때 우리는 하나의 고립된 개체에 기초한 하나님의 형상(imago Dei)을 따르는 것이 아니고, 그리스도 안에서 화해되고 성령에 의해 하나가 된, 관계적 공동체인 삼위일체 하나님의 형상(imago Trinitas)을 따르게 된다. 이러한 접근 방식은 근본적으로 서로에게 의존하면서 서로에게 도움이 되는 상호관계적 삶을 공유하는 신앙인과 교회의 실천에 대한 요구로 이어진다.

교회와 그리스도인은 이 땅에서 삼위일체 하나님의 존재 방식을 드러내도록 부름받은 존재이다. 따라서 교회와 그리스도인은 삼위일체 하나님에게서 자신의 존재론적 근거와 존재 방식, 자신의 정체성을 확인해야 한다.

그리스도인들이 삼위일체 하나님을 닮아 갈 때

삼위일체론의 관점에서 '한 사람으로 존재한다'는 것은 고립된 개체로 존재하는 것이 아니라, 타인의 삶에 참여하고 나아가 타인에 의해 형성된 정체성을 가지고 살아가는 것을 의미한다. 그리스도인들은 다른 그리스도인들과의 관계를 통해서 독립적으로 믿음을 지닌 인격들로 구성되고, 서로 주고받는 일에 참여하는 가운데(빌 4 : 15) 그들 자신의 교회적 인격성을 드러내고 확증한다.[12] 상호적 주고받음 속에서 타자에게 어떤 것을 주기도 하며 타자로부터 무엇인가를 받기도 하고, 또한 타자에게 자신을 주기도 하며, 자신 안으로 타자를 받아들이기도 한다. 인격적 만남 속에 다른 인격은 의식적으로든 무의식적으로든 나의 존재 속으로 흘러들어 오게 된다는 것이다. 미로슬라브 볼프(Miroslav Volf)는 이것이 그리스도 안에서 내주하는 성령을 통해서 교회 안에서 일어나는 인격의 상호 내주화 과정이라고 주장한다.[13]

그러나 삼위일체 하나님의 교제 모습과 그리스도인들 사이의 교제 모습에는 차이가 존재할 수밖에 없다. 이것은 피조물의 본성으로 인한 인간 자체의 한계 때문이다. 삼위일체 하나님의 교제는 최고의 친밀함으로 나타나지만, 그리스도인들의 교제는 다른 이들로부터 고립되거나 심지어 적대적 형태로 존재할 때도 있다.

볼즈윅(Balswick, King and Reimer)은 피조물 된 한계성에도 불구하고 그리스도인들이 삼위일체 하나님의 인격적인 교제의 모습을 보여 줄 때를 크게 네 가지로 설명하면서, 1) 개인 간의 관계가 어떠한 조건적 헌신에 있는 것이 아니라 무조건적인 사랑의 헌신으로 관계를 맺을 때, 2) 개인적 관계맺음에 실패했을 때 수치심(shame)을 주기보다 은혜로서 반응할 때, 3) 사람들이 자신들이 가진 힘이나 은사와 자원을 다른 상대를 인위적으로 조정하기 위해서가 아니라 상대방에게 위임하고 권한을 부여하기 위하여 사용할 때, 4) 관계가 소외보다는 친밀함을 가져올 수 있는 열림에 의해 특징지어질 때, 인격적인 교제가 가능하다고 주장한다.[14]

관계적 삼위일체론을 통해 우리는 하나님을 가부장적이나 위계 서열적으로 이해하지 않을 수 있다.[15] 삼위일체 하나님께서 그러하듯 개인의 자아는 하나 됨과 개별성을 동시에 발견할 수 있는 다른 이들과의 상호관계를 통해 나타난다. 우리는 우리 자신을 볼 때 각자의 정체성은 유지하되, 다른 이들과의 삶에 서로 함께하고 있음을 본다. 이러한 시각은 우리로 하여금 개인의 존재에 대하여 상호관계성 속에서 평등하면서도 누구에게나 열려 있는 자아를 발견하게 한다.

삼위일체 하나님과의 사귐에 참여하는 교회나 교회를 이루는 신앙인들은 페리코레시스적 관계성과 개별성에 기반한 자유와 평등함을 실천함으로 신적 삶의 모습을 따르는 교회 공동체의 모습을 보여 줄 수 있다. 이러한 공동체는 교회나 개체 교회를 이루는 신앙인들이 서로 가진 힘과 위치와 자원에 의해서 움직여지는 공동체가 아니라 자유와 평등함이 있는 공동체일 것이다.

이러한 관점에서 한국 교회에 만연해 있는 비민주적 소통과 위계적이고 권위적인 수직적 집단주의는 관계적 삼위일체론에 근거한 상호적이고 평등한 것으로 바뀌어야 할 것이다. 삼위일체론이 던져 주는 함의를 바탕으로 한국 교회 교인들 사이에서 개인의 개체성이 희생됨 없이, 도리어 개체성이 확보됨으로써 관계성과 공동체성이 온전히 유지되고 상호 존중하는 신실한 섬김의 모습이 회복되어야 한다. 또한 관계적 삼위일체론에 근거한 우리의 모습은 신앙공동체 안에서뿐만 아니라 우리 이웃들에게도 온전한 신실함을 보여야 하고, 자신에게 맡겨진 일에 최선을 다하고 헌신해야 함을 마음 깊이 새겨야 할 것이다. 즉, 이웃들과 살아가는 교인들이 보여 주는 일상의 삶의 내용과 행동들이 겸손하고 신실하며 타인중심적이 되어야 할 것이다.

교회가 삼위일체 하나님을 닮아 갈 때

교회는 근본적으로 기구나 제도이기 이전에 하나의 존재 방식(a way of being)이다.[16] 성경에서 교회를 묘사하기 위해 사용된 이미지는 80여 개가 된다. 사도들은 교회를 하나님이 불러내신 하나님의 백성으로, 그리스도의 몸으로, 성령의 사귐으로 이해하였다. 교회는 삼위일체 하나님의 페리코레시스적 상호관계를 바탕으로 이루어졌으며, 삼위일체 하나님과 사랑의 사귐에 들어가도록 만들어진 하나님의 새로운 창조이다. 볼프는 교회의 정체성에 대하여 하나님의 새로운 창조 안에서 교회의 미래는 "삼위일체 하나님과 영화롭게 된 하나님의 백성이 서로 인격적으로 내주하게 되는 것"이라고 정의한다.[17] 즉, 인간 존재는 삼위의 하나님과 온전한 교제를 누리고, 또 인간은 상호 관계 속에서 삼위 하나님과의 교제를 반영하는 것이다.

삼위일체 하나님은 성령을 통하여 교회 안에서 현존하며, 삼위일체의 형상을 교회 안에서 형성하기 때문에 삼위일체의 관계는 교회의 제도들에 대한 하나의 모델로서 기능할 수 있다.[18] 몰트만은 세 신적 인격 사이의 삼위일체적 친교를 진정한 인간 공동체를 위한 모델로 제시하고,[19] 레오나르도 보프(Leonardo Boff) 또한 삼위일체 하나님은 완전한 사회의 모형이라는 확신을 가지고 삼위일체의 형상과 모양을 따라 살고자 하는 사람들이 꿈꿔 온 인간 공동체의 원형이 된다고 보았다.[20]

그런데 삼위일체 하나님의 삶을 교회에 적용하려고 할 때, 우리는 인간 공동체로서의 교회 특성과 함께 사람의 죄로 인하여 왜곡된 사회 현실과 한계를 고려하여야 한다. 그럼에도 불구하고 삼위일체 하나님은 우리가 어떤 교회와 사회를 희망하고 목표로 삼아야 하는지를 보여 주기 때문에 삼위일체 하나님은 우리 교회와 사회의 비전이 될 수 있다.

하나님은 세상과는 멀찍이 떨어져서 우리를 보내시기만 하는 사랑 없는 분이 아니라, 자신의 창조세계에 직접 참여하고 상호영향을 주고받는 분이시다. 그러한 참여의 삶은 그리스도인들이 비신자인 동료들을 인정하는 겸손함을 가지면서 동시에 현장의 지배적인 기준과 철학들을 따라 일하는 것에만 만족할 수 없게 도전을 준다. 삼위일체 하나님께서 세계에 '참여'하시는 모습과 같이 그리스도인들은 문화의 특정요소에 대해서 1) 받아들일 수 있는 것은 채택하고, 2) 요소를 받아들이되 안으로부터 변혁시키고, 3) 모든 사람의 유익을 위해 사회에서 철폐해야 하는 것들을 거부하고 그것의 변화를 위해 일해야 할 것이다.[21]

삼위일체는 개방되어 있고 타자를 기꺼이 초대하는 교제이기 때문에 지역

교회는 모든 타자들과 함께하는 존재일 뿐 아니라, 모든 타자를 향하고자 하는 실천을 나타내야 한다.[22] 교회는 단순히 삼위일체 하나님의 존재 방식을 이 땅에 보여 주는 것만이 아니라 삼위일체 하나님의 구원의 경륜에 중요한 역할을 한다. 구원은 삼위 하나님의 사랑의 사귐에 함께 참여하는 것이다. 타자를 삼위일체 하나님과의 사귐에 참여하게 하는 것은 교회의 현재적 경험이어야 한다. 예수 그리스도를 믿음으로 삼위일체 하나님의 사귐에 참여하는 현재적 경험은 삼위일체 하나님과 교회의 종말론적 사귐을 역사 속에서 기대하고 기다리게 한다.[23]

삼위일체와 상응하는 교제 속으로 교회를 이끄는 것은 성령의 내주함이지만,[24] 삼위일체 하나님의 상호적 내재성인 페리코레시스를 한국 교회가 잘 따른다면 구성원들 간에 서로를 위해 주는 섬김과 사랑의 공동체가 될 수 있을 뿐만 아니라 세상까지 품는 포용의 공동체가 될 수 있을 것이다. 그러한 공동체는 교회 내부적으로는 탈중심적이고 자유롭고 긍정적인 상호작용을 통해서 권력의 위임이 나타날수록 삼위일체 교제를 더욱더 잘 나타내며, 교회 외부적으로는 지역사회에 의도적으로 뿌리 내리고 이웃과 함께하는 지역에 신실하게 현존하는 이웃 공동체가 된다.

사도행전은 교회의 삶에 대해서 제자들의 수가 '늘어나거나, 성장하거나, 퍼졌다'는 식의 유기체적 언어로 설명한다(행 4 : 4, 6 : 1, 7, 9 : 31, 16 : 5). 교회는 생명력 있으면서 동시에 조직화된 유기체(organized organization)이다.[25] 교회가 교리적으로 건강한 조직체이면서도 성장하지 않고 영적 역동성이 없는 유기체일 수 있고, 또한 여전히 사회에 그들의 믿음을 보여 주는 데 효과적이지 않을 수도 있다.[26] 그럼에도 불구하고 교회는 삼위 하나님의 인격적 사귐을 이 땅에서 반영하고 보여 주도록 부름받은 공동체가 되어야 한

다. 반대로 이야기하면 신앙인과 교회의 삶이 삼위일체 하나님께서 보여 주신 삶의 거울이어야 한다.[27]

만일 교회가 자신의 삶을 삼위일체 하나님께서 이 세상에서 행하시는 계속적 창조와 구속적 선교에 충실하게 참여하도록 부르신다는 관점을 가진다면 교회가 함께 꿈꾸고 지향해야 할 비전을 발견하게 될 것이다. 교회는 삼위일체 하나님의 존재방식을 통하여 자신의 존재론적 근거를 확인하는 동시에 하나님의 부르심에 미치지 못하는 모습을 회개하고 끊임없이 갱신하려고 노력해야 한다. 또한 교회가 사람들을 하나님께, 이웃을 서로에게 연결하는 작업도 감당해야 한다. 그리고 그렇게 될 때 교회 안에 삼위일체 하나님의 삶을 살아내는 자기 자신을 나누고, 타자를 존중함으로 섬기고, 공동체를 형성하는 사랑이 넘치게 되는 한국 교회를 꿈꿔 볼 수 있을 것이다.

2. '선교적 교회'에서 교회의 정체성 찾기

한국 교회가 새롭게 갱신되기 위해서 필요한 것은 바로 교회 됨의 본질을 이해하고, 그 위에 선교적 정체성을 확립하는 것이다. 선교를 교회의 본질로 자각하는 데서부터 시작되는 것이 선교적 교회이다.[28]

계속해서 유입되는 이민인구의 증가와 더불어 부흥되었던 북미 교회들은 60~70년대 유럽교회의 침체가 시작된 후 자유주의 신학을 가진 교회를 시작으로 점차 보수적인 교회들까지 침체를 경험하게 되었고, 90년대 초반이 되면서 교회의 새신자가 늘기보다는 기존 신자의 수평이동 현상이 두드러지기 시작했다. GOCN(복음과 우리 문화 네트워크, The Gospel and Our Culture

Network)은 레슬리 뉴비긴(Lesslie Newbigin)이 제안한 복음과 문화에 관한 질문에 우선적으로 집중하면서 1994년 선교학적 교회론을 만들어 내기 위한 작업을 시작하였고, 1998년 마침내 프린스턴 신학교의 데럴 구더(Darrell Guder)를 편집책임자로 한 *Missional Church*라는 책을 출간한다. 미국 교회가 직면한 위기상황은 본인들이 살고 있는 사회를 선교현장으로 보고, 지역 교회를 선교적 교회로 이해함으로 하나님의 선교에 참여해야 한다는 의식을 깨우쳐 주었다. 이러한 일련의 영향들로 인하여 '선교적 교회'와 같이 교회의 선교적 본질을 회복하려는 운동이 확산되어 나타났다.

선교적 교회의 정체성

선교적 교회운동은 해외선교를 열심히 하자는 것도, 국내선교에 매진하자는 것도 아니고 교회의 본질인 하나님의 선교를 회복하자는 것이다. 선교적 교회는 "교회는 무엇인가?"라는 교회의 정체성과 본질의 문제에 관한 것이다. 스테처와 라이너는 후기 기독교 시기에는 건강한 선교적 교회만이 번성할 수 있을 것이라고 주장하고 있지만,[29] 선교적 교회는 새로운 세대에게 복음을 전하기 위한 부흥 전략이 아니기 때문에 목회자들이 선교적 교회론을 통해 도움(부흥·성장)을 받기 위한 실용주의적 도구 중 하나로 생각한다면 그 핵심을 놓칠 수 있다. 선교적 교회는 우리가 동참해야 하는 선교가 '교회의 선교'(mission of the church)가 아니라 '하나님의 선교'(mission of God)라고 이해하는 근본적인 관점의 변화를 요구한다.[30] 선교의 주체는 교회가 아니고 하나님이라는 것이다. 선교적 교회는 교회가 하나님이 먼저 일하고 계신다는 사실을 인정하고 하나님의 뜻을 분별하여, 그 일에 자기를 부인하고 십자가를 지며 그리스도의 길을 따라 나눔을 통한 자기 비움의 마음으로 참여할 수 있다. 선교의 주체로 여겨졌던 교회가 그 자리를 하나님께 내어 드림으로 교회가 선교사를 보내는 기관이 아니라 교회 자체가 하나님의 보냄을 받은 기관으로 존재함을 의미한다. 이러한 이해는 선교를 하고 선교사를 보내는 주체가 교회가 아니고 삼위일체 하나님이라는 이해를 갖게 한다. 따라서 교회가 하나님이 주도권을 갖고 행하시는 하나님의 선교에 동참한다는 관점을 갖게 함으로 지역교회로 하여금 선교에 대하여 겸손한 자세를 갖도록 해 줄 것이다.

1) 모든 곳을 삼위일체 하나님의 선교지로 받아들이는 공동체

'하나님의 선교'라는 개념은 선교에 대한 근거와 동인을 교회로부터 삼위일체 하나님께 옮김으로써 선교의 패러다임을 바꾸었다. 또한 삼위일체 하나님의 관계적 개념은 하나님, 세상, 교회의 관계를 상호적으로 생각하는 참여의 패러다임을 보여 준다.[31] 따라서 비행기를 타고 멀리 여행을 해야 도달할 수 있는 어떤 특정한 장소가 아닌, 우리가 발을 딛고 살아가는 온 세상이 하나님의 선교의 장이라고 이해할 수 있다. 지역공동체, 마을, 일상의 영역 등 그리스도인이 살아가고 있는 삶의 현장과 지역 교회가 존재하는 모든 곳이 바로 선교지라는 뜻이다.

교회는 자신이 서 있는 모든 지역에서 그리스도 복음의 핵심인 하나님 나라를 증거해야 한다. 따라서 그리스도인과 교회는 일상을 누리고 채우는 현장으로서의 선교지 이해를 바탕으로, 세상에서 활발하게 역사하시는 하나님의 선교의 장으로 나를 끊임없이 인도하시는 성령의 활동을 예민하게 분별하는 영적 역할의 과정 혹은 훈련을 가져야 하겠다.

거듭 강조되어야 할 점은 선교의 주체가 예수 그리스도 단독이 아닌 삼위일체 하나님이라는 것이다. 물론 예수님의 백성들은 예수님의 삶을 모방하고 예수님처럼 되기를 꿈꾸며 '작은 예수'가 되는 삶을 추구해야 한다. 하지만 삼위일체 하나님이 아닌 오직 예수님만을 선교의 중심에 두게 된다면, 결국은 '나'와 '우리 교회'가 행하는 것에 다시 초점을 맞추게 된다.[32] 하나님의 명하신 임무를 수행하는 과정에서 세상에서도 역사하시는 성령의 역할을 경시하고, 예수 그리스도의 삶을 실현하는 인간적 활동의 역할과 주도권을 강조하게 된다는 것이다. 이 입장은 교회가 하나님을 대신해서 무엇인가를 해야 할 책임을 진 일차적 행위 주체라고 생각하게 된 '교회 중심적'(church-centric) 선교관으로 연결된다.[33]

삼위일체 하나님 중심의 선교적 교회론은 교회의 삶 안에서 이루어지는 구속과 관련된, 그리고 좀 더 넓은 세상 안에서 작용하는 하나님의 통치와 관련된 성령의 능동적인 참여를 더 잘 이해할 수 있도록 도와준다. 이러한 참여적 이해는 인간이 아니라 하나님께서 만드시는 미래에 대한 기대와 소망과 연결되어 있다.

선교적 교회에서 리더의 역할은 하나님의 뜻이 무엇인지를 분별할 수 있는 환경과 지원구조를 조성하는 일에 있다.[34] 그래서 교회로 하여금 하나님께서 이미 시작하신 일이 무엇이고, 하나님께서 지역사회에 무엇을 하고 계신지 성령의 활동을 지속적으로 분별하게 하고, 궁극적으로 하나님의 일하심에 어떻게 동참할 수 있을 것인지 함께 그 길을 찾는 것이다. 선교적 교회 운동은 삶의 전 영역에서 모든 신앙인들이 하나님의 나라의 일원으로 하나님의 사역을 좇고 마침내 실현해 나가야 할 것을 요구한다.

한국 교회가 선교는 삼위일체 하나님으로부터 출발한다는 관점과 자신의 삶을 삼위일체 하나님께서 이 세상에서 행하시는 계속적 창조와 구속적 선교에 충실하게 참여하도록 부르신다는 관점을 가진다면, 선교의 의미가 분명해질 뿐 아니라 교회가 함께 꿈꾸고 지향해야 할 비전을 발견하게 될 것이다.[35] 한국 교회는 삼위일체 하나님의 존재방식을 통하여 자신의 존재론적 근거를 확인하는 동시에 하나님의 부르심에 미치지 못하는 모습을 회개하며 끊임없이 갱신하려고 노력해야 할 것이다.

2) 하나님께서 세상에서 행하시는 일에 참여하는 공동체

하나님 나라는 예수님이 자신의 사명을 나타내기 위해 가장 즐겨 사용하신 표현이며, 예수님의 삶과 가르침에 있어 중심 주제이자 비전이다. 하나님 나라는 예수님의 사역을 관통해 흐르면서, 그 사역에 일관성과 명료성을 제공해 준다.[36] 복음의 핵심이자 신앙과 선교의 궁극적 목표는 바로 하나님 나라이다. 따라서 선교의 목적은 교회의 확장이 아니라 하나님 나라의 복음 전파와 그 복음이 증거하는 하나님 나라의 가치를 실현하는 것에 있다. 교회는 이 세상의 구원과 변화를 위하여 하나님의 뜻을 증거하고 그것을 실천하는 일에서 자신의 존재 이유를 발견해야 한다. 예수님이 증거한 하나님 나라는 두 가지 측면, 곧 문화적 형식성으로서의 '나라'와 계시적 실체성으로서의 '하나님의'라는 측면을 지니며 나타난 것이라 할 수 있다.[37] '나라'가 인간문화에 대한 연대성의 표식으로서 선교적 교회가 놓치지 말아야 할 일상의 삶의 중요성을 말하고 있는 것이라면, '하나님의'는 계시의 실체이자 인간 문화에 대한 변혁성의 표식으로서 삶과 공동체를 변화시키는 것이라고 말할 수 있다. 왜냐하면 예수님의 하나님 나라 운동이란 문화적 형식성을 통한 공감적 자리의 확장과 동시에 계시적 자기 정체성을 통한 실존적인 사회 변혁의 자리를 확보하고 있기 때문이다.

따라서 하나님 나라가 가리키는 것은 하나님의 자리가 아니라 하나님의 통치행위다. 하나님의 통치는 역동적인 것으로 영토나 특정 장소를 뜻하지 않으며, 항상 변하며, 퍼져 나가고 자란다. 그 나라는 하늘 위에 있는 나라가 아니라 하늘에서 오는 나라, 곧 지금 여기서 번성하는 나라이다. 하나님의 나라는 사람들이 하나님의 뜻에 자신의 삶을 바치는 모든 곳에서 이루어진다.[38]

예수님에게 하나님 나라, 즉 하나님의 통치행위는 예수님의 복음과 하나님 나라의 영향력이 현재의 삶을 변화시키는 것이다. 그것이 예수님의 특별한 일이었다. "하나님의 나라는 볼 수 있게 임하는 것이 아니요…… 하나님의 나라는 너희 안에 있느니라"(눅 17 : 20-21)라고 말씀하심으로 예수님은 하나님 나라가 이미 임했다고 믿었고, 제자들이 매일의 삶 가운데서, 지금 이 순간, 천국에서 살기를 기대하셨다.[39] 하나님 나라는 역설의 나라이다. 예수님이 선포한 하나님 나라는 1세기 팔레스타인 문화 한가운데서, 모든 것을 거꾸로 뒤집어 놓은 듯한 새로운 질서였다. 예수님이 보여 주신 비전, 즉 하나님 나라의 삶의 방식은 뒤집히고 거꾸로 되어 있으며 기존의 사회질서에 도전이 되는 일이었다. 그렇기에 우리의 비전은 예수 그리스도께서 말씀하신 대로 삶으로 세상을 소란하게 한 사람들(행 17 : 6)이 되어야 할 것이다.

앞에서 다루었듯이 관계적 삼위일체론과 페리코레시스의 개념은 세상에서 행하시는 하나님의 통치에 있어서 매우 중요한 관점을 제시한다. 삼위일체 하나님은 이 세상에 지속적으로 현존하시며 교회 너머 넓은 세상 안에서 통치하신다. 우리는 하나님께서 이 세상에서 행하시는 일에 교회가 좀 더 충실하게 참여하도록 우리를 부르신다는 것에 순종하여, 그리스도 안에서 새로운 공동체를 온전하게 누리며 하나님 나라에 겸손히 참여해야 할 것이다.

현대를 살아가는 선교적 교회는 사회 기득권층의 모습이 아닌 주변부의 존재로서 나약하고 겸손한 증인이 될 준비를 하면서 타인 중심의 삶을 사는 존재가 되어야 한다. 또한 교회가 자신의 이웃과 교류하고 그들의 이웃이 되면서 교회의 본질을 선교적 존재로 인식하고, 그리스도인을 선교적 그리스도인으로 이해하는 것이야말로 교회가 "하나님의 선교"에 동참하고 세상 가운데 하나님 나라를 가져올 수 있는 첫걸음이 될 것이다.

하나님 나라 운동은 예수님 한 분이 홀로 펼친 개혁운동이 아니라 많은 제자와 군중들이 힘을 합한 운동이었다. 그러한 삶을 살아가길 원하는 하나님의 백성 공동체는 자연스럽게 윤리적 탁월성을 통한 거룩한 삶의 회복을 통해 세상의 빛이 되어야 한다. 이때 주 안에서 이뤄지는 거룩함은 경건생활을 넘어서 성화를 추구하는 개인적 삶과 이웃과 사회에 대한 공적인 책임 등을 포괄하는 종말론적인 차원의 거룩함이다. 이것이 선교적 교회의 관점에서 새롭게 이해할 요점이요 방향이다. 곧 하나님 백성의 구별되고 윤리적인 삶의 모습은 종교적 영역을 넘어 정치, 경제, 사회적인 측면에서 나타남으로 기존의 사회 질서에 도전하는 삶을 살아가는 모습이다.

3) 성육신적 사명을 감당하는 공동체

성육신은 하나님께서 인간의 삶에 궁극적으로 개입하시는 참여적 현존이 드러나는 구체적인 행위이며, 삼위일체 하나님과 세상의 상호관계성을 가장 잘 나타내 주는 것이다. 성육신하신 그리스도 안에서 하나님의 현실과 세상의 현실이 연합하여 하나가 된다. 하나님께서 그리스도 안에서 우리를 사랑하시고, 겸손한 자세로 우리와 하나가 되기 위해 다가오신다면 우리 역시 우리의 이웃과 동일한 사랑을 나누는 성육신적 공동체가 되어야 한다.

그러나 피조물 된 우리가 이 현실 속에서 온전한 자발성으로 이웃을 사랑하기는 불가능하다. 개인주의가 만연한 사회는 선교적 소명과 그 소명이 의도했던 공동체의 집단적인 소명을 경험하지 못하게 한다. 데럴 구더의 표현처럼 "복음의 환원주의는 나의 구원에 초점을 두고서, 하나님 나라의 공동체가 가져야 하는 급진적 타자성에 대한 헌신을 희석시킨다".[40] 온전한 사랑이신 하나님과 달리 인간 존재는 오로지 하나님의 사랑에 참여하는 한에서만 사랑할 수 있을 것이다.[41]

성숙한 신앙은 영적 차원에만 머물지 않고, 삶의 차원에서 표출됨으로써 하나님의 현존과 주권을 증언할 수 있어야 한다. 교회의 성육신 사역 또한 예수님이 행하신 사역에 대한 모방이 아니라, 오히려 하나님께서 주인공으로 활동하시는 큰 역사적 운동에 타자를 사랑하는 마음으로 참여하는 것이 되어야 한다. 결국, 그리스도인이 된다는 것은 그리스도 안에 참여하여 자유롭게 됨으로 타인들의 삶을 공유하고 섬기는 자가 되는 것이다.

선교적 교회에 신학적 통찰을 준 레슬리 뉴비긴은 "이 시대의 복음의 유일한 해석자는 복음을 믿는 회중의 삶"이라고 주장한다.[42] 하지만 한국 교회의 모습은 지역사회에서 전도는 하지만, 지역사회 자체에는 무관심한 모습을 하고 있다. 교인들은 교회 안의 생활만을 신앙생활로 간주하고, 교회 밖 세상 속에서 관계를 형성할 때는 매우 서툴고 무능한 모습을 보이고 있다. 하나님께서 인간 세계로 뚫고 들어오셔서 우리의 죄를 담당하시고, 자신의 의를 우리와 공유하심으로 우리를 자유롭게 하시기 위해 자신의 자유를 포기하신 것처럼 교회는 지역사회로 침투하고 신앙인은 이웃의 짐을 대신 지는 삶에 동참해야 한다.[43]

말씀이 육신이 되어 우리 가운데 거하신 것과 같이[44] 예수 그리스도의 오심은 그리스도의 인간 됨만을 의미하지 않고, 복음과 문화의 관계에 있어서 대립이나 무관심 또는 다른 사람들과의 접촉 자체를 하지 않으려는 반문화적인 자세도 아니다. 교회가 문화의 연장이 되어 예속되는 문화 지향적 자세도 아닌, 문화를 개혁하며 하나님 나라 문화로 만들어 가신 성육신적 모습이었다. 하나님은 성육신하여 우리들 가운데 사심으로써 자신을 삶의 구조 속에 기꺼이 맡기셨으나, 악의 영향력과 세상을 지배하는 이념으로부터는 분리하심으로 자신의 죽음과 부활, 그리고 재림으로써 이 세상의 변혁을 분명히 하신 새로운 삶의 방식을 보여 주신다. 결국 하나님의 말씀과 계시는 성육신을 통해 인간이 이해할 수 있도록 인간의 문화 속으로 들어왔고, 나아가 문화를 구조적으로 새롭게 한다.

그러므로 선교적 교회는 정체성을 지키면서도 문화 사회적 책임을 감당해야 한다. 성육신하신 하나님은 교회만의 하나님이 아니고 세상의 하나님이기도 하다. 교회를 넘어 이 세상에 현존하시는 하나님의 역사하심은 구속받은 공동체를 사용하여 이 세상에서 하나님의 선교에 참여하도록 이끄신다. 선교적 교회는 문화에 대해 의도적으로 상호적이고 개방적이며 변혁적인 방식으로 참여함으로 하나님과 함께 창조사역을 감당해야 하고, 동일하게 하나님의 통치를 증명함으로써 구속적 선교에 참여해야 한다. 따라서 그리스도의 몸인 교회가 성육신적으로 살아가는 방법은 문화와 세상, 하나님의 구속 활동에 동시적으로 참여하는 것이다.[45]

데이비드 보쉬(David Bosch)는 동일집단의 원리에 대한 맹목적인 헌신으로 인해 교회가 다양성 속의 통일성, 나와 다른 사람을 용납하는 것, 형제 사랑과 같은 성경적 원리에서 떠나 똑같은 생각을 가진 사람들의 교회가 되어 버린다고 믿는다.[46] 성육신은 문화와 세대와 계층을 뛰어넘어 관계적 공감을 통하여 그들에게 다가가는 모습을 요구한다. 따라서 선교적 교회는 비슷한 생각을 가진 사람들로 가득 찬 교회가 아니라 그리스도인이든 아니든 다른 사람을 받아들이는 교회다. 모든 사람을 받아들이되 성육신하신 그리스도를 닮아 가는 것을 공동체의 중요한 목표로 삼는 교회가 필요하다.

 교회가 성육신적으로 살아가기 위해 테일러(Steve Taylor)는 '분명한 정체성을 가지고 복음과 문화를 변혁적으로 리믹싱'해야 한다고 주장한다.[47] 곧 예수 그리스도가 이 세상 가운데 문화의 옷을 입고 오신 것과 같이 우리도 처한 일상의 상황 속으로 깊숙이 들어가는 것이다. 진정한 성육신적 삶과 공동체의 모습이 되기 위한 출발점은 한국 교회가 복음을 증거하고자 하는 지역에서 그들과 함께 지내며, 그들의 삶 속으로 스며 들어가 소금과 빛, 누룩의 역할을 감당하는 것이다. 이를 위해서는 교회가 지역의 특정 장소에 신실하게 현존하는 이웃 공동체가 되어야 한다. 즉, 선교적 교회는 포스트모던 문화 속에서 예수님의 길을 실천하는 공동체가 되어야 하며 복음의 해석자로서 이 세상 가운데 새로운 화해의 삶인 섬김의 사명을 감당하는 공동체이다.

Leadership Reset

3장

통합적 사고로
리더십 바라보기

　기존의 리더십은 한 명의 리더와 한 명의 구성원(팔로워) 간의 영향 과정을 강조하는 일대일 관계 관점을 취하고 있으며, 대부분의 리더십 연구들이 일대일의 관계 과정에만 초점을 맞춰 왔다.[1] 그러나 팀과 조직의 성공은 일대일 관계 과정에 의해 크게 결정되지 않는다. 개별 구성원에 대한 리더의 영향력이 중요하기는 하나, 리더가 탁월한 팀을 구축하고 조직을 변혁하는 방식을 설명하는 데 기존의 일대일 관계를 강조하는 리더십 이론은 충분하지 않다.[2] 리더를 포함하여 구성원들 사이의 일대일 혹은 다자적 관계까지 포괄적으로 고려해야 조직을 바르게 이해할 수 있다.
　부분과 전체를 함께 고려하는 이러한 접근법은 통합적 사고로 연결된다. 통합적 사고란 "전체적인 것이 어떻게 구성되었고, 각 부분(구성원)들이 서로 어떻게 연관되었는가를 생각하는 방법"으로 하나의 시스템(system)[3]을 이루는 각 부분들 사이의 관계가 어떻게 새로운 것을 창출해 내는가를 보는 방법이다.[4] 중요한 점은 시스템을 서로 다른 부분들의 단순한 총합이 아니라, 각자 연관된 부분들의 상호작용으로 이해한다는 점이다. 각 부분들은 다른 부분들의 존재에 의해 제 기능을 감당할 수 있고, 부분들의 행동은 상호 교환적이며, 상호 간의 작용으로 더욱 보강될 수 있다고 본다. 그러므로 통합적 사고에서 우리는 시스템을 이루는 각 부분들을 그들 간의 상호 관계성 속에서 이해할 수 있게 된다.

그동안의 세상과 기업들은 전통적인 '파이프라인'(pipeline) 시스템을 가지고 있었다. 파이프라인의 한쪽 끝에는 생산자인 회사가 제품이나 서비스를 제공하고 반대편 끝에는 소비자가 있어서 제품이나 서비스를 구매하는 간결한 단선적 형태를 가지고 있었다. 하지만 이제는 플랫폼에서 기술을 이용해 사람과 조직, 자원을 상호작용하는(interactive) 생태계에 연결하여 가치를 창출하고 교환할 수 있게 해 주는 세상이 되었다. 플랫폼은 외부 생산자와 소비자가 상호작용을 하면서 가치를 창출할 수 있게 해 주는 것에 기반을 둔 시스템을 의미한다.[5] 플랫폼의 가장 중요한 목적은 사용자들이 꼭 맞는 상대를 만나도록 연결해 줌으로 상품이나 서비스, 또는 사회적 통화를 서로 교환할 수 있게 해 주어 모든 참여자가 가치를 창출하게 하는 데 있다. 최근 몇 년간 점점 더 많은 기업들이 파이프라인 구조에서 플랫폼에 의한 연결이 가능한 구조로 전환하여 이러한 상호작용이 일어날 수 있도록 참여를 독려하고 있다.[6]

최근에는 교육 부분에서도 통합적 사고의 필요성이 대두되고 있다. 교육 전문가 조벽 교수는 '인성이 실력이다'라고 주장하면서 세 가지 조율 교육이 필요함을 주장한다. 그것은 자기조율(내면을 바르고 건전하게 가꾸기), 관계조율(타인과 더불어 살아가기), 공익조율(공동체와 자연과 더불어 살아가기)이다.[7] 국제회계사연맹은 전세계 회계사들이 재무 자본 제공자 및 기타 이해관계자들에게 원활하게 커뮤니케이션할 수 있도록 통합적 사고를 통해 기업 행동을 변화시키는 원칙들에 대한 표준 문서를 배포했다.[8]

통합적 사고에 따라서 생각해 보면 조직의 구조와 문화가 리더와 팔로워 개인의 행동과 마음에 영향을 미칠 뿐만 아니라 반대로 개인이 조직에 영향을 미친다. 조직의 문화 속에 배어 있는 리더의 가치는 구성원들이 의미를 발견할 수 있도록 일하는 현장의 환경을 만들어 내게 된다.[9] 또한, 구성원들은 리더를 보고 내가 따라갈 만한 가치가 있는지를 판단한 후 리더에게 리더십을 선물로 부여한다. 따라서 통합적 사고를 이해하는 것은 조직의 변화나 그 역동성을 이해하는 데 매우 중요하다.

그렇다면, 통합적 사고를 교회 리더십에도 적용할 수 있을까? 존 윔벌리(John W. Wimberly Jr.)는 교회 컨설팅을 하면서 교회 내의 회중들이 전혀 제 역할을 하지 못하는 교회, 건강하지 못한 교회들의 공통된 다섯 가지 특징을 발견했다. 교역자들 간에, 교인들 간에 신뢰가 부족하여 숨김없이 있는 그대로 자신의 연약함을 드러낼 수 없고, 다른 사람의 감정을 상하게 하는 의견 충돌을 두려워하여 시간과 에너지를 낭비하고 있었다. 충분한 충돌 없이는 진정한 합의가 이뤄지지 않으니 나의 일이라고 확신하며 헌신할 수 없고, 결과적으로 책임을 회피하며, 하나님 나라와 복음에 집중하지 않고 자신의 개인적인 욕구만을 채우려 한다는 것이다.[10] 놀랍게도 이 다섯 가지 원인은 페트릭 렌시오니(Patrick Lencioni)가 이야기한 '조직이 빠지기 쉬운 다섯 가지 함정'[11]과 동일하다. 개인의 감정과 판단, 일대일 관계, 집단의식 및 행동 등이 한데 얽혀 있다. 따라서 교회의 변화를 위해서는 필연적으로 교인과 교회의 변화를 함께 고려해야 하며, 일대일 관계 가운데 있는 영향력은 물론이고 교회 전체 조직까지 고려한 리더십 이론이 필요하다는 결론을 이끌어 낼 수 있다.

게리 유클(Gary Yukl)은 리더십을 통합적(시스템적)으로 접근하기 위해 개인 내면 차원(Intra-individual level), 일대일 관계 차원(Dyadic level), 집단 차원(Group level), 그리고 조직 차원(Organizational level)으로 개념화하였다. 유클이 말한 시스템적인 접근법을 교회에도 적용해 볼 수 있다.

첫째, 개인 내면 차원은 한 개인 내부의 과정에 초점을 맞추는 리더십 이론으로 리더십 분야에서는 드물게 나타난다. 그럼에도 불구하고 개인 내면의 차원은 한국 교회를 이해하고자 할 때 한국 교회 교인들의 정체성과 가치관을 깊이 알게 해 줄 수 있을 것이다.

둘째, 일대일 관계 차원은 리더와 구성원과의 관계에 초점을 맞춘다. 대부분의 일대일 관계 이론은 리더십을 리더와 다른 개인 간에 상호 영향을 미치는 과정으로 본다. 이 접근 방식을 통해서 어떻게 리더와 구성원이 서로 영향을 미치는가를 검토함으로 리더십 효과성을 이해할 수 있을 것이다. 즉, 담임 목사와 교인들의 상호영향력을 살펴볼 수 있도록 도와줄 것이다.

셋째, 집단 차원은 리더십을 집단 과정으로 간주하는 것이다. 이 접근법의 중요한 두 가지 주제는 팀에서 리더십 역할의 성격과 리더가 집단 효과성에 기여하는 방식까지 살펴볼 수 있다는 것이다. 즉, 교회의 많은 소그룹에서 리더가 가지는 역할의 성격이 해당 그룹의 효과성에 미치는 방식까지 살펴볼 수 있다.

넷째, 조직 차원은 집단이 더 큰 사회시스템에 끼치는 영향을 살펴볼 수 있도록 해 줄 것이다. 즉, 교회 변화를 위한 리더십이라고 하면 일대일의 관계에만 초점을 맞추던 기존 리더십의 모습을 벗어나 교인들 개인 내면의 정체성 변화, 일대일 관계의 변화, 소그룹 내의 변화, 그리고 마지막으로 전체 교회 시스템의 변화까지 유기적으로 함께 이루어질 때 교회가 변화할 수 있다는 것이다.

여기서 눈여겨봐야 할 것은 유클의 4차원 모델에서 집단 차원이 소그룹 내의 변화를, 조직 차원이 전체 교회의 시스템 변화를 다루고 있다는 것이다. 하지만, 필자는 그룹(group) 차원의 일은 다분히 일대일 관계 차원에서도 다루고 이해할 수 있다고 여겨서, 그룹 차원의 개념 일부와 조직(organizational) 차원을 합하여 공동체(Community) 차원으로 다뤄 보려고 한다.

즉, 우리는 리더십을 아래 그림과 같이 개인 내면 차원(Intra-individual level, self leadership), 일대일 관계 차원(Dyadic level, servant leadership), 공동체 차원(Community level, team leadership)의 세 가지 차원으로 살펴볼 것이다. 리더십에 대한 이러한 새로운 접근법이 한국 교회 변혁을 위해 필요한 전인적이고 통전적인 리더십을 찾을 수 있도록 도와줄 것이다.[12]

공동체 차원
(Community Level)

일대일 관계 차원
(Dyadic Level)

개인 내면 차원
(Intra - individual Level)

리더십의 통합적 접근법

개인-일대일-공동체 차원의 접근법은 달라스 윌라드(Dallas Willard)를 필두로 한 미국의 "신학 및 문화 사상가 그룹"(TACT, Theological and Cultural Thinkers)에서도 유사한 형태로 발견된다. TACT는 복음을 재발견하고 그리스도 안에서 영적 성숙을 위해서는 진정한 변혁이 일어나야 한다고 주장하며, 이를 위해서는 1) 하나님이 주신 사명, 2) 개인적인 삶, 그리고 3) 우리의 공동체에서 무엇이 필수적인 요소인지를 알아야만 한다고 본다.[13] 이러한 세 가지 부분의 핵심요소를 살펴보기 위해서는 1) 그리스도인으로서의 정체성과 소명이 무엇인지, 2) 그리스도인 개개인이 살아가는 일상의 삶 속에서 사람들과 관계 맺는 부분에 필수적인 요소가 무엇인지, 3) 그리스도인의 신앙공동체에서 필수적인 요소가 무엇인지 살펴보아야 한다. 그리스도인의 정체성, 일상의 삶, 공동체의 삶에서 가장 필수적인 요소를 알 필요가 있는 것이다.

앞에서 우리는 교회의 존재론적 근거가 되는 '하나님은 누구신가'를 관계적 삼위일체론으로 살펴보았고, 이를 통해 현 시대의 상황과 문화에 필요한 신앙인과 교회의 비전을 도출하였다. 이 아이디어를 리더십 정의의 주요 요소인 이뤄야 할 '공동목표'에 접목하여 기독교 리더십을 '신앙인과 교회의 신학적 비전을 이루기 위하여 교회 구성원들이 서로 영향을 미치는 과정'이라고 정의할 수 있을 것이다.[14] 즉, 모든 교인들이 리더일 수 있다. 왜냐하면 다른 사람들에게 영향력을 행사하여 그들의 삶을 변화시켜 신학적 비전을 이룰 수 있기 때문이다. 이제 이러한 기독교 리더십, 한국 교회 리더십이 어떤 형태로 나타나고 있는지 통합적 사고로 진단할 것이다.

Leadership Reset

4장

통합적 사고로 진단하는 한국 교회 리더십

한국 교회의 공통 과제인 신앙인 됨과 교회 됨의 회복에 가장 큰 어려움은 이전의 성공 공식이 남겨 준 유산이다. 이러한 유산과 관습을 답습하는 한, 한국 교회는 그리스도인에게나 비그리스도인에게나 리더십을 발휘할 수 없을 것이다. 그 어려움을 초래한 유산을 앞서 언급한 통합적 사고 기반의 개인 내면 차원, 일대일 관계 차원, 공동체 차원에서 살펴볼 것이다.

1. 개인 내면 차원 :
소비문화 속 신학의 빈곤에서 비롯된 그리스도인의 정체성 혼란

현대를 살아가는 사람들에게 하나의 종교가 된 소비문화는 사람들로 하여금 상품을 하나라도 더 사서 마음의 안정을 누리게 만들고, 생산품을 구입하지 못한 사람들은 안전하지도 못하고 환영받지도 못하고 있다는 메시지를 전해 준다. 하나님 나라의 통치 방식을 가로막는 가장 큰 장애물은 우상 숭배라는 형태로 나타나는데, 모든 형태의 우상 숭배가 다 파괴력이 있지만 맘몬 신앙이야말로 돈을 숭배하는 것이 안녕과 행복을 가져오게 한다고 믿게 한다. 때문에 사람들은 소비로 만족감을 채우고 자신의 존재의미를 인정받으려는 경향을 보인다.[1] 그러나 소비문화 속에서 사람들은 점점 더 정체성과 관계적인 혼돈을 경험하게 되고, 만족을 모르는 무한 생산시스템과 물질을 예배하며 그것을 자신을 규정하는 욕망으로 삼으면서, 삶의 목적과 이유를 모른 채 현재를 즐기는 만족으로 치닫고 있다.

한국 사회에 만연한 세속주의와 소비문화는 교회에까지 깊이 침투하고 있다. 신앙공동체가 고백하고 살아가야 할 복음의 내용도 세속적이고 일회성으로 바뀌어 가고 있는 것이다. 칭의에 초점을 둔 회심 중심적 복음이다. 복음을 받아들여 의인이라 칭함을 받으면 우리가 얻고자 하는 모든 것을 다 이룬 것처럼 생각한다. 성화의 삶, 즉 윤리적이고 그리스도인답게 사는 삶은 일단 믿음으로 구원받은 그다음 하늘나라 상급과 연관되어 있다고 이해한다. 은혜와 믿음으로만 구원받았다는 것이 '의로운 삶(윤리)이 없는 의인 됨'을 뜻하는 복음으로 심각하게 왜곡되어 일회적인 구원에만 초점을 맞추는 구원파적인 믿음을 양산해 내는 것이다.[2] 권연경 교수의 말처럼 행위와 삶을 배제한 '오직'의 논리에 목숨을 걸면서, 믿음과 은혜에만 초점을 맞춤으로 성경이 말하는 거룩에 대한 요구와 심판에 대한 경고에는 귀를 기울이지 않는다.[3] 그 결과 복음대로 살지 못하는 문제가 아니라 그보다 더 근원적인 복음 자체를 상실해 버릴 위험에 처하게 되었다.

우리가 개발한 복음은 예수님이 전파한 하나님 나라의 복음에 못 미치는 무엇인가 이상한 축소판 복음과 같다. 이러한 회심 중심적인 축소판 복음은 오직 나에게만 초점을 맞추게 됨으로 복음을 '더 작게' 만드는 결과를 초래했고, 선교적인 호소력을 점점 약화시켜 나 자신을 뛰어넘어 다른 사람에게 손길을 뻗치지 못하게 한다.[4] 따라서 회심 중심적 복음이 예수님의 제자를 만들기에 적합하지 않을 뿐 아니라, 오히려 많은 그리스도인들에게 수동적인 신앙을 갖게 하는 결과를 낳았다.[5]

기독교인은 자신의 신앙에 대한 자각, 즉 신앙에 대한 정체성 없이는 기독교적 삶을 살 수가 없다. 정체성이 명확하지 않기 때문에 하나님 나라의 통치에 순응하기보다는 때로는 기복신앙을 가지고 자기에게 유리한 것만 택하는 선택적 신앙생활을 하는 모습을 보게 된다. 더 나아가 세상의 방법과 가치들을 믿음의 본질로 오해하는 일도 생기게 된다. 신앙인들이 자신의 신앙 정체성에 어려움을 겪는 것은 세속화된 사회와 소비문화의 영향도 있지만, 하나님 나라와 복음에 대한 현재적 의미의 몰이해와도 연관이 깊다.

한국 교회는 여러 가지 프로그램을 수없이 실행했음에도 불구하고, 교인들의 변화된 삶을 낳지 못하고 있다. 신앙인들은 믿음 생활을 교회 생활에 참여하는 것으로만 국한하고, 날마다 일상의 삶에서 하나님의 통치를 받는 삶, 예수 그리스도의 주권에 순종하는 삶과는 연결하지 못한다. 이로 인해 교회가 놓치게 된 것이 교인들의 일상 가운데 삶으로 맺는 빛의 열매, 성령의 열매에 대한 무관심이다. 이러한 모습은 김세윤 교수의 말처럼 신앙과 지성을 나누려는 한국 사회의 분위기와도 맞물려서 다분히 믿음과 지식을 통합하려고 노력하고, 복음과 그에 합당한 삶을 살아가려고 하는 노력을 앗아감으로 신앙생활을 교회와 가정에 가둬 놓고, 직장과 사회에서는 이 세상의 법과 정신을 따라 살게 만든다.[6] 한국 교회가 왕성한 듯 보이고, 정치, 경제, 사회, 문화에 기독교인들이 많아도 기독교적 윤리 또는 문화가 돋보이지 않고, 기독교인 리더들이 보여 주는 도덕성과 리더십에 대한 존경이 적은 이유가 이러한 신앙의 모습 때문이다.

2. 일대일 관계 차원 :
그리스도인으로 살고 있다고 착각하는 이원론적인 삶

'그리스도인은 믿음으로 의롭게 된다'는 이신칭의는 '믿음 따로 삶 따로'를 말하지 않는다. 믿음이란 그로 인해 하나님으로부터 의롭다 하심을 받는 것이면서 동시에 그로 인해 그리스도와 연합하는 것이다. 따라서 그리스도와 연합하는 사람은 그리스도 안에서 모든 사람을 섬기는 종이 되어야 하고, 그리스도처럼 선한 행실의 삶을 살아야 한다. 그러나 한국 사회에서 기독교인들의 이원론적인 신앙이 나타나 문제가 되고 있다.[7]

기독교 사상에 침투한 몸과 영혼을 분리하는 이원론은 그리스도인의 실제 삶에서 균형 잡히지 않은 영적 가치를 추구하게 만든다. 기독교인들이 대부분 시간을 보내는 곳이 일터이지만, 정작 직장 내 신앙생활을 살펴보면 직장 신우회나 특별한 모임을 통한 예배나 동료를 전도하는 것에 신경을 쓸 뿐이다. 평범한 삶이 반복되는 직장생활에서 신앙인으로서 인격과 배려를 나타내는 삶을 통한 영향력을 주어야 하는데, 그렇지 못할 때가 많다. 직장인이면서 신앙인이라는 정체성이 필요한 것이다.

신앙과 삶이 일치하지 않는 이원론적인 삶을 사는 이유는 크게 두 가지로 볼 수 있을 것이다. 첫째, 자신의 욕구 내지는 개인의 성공을 따라 사는 것이다. 교인들이 생각은 하고, 제대로 알기는 하면서도 삶을 다르게 살아가는 것이다. 실제로 사는 것과 믿는 것이 다르고, 말하는 것과 행동하는 것이 다른 것이다. 그러나 신앙 따로, 삶 따로의 모습은 사실상 거듭나지 못한 사람의 일반적인 성향이다. 따라서 이렇게 살아가는 사람들은 교인일 수는 있으나 참된 그리스도인이라 할 수 있을지 생각해 봐야 할 문제이다.

둘째, 이원론적인 삶이 목회자와 말씀의 가르침이라고 믿고 사는 경우이다. 이러한 경향을 보이는 교인들은 그들이 가진 잘못된 신앙 또는 신학을 자신의 삶에 그대로 적용하며 살아간다. 교회의 많은 목회자로부터 배운 것이 바로 내세 지향적인 하나님 나라이고, 한 번 믿으면 영원한 구원으로 연결되는, 윤리적인 삶이 없는 구원관이기 때문에 그 가르침대로 살아가고 있는 것이다. 이런 유형의 이원론적인 신앙생활을 하는 사람들의 모습은 예수님을 영접하기 전에 사귀었던 이들과 급속하게 멀어짐으로써 오히려 복음 전파의 기회를 잃게 되는 경우가 있다. 결국은 교회와 본인이 가지고 있는 신앙 역시 일터와의 접촉점과 상관성을 잃어버리게 되고, 교인들이 살아가고 있는 일상의 삶과 공공의 삶 모두 하나님 나라의 영향력에서 벗어나게 된다.

한국 교회의 이러한 이원론적인 신앙은 성경적인 신앙보다는 맘몬을 숭배해서 물질적인 축복을 바라는 탐욕의 복음을 만들어 가고 있는 모습을 띠고 있다. 따라서 이원론적인 신앙은 자기가 원하는 것과 돈을 향유하기 위해서 하나님을 이용하는 모습으로 나타난다.[8] 교인들 또한 목회자의 설교 중 본인의 귀에 달콤하고 마음의 치유를 주는 설교만 받아들이고, 복음의 핵심을 전하는 불편한 설교를 받아들이지 않는 태도를 보인다. 그러한 모습이 고착

되게 되면 말씀의 참된 뜻을 제대로 알려고 말씀을 공부하려 하지 않고, 때로는 설교를 자기 유리한 대로 쉽게 해석하며, 말씀대로 살려고 치열하게 노력하지 않게 된다. 말씀 묵상을 통해서 하나님의 뜻과 의도를 알아 삶 가운데 적용하게 하기보다는 문자적, 율법적 적용을 하게 한다.

제자훈련이 복음을 바르고 깊이 있게 이해하고, 복음에 합당한 삶과 신학적 사고로 예수 그리스도의 참된 제자의 삶을 살게 하는 것이 아니라, 교회에 필요한 일꾼을 만들어 내는 데 사용되는 프로그램이 되는 것을 자주 보게 된다. 일부 목회자들이 제자훈련을 통해 평신도들을 신앙인다운 신앙인으로 키우기보다는 자신의 말을 따르는 교인으로 만들 뿐만 아니라 교회성장을 위한 충실한 일꾼으로 키워 내는 프로그램의 하나로 제자훈련을 사용하기도 한다.

3. 공동체 차원 :
끌어모으기식의 수직 계층적 리더십

공동체 차원의 문제는 다름 아닌 교회의 본질과 연관되는 부분이다. 교회는 무엇인가에 대한 선명한 그림이 있지 않기 때문에 교회가 왜 존재해야 하는지에 대한 명확한 답변을 할 수 없는 상태에 처해 있다. 그러한 상황에서 교회는 그동안 목회자의 자질과 리더십의 문제, 복음을 축복과 성공의 수단으로 삼는 풍조와 더불어 세력을 과시하는 문제, 교회 세습의 문제, 개교회 성장 중시로 인해 대부분의 노력과 재정을 교회유지 관리에 투입하는 모습을 보여 주고 있다. 부실신학교의 난립, 그리고 목회자의 질적 저하와 소명의 변질로 인하여 리더십을 갖춘 지도자가 부족한 것이 한국 교회의 현실이다. 당연히 교회 내에 건강하지 못한 복음과 세상적 가치가 강단을 통해 선포됨으로, 본질적으로 복음의 실천을 통한 삶의 변화를 추구하기 어려운 상황을 만들었다.

1) 내부적 : 수직 계층적 리더십

교회 내부적으로 목회자들의 신학적 깊이와 리더십 부족, 교인들과 다름없는 언행 불일치의 이원론적인 삶, 소통 및 공감 능력의 부족 등으로 인해 한국 교회가 어려움을 겪고 있다. 그런 가운데에서도, 대부분의 목회자 후보생들은 대형교회의 담임목회를 꿈꾸면서 CEO와 연예인을 닮은 목회자를 꿈꾸는 모습을 보인다.[9] 한국 교회의 긍정적인 변화나 변혁을 가로막는 가장 큰 교회 내부적 어려움은 존경받는 목회자와 더불어 교회의 존경받는 어른들이 사라져 가고 있다는 현실이다. 이러한 현실은 목회자와 당회의 권위주의와 교권주의로 나타나는 비상식적이고 비민주적인 수직 계층적 리더십의 모습 등으로 나타나고 있다.

또한 교회 공동체가 효과적이지 않은 이유는 권한 위임이 제대로 이루어지지 않았기 때문이다.[10] 전통적 한국 교회의 모습 속에서 계층적 요소를 발견할 수 있다. 교회의 많은 결정이 과도하게 종교적이고 관료적이며 아래로부터의 의제를 중심으로 구성되는 것이 아니라 위로부터 행사되는 리더십에 의존할 때가 많다. 해롤드 리빗(Harold J. Leavitt)은 "불가항력적 수직계층구조"(inevitability of hierarchy)의 필요를 역설하면서 "수직적인 계층구조는 크고 복잡하고 어려운 일들을 위해 인간이 만들어 낸 모든 사회구조 중에 가장 실행가능하고, 효과적인 체제이다."라고 주장했다.[11] 그러나 이러한 수직적인 계층구조는 커진 몸집과 경직된 의사소통 구조로 인하여 사회변화에 둔

감하게 되는 결과를 낳게 되었다.

더 큰 어려움은 자연스럽게 조직 내부의 문화가 관료주의로 흐르게 된다는 것이다. 관료주의 문화에 사로잡혀 있는 교회의 대표적인 부작용은 조직 내 의사결정 속도를 저하하고 더 나아가 잘못된 의사결정을 내릴 위험성을 높이게 된다. 결정을 내리는 과정이 느리고 복잡하면 필요한 변화의 속도에 발맞추기가 어렵고 복잡한 승인 과정을 거치게 됨으로 관료적이고 위계적인 교회에서는 자연스럽게 목회자와 당회의 소수 리더에게 의사결정 권한이 집중되게 된다. 이러한 수직 계층적인 문화와 리더십이 있는 교회에서는 젊은 세대의 문화나 그들의 생각이 교회 대부분의 결정권과 힘을 가지고 있는 목회자나 당회에 잘 전해질 수가 없다. 또 전해진다고 해도 중간단계를 거치면서 처음 의도와 다른 의사결정이 일어날 수도 있다. 계층적인 문화 속에서 어른 세대가 젊은 세대에게 순종을 요구하면서 사회적인 지배력을 갖게 되면 젊은 세대는 영적 성장이 멈추거나 둔해질 수밖에 없다.

가장 큰 부작용은 이런 계층적이고 관료적인 구조는 전반적인 교회사역에 있어서 유연성이 사라지게 만든다. 유연성이 사라진 교회는 불규칙적이거나 새로운 변화를 쉽게 수용하기 어려운 경향이 있다. 관료주의는 본질적으로 일사불란한 질서와 통제를 기본으로 하기 때문이다.[12] 이러한 현상이 교회의 계층적 집단 정체성을 더 깊게 만든다. 공동체의 구성원들이 보여 주는 사회적 관계는 다양성 속에 있는 하나 됨(unity)이나, 하나 됨 안에 있는 다양성을 추구하기보다는 획일성(uniformity)을 추구하는 경향만을 띠게 된다.[13] 그러한 문화 속에서는 교회는 교회 됨의 모습보다는 조직의 관성대로 움직여야 한다는 조직 논리가 강하기 때문에 상황에 따라 융통성 있게 전략적으로 대응하기보다는 정해 놓은 원칙이나 절차가 중요할 수밖에 없고, 교인들은 그와 같은 답답한 문화 속에서 적응하지 못하고 교회를 떠나게 된다.

더 나아가 수직적인 계층구조의 교회는 사람들 사이의 따뜻한 인간관계를 막고, 정직하지 못한 인간의 욕심을 조장하며, 유아적 의존성을 초래하게 된다.[14] 특히 교회의 젊은이들은 계층구조적인 교회에서 복음의 자유함과 따뜻함과 진실함을 느끼기보다는 율법적인 모습들이 자신을 답답하게 하고 억압한다고 생각할 수 있다. 이러한 수직적이고 계층적인 리더십을 가진 공동체는 이웃들에게 열려 있고, 초대하고, 포용하는 문화를 만들기 어렵다. 그러나 세상을 바꾼 혁신적인 변화에는 남들과 다른 생각을 끝까지 밀어붙일 수 있는 의지와 그것을 포용할 수 있는 문화가 요청된다. 말콤 글래드웰(Malcolm Gladwell)은 "주변 동료나 사회로부터 동의를 구하려 애쓰지 않는 태도가 혁신적 아이디어의 실행에 더 효과적"이라고 말하며 이런 태도를 '동의하지 않는 태도'(Disagreeableness)라 정의한다.[15] 그런데 이런 혁신과 변화에 중요한 '동의하지 않는 태도'는 조직이 크고 상하 위계가 엄격한 조직일수록 찾아보기 힘들다고 한다.

2) 외부적 : 끌어모으기식

교회와 목회자가 사회의 존경을 받고 있고, 교회의 행사나 프로그램이 세상에 영향을 주던 시기, 우리에게는 교회의 종만 울리면 사람들이 올 것이라는 생각이 있었다. 그래서 끊임없이 '우리에게로 오라'는 전략과 프로그램을 만들고, 그것이 더 좋으면 사람들이 예배에 나올 것으로 생각해 왔다. 그러나 이러한 접근방법은 구별된 복음의 구별된 공동체가 되려고 애쓰기보다는 적실성 있는 이벤트에 집중하는 경향이 있다. 그 이면에는 교회에서 보여 주는 문화와 프로그램 속에 세상 사람들이 좋아할 만한 것들이 있다면 자연스럽게 그들이 교회에 나올 것이라는 전제가 깔려 있다. 교회는 사람으로서의 교회됨의 중요함을 잊고 조직 자체를 유지하는 데 너무 많은 힘을 쏟고 있다. 그러나 세대가 바뀌었다. 요즘 세대는 교회에 관심이 없을 뿐더러 교회를 적실성이 있는 중요한 곳으로 여기지도 않는다. 오스 귀네스(Os Guinness)의 말처럼 교회가 적실성을 추구하다가 우리의 정체성만 아니라 권위와 적실성마저 잃어버릴 수 있다.[16] 교회가 사람들의 이목을 끌기 위해서는 교회의 교회됨을 회복하고 교회에게 맡겨진 사명을 제대로 감당해야 한다.

그러나 그렇지 않기에 많은 사람들이 교회를 떠나고 있다. 한국 교회에서 나타나고 있는 '가나안 성도'는 그리스도인이면서 교회를 나가지 않는 탈-조직교회적 성향을 자기 정체성으로 삼은 성도들로서 개신교인의 17%, 즉 165만 명이 될 것으로 추정하고 있다.[17] 이들은 성장일변도의 교회의 모습을 반대하면서, 현존하는 교회에 대한 근본적이고 혁명적인 변화를 원하는 성도들이다. 또한 이러한 현상은 개인의 영적 성숙과 사회와 시대의 고뇌에 대한 적실성 있는 응답을 하는 교회로 변화되길 원하는 마음에서 비롯된다. 교회가 더 어려운 것은 사람들이 더 이상 교회를 존중하지 않고 기독교에 대해 비우호적일 뿐만 아니라 교회 이탈 움직임들이 나타나고 있기 때문이다. 주류 문화의 분위기가 더 이상 사람들을 교회로 불러오는 것을 허용하지 않고 있고, 더 나아가 악의적인 언론과 안티 기독교인이 증가하고 있다. 교회는 이런 언론에 계속해서 나쁜 기삿거리만 제공하고 있는 형편이다. 교회는 또한 자신에게 불이익이 오거나 정체성을 흔들 만한 사안이 있다면 사회 전체의 분위기와는 전혀 동떨어진 폐쇄적이고 이기적인 모습을 보여 갈등을 일으키고 있다.

일부 기독교인들이 대사회적으로 보여 주는 반응은 때때로 성찰 없고 무분별한 데다 폭력적이기까지 한 모습으로 나타나고 있다. 이러한 모습은 기독교가 지켜 내고자 하는 바를 지키지도 못할 뿐 아니라, 갈등의 악순환을 일으키고, 오히려 기독교가 공격을 받는 원인이 되고 있다. 교회가 진정성 있는 사회적 약자에 대한 섬김의 모습을 보인다든지 교회와 기독교인을 긍정적으로 바라볼 수 있는 콘텐츠를 생산하기보다는 이 사회의 기득권층으로 서 있는 이미지가 계속되고 있다. 이와 같은 현상은 교회가 가진 자가 되고, 사회의 권력에 영향을 줄 수 있는 또 다른 기득권층의 자세로 서 있기 때문이다. 이러한 태도가 계속된다면 우리의 다음 세대는 하나님을 믿고 교회에 오는 것조차 부담스러운 일이 되고 말 것이다.

시대가 변하고 있지만 교회는 변하지 않는 이유 중 하나를 들자면 한국 교회는 몇몇 구성원들이 추구하는 바에 대해 '아니오'라고 말할 수 있는 분위기가 아니기 때문이다.[18] 한국 교회처럼 교회 내부의 문화가 계층 구조적이라면, 젊은이들의 생각과 문화는 교회의 전통과 복음의 이름 아래 수용할 수 없는 것이 되어 버릴 것이다. 젊은이들의 생각과 문화는 그저 '어린아이들의' 남을 불편하게 만드는 문화로 인식되기 쉽다. 끌어모으기식의 수직계층 구조적인 교회의 목회는 삶의 척박한 현장을 담을 수 없게 되고, 교인들의 삶에서 실존적으로 영향을 끼치는 복음의 영향력은 다른 교회, 다른 교인들의 이야기가 될 뿐이다.

2부
한국 문화 속
교회의 변화를 위한 리더십

Leadership Reset

1장

문화와 리더십은 어떤 관계가 있을까?

1. 문화와 리더십

   문화는 사람들이 어떻게 살고, 무엇을 생각하고, 그리고 무엇을 믿는지를 규정해 주는 생활방식이고 관습이며 생활의 각본이다.[1] 따라서 문화는 그 사회와 공동체 구성원들의 행동을 만들어 내는 데 가장 중요한 역할을 한다.[2]

   문화란 공동체 대다수 구성원이 공유하는 가정과 신념이기에, 한 조직의 구성원들은 그 조직의 역할과 리더십에 대하여도 공유하고 있는 생각과 신념이 있다. 즉, 같은 문화 가운데 있는 사람들은 전형적인 리더의 모습에 대한 공통된 기대와 믿음이 있다는 것이다. 만약 공동체에 어떤 문화가 존재하고 있다면, 그 문화는 우리 공동체에 가장 적합한 사람이 누구인지, 그 또는 그녀가 조직체의 리더가 될 수 있고, 없는지에 대한 하나의 중요한 기준 역할을 한다는 의미이다.[3] 반대로 리더가 어떤 팀 또는 조직체를 새로 만들 때는 먼저 문화를 창출해야 성공적인 조직이 될 수 있다. 결국, 문화와 리더십의 관계는 동전의 양면과 같다.[4] 문화와 리더십을 함께 연구하는 학자들은 문화를 '리더의 행동과 그에 따른 리더십의 효과 사이를 중재하는' 중요한 요소로 보고 있으며,[5] 에드가 쉐인(Edgar Schein)은 리더십과 연관하여 문화를 사회집단 또는 조직체의 구성원들이 장소와 시간, 인간성과 인간관계에 대해 기본적으로 '공유하고 있는 가정과 신념들'이라고 정의한다.[6]

교회는 삼위일체 하나님께서 이 땅에 직접 오셔서 세우신 동시에 이 땅에 살고 있는 우리를 불러 살게 하신 공동체이다. 하나님 나라와 세상의 경계를 살아가는 교회는 자연히 하나님 나라와 세상의 문화를 모두 경험하고 이를 내재화하게 된다. 복음은 변하지 않지만 세상 문화는 변하기 때문에, 복음을 현 시대에 맞게 구체화하고 살아내려면 사회의 문화와 교회의 문화에 대해 바르게 알아야 한다. 그리스도인들은 교회의 문화에 대해 이미 잘 알고 있다고 믿지만 의외로 그리스도인들이 교회의 문화는 물론이고 그 문화가 교회에 어떤 영향을 끼치는지 잘 알지 못하는 것이 현실이다.[7]

어떤 조직이 역동성을 가지고 영향력을 발휘한다는 것은 조직의 리더십, 문화, 그리고 시스템이 상호작용함으로 나타나는 결과다. 조직체 안에 있는 고유한 문화와 리더십, 그리고 시스템의 변혁이 선행되어야 사회에도 선한 영향력을 끼칠 수 있다. 즉, 교회가 그 사회의 문화나 미래를 만들어 가는 데 영향을 끼칠 수 있게 된다.[8] 그런데 정작 교회의 변화를 이끌어야 할 리더들이 교회의 내부 문화와 그에 따른 리더십의 문제가 쉽지 않음을 고백하고 있다. 라이너(Rainer)와 그의 팀은 50,000개 교회의 데이터를 조사하던 중 교회 문제와 연관하여 교인들이 직면하고 있는 172가지의 문제를 발견하였다. 그 중 단 한 가지를 제외한 171개의 문제가 교회 내부에 있는 교인들끼리의 문제, 교회 안의 문제로 밝혀졌다.[9] 교회가 사회 가운데 제 역할을 감당할 역동성을 가지지 못하도록 하는 걸림돌은 먼저 교회 내부의 문화와 리더십의 문제가 해결되지 않은 경우일 때가 많다.

공동체나 사회에 이미 존재하는 문화는 우리가 바꾸길 원한다고 해서 쉽게 바꿀 수 있는 것은 아니다. 만약에 어떤 공동체의 문화가 바뀌길 원한다면 먼저 그 조직 자체의 변화가 선행되어야만 가능한 일이다. 왜냐하면 모든 조직체의 문화는 그 구성원들이 매일 살아가고 있는 삶을 반영하고 있기 때문이다. 구성원의 행동과 삶이 바뀔 때 조직이 변화하고, 조직이 변화할 때 조직의 문화가 바뀔 수 있다.[10] 그리고 그 중심에는 조직의 핵심가치, 다시 말해, 교회의 본질이 자리하고 있다. 교회의 변화는 항상 "교회는 무엇인가?"에 대한 고민으로부터 "교회가 무엇을 행하여야 하는가?"의 고민으로 이어져야 한다. 다시 말해, 교회의 본질에서 비롯된 사명을 감당하는 삶이 나타나야 한다는 것이다.

교회는 하나님의 나라를 충실하게 증거하는 증인으로 살아가는 모습을 보여 주어야 한다. 따라서 교회의 사명은 하나님 나라를 위해서 그리스도를 따르려는 자들을 발견하고 양육함으로, 그들이 이 땅에서 선한 영향력을 발휘하는 진정한 제자도의 삶을 살아가도록 하는 건강한 공동체를 만들어 가는 것이다. 빌 하이벨스(Bill Hybels) 목사는 "이 세상의 희망은 지역교회이고, 그 교회의 미래는 리더들 손에 달려 있다."라고 했다.[11] 더 나아가 "구원 드라마의 결과는 교회의 리더들이 얼마나 잘 이끄는지에 따라 결정될 것이다."라고 주장한다.[12] 하이벨스 목사가 이야기한 '교회를 잘 이끄는 것'이 무엇을 의미하는지 생각해 볼 문제이다. 그것은 지도자를 포함한 교회 모든 구성원들이 교회의 존재 목적에 맞게 맡겨진 사명을 변화하는 상황 속에서 잘 감당하도록 하는 것이다. 준비 – 실행 – 점검 등, 이 전체를 아우르는 과정이 리더십이며, 하이벨스 목사의 리더십 정의인 '여기에 있는 사람들을 저기로 움직이게 하는 것'[13]과도 일맥상통한다.

이제 우리는 한국 문화 속에서 교회의 변화를 생각하는 리더십을 본격적으로 논할 것이다. 이를 위해 현재 한국 사회의 특징 및 교회가 대응하고 있는 방식을 각 리더십 수준인 개인 내면 차원, 일대일 관계 차원, 공동체 차원에서 살펴볼 것이다. 교회의 주인 되시는 삼위일체 하나님의 속성을 통해 신앙인과 교회가 놓치지 말아야 할 본질(핵심 특성)과 한국 문화 속 교회의 변화를 생각하는 리더십의 사명(행동 특성) 역시 각 차원에서 조망할 것이다. 핵심특성(essential characteristics)은 각 리더십 차원에서 추구하고자 하는 가치를 설명하며, 행동 특성(behavioral characteristics)은 핵심특성을 이루기 위해 각 리더십 차원에서 나타내야 할 리더십 행동들이다.[14]

리더십 관점에서 신앙인과 교회의 변화는 다양한 요소를 포함하고 있으므로, 변화를 위한 핵심요소(重點, leverage point)를 찾았다고 해서 조직의 변화가 담보되는 것은 아니다. 궁극적으로 교회의 변화는 주님의 섭리 가운데 있기 때문이다. 하지만 한국 교회의 이러한 핵심요소(핵심 특성과 행동 특성)에 대한 집중된 노력이 리더만이 지켜야 할 원칙이 아닌 구성원 모두가 함께 노력해야 하는 본질적인 요소이자 행동으로 실천해야 하는 중요한 초점으로 자리잡아 갈 때, 한국 교회의 교회 됨과 신앙인 됨의 회복에 자그마한 도움이 될 것이다.[15]

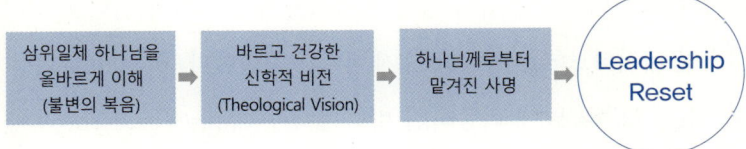

한국 문화 속 교회의 변화를 위한 리더십

리더십 세 차원의 핵심 특성과 행동 특성

2. 교회가 마주하고 있는 현대 문화

한국 사회의 문화는 후기세속사회, 포스트모던 사회, 다문화사회 등 여러 모습이 섞여 있다. 첫째, 한국 사회는 세속화의 모습과 후기세속사회의 모습이 혼재되어 있는 상황이다. 하지만 한국의 교회는 자신의 기득권을 내려놓기 힘들어하고 있는 크리스텐덤(기독교세계)의 문화를 가지고 있다. 둘째, 한국 사회에는 포스트모던 문화의 영향권 아래에서 컴퓨터와 인터넷으로 대표되는 디지털 네이티브(digital native) 세대[16]가 출현했다. 하지만 교회는 여전히 권위 있는 사람의 말에 복종하길 바라는 전근대(pre-modernity) 내지는 근대 사회(modernity)의 특징이 강요되고 있다. 셋째, 한국 사회는 체류 외국인이 약 190만 명으로 전체 인구의 3.5%가 넘는 다인종, 다문화사회가 되었다. 특히 노동의 방식으로 이주한 외국인 노동자뿐 아니라 결혼의 방식으로 이주한 국제결혼 이주여성이 급속도로 늘어났다. 그러나 한국 교회는 아직도 순혈주의에 집중하는 '단일민족' 교회의 모습을 보이고 있다.

1) 후기세속사회

'세속화'(secularization)라는 용어는 상황에 따라 다르게 나타나지만, 결론적으로 기독교의 입장에서 바라보는 세속화란 '사회가 기독교적 영향력으로부터 이탈하여 하나님 없는 하나의 자율적인 실재가 되는 것'을 의미한다.[17] 하나님에 대한 신앙과 믿음이 개인의 선택사항이 되었고, 굳이 필수 조건(axiomatic)이 아닌 시기가 도래했기에 현상적으로는 사람들이 하나님으로부터 떠나고 더는 교회에 가지 않게 되는 것을 의미한다.[18]

한편, 사람들은 이성의 시대가 발달하면 할수록 종교의 영역은 줄어들 것으로 생각했지만, 종교가 모든 면에서 힘을 잃지는 않았다. 고도로 세속화된 사회의 세속성에 적응하려고 노력한 종교들은 쇠퇴하였으나 그렇지 않은 종교 공동체는 대부분 존속해 왔고 나아가 번성하기까지 했다.[19] 또한, 개개인의 삶의 차원에서 종교적인 신앙이 계속해서 영향을 끼치고 있기 때문에 종교적 삶은 쇠퇴하기보다는 지속되거나 부흥하고 있다.

이러한 현상처럼, 근대(modernization)가 기반을 잃어 가고 있는 과정에서 종교가 전 세계적으로 광범위하게 사라질 것이라는 세속적 확신 가운데에서도 공적인 영역에서 종교가 여전히 영향을 미치고 타당성을 보여 주고 있는 것을 '후기세속화사회'(post secular society)라고 한다.[20] 그 사회는 절대적 가치를 지닌 보편적 종교로서 모든 것을 품어 주던 기존 종교의 모습은 약해지지만, 포스트모던에서 신 자체의 개념이 주관적으로 바뀌면서 개인들의 다양한 관점에서 마음에 드는 종교를 선택하는 모습이 나타나는 사회이다.[21]

종교의 부활과 공적인 영향을 세속화와 후기세속화를 나누는 분기점으로 보는 시각이 있는가 하면, 그 모습도 또한 세속화의 한 모습이라고 보는 시각도 존재한다.[22] 어느 시각에서든 사회에서 종교가 중요한 공적인 역할을 감당하고, 기독교의 역할에 대한 요구가 공적담론의 장에서 나타나고 있다는 것을 알 수 있다. 요약하자면 실리 없는 교회는 싫지만 종교의 공적 역할은 기대하는 사회라 할 수 있다. 여기서는 이러한 사회를 후기세속사회라 지칭하기로 한다.

2) 포스트모던사회

젊은이들이 교회에 오지 않는 현상을 표면적으로 볼 때 기성세대와 새로운 세대 간의 단절로 나타나는 세대 차이 때문이라고 생각하기 쉬우나, 궁극적 문제는 "광범위한 문화에 대한 철학적 단절"이다.[23] 따라서 교회의 주요 문제를 세대 문제로 보는 시각도 중요하지만 더 먼저 생각해 봐야 할 것은 문화의 문제임을 인식해야 한다. 지금 우리 사회에서는 거대한 인식론적 변화가 일어나고 있다. 철학, 종교사상의 변화, 사회, 생활조건과 과학의 발달은 모두 문화의 변화와 연관되어 있다.

에디 깁스(Eddie Gibbs)는 현대 사회가 경험하는 5가지 메가트렌드 중 근대

(modernity)에서 포스트모던 시대(post-modernity)로의 변화를 가장 특징적인 흐름이라 말한다.[24] 근대 사회는 이성적 합리성에 기초한 인간해방을 추구하는 시대로 이해할 수 있을 것이다. 근대 사회는 세속 영역을 창조해 냈으며, 삶의 모든 것을 위한 신앙이 현실의 작은 부분만을 지칭하게 됨으로 영적인 것들은 사회 주변으로 밀려나게 되었다. 그러나 포스트모던 사회가 되면서부터 미래에 대한 불확실성과 해체적 사고, 그리고 모든 것을 상대화하는 인식론적 전환이 이뤄진 가운데 사람들은 미래에 대한 두려움을 갖는 시대가 되었다. 따라서 포스트모던 사회는 현대 정신사조의 핵심원리와 이념과 가치를 문제시하는 지성적 분위기와 문화적 표현을 가지고 있다. 이러한 변화는 산업시대로부터 정보시대로의 전환을 의미하기도 하는데, 포스트모던 문화는 우리가 의식하든 못하든 공기와 같이 우리를 감싸고 있다.

2016년 다보스포럼에서는 '제4차 산업혁명'이 화두가 되었다.[25] IT기술이 온라인상에만 머물지 않고 제조업과 유통업에까지 혁신을 불러온다는 것이다. 4차 산업혁명은 네트워크 효과 때문에 산 위에서 눈이 굴러 내려오는 것처럼 점점 더 빠르게 진행되고, 이제 후발주자가 앞서고 있는 기업을 따라 해서 성공을 거두는 추종자형(catch-up) 전략은 더 이상 통하지 않게 될 것이라고 한다.[26] 사물인터넷, 웨어러블 디바이스(wearable device) 등에 의해 고스란히 비트의 정보로 저장되면, 그걸 인공지능(AI)이 분석해 맞춤형 예측 서비스를 해 주는 시대가 올 것이다.

이렇듯 급격한 변화 속을 살아갈 세대는 개방, 참여, 공유를 철학적 기반으로 삼는 디지털 네이티브(digital native)로서 포스트모던 문화의 영향권 아래에서 컴퓨터와 인터넷으로 대표되는 기술사회를 살아가는 세대이다. 이들은 개방성 속에서도 자기 자신을 나타냄으로써 자신의 정체성을 갈구하고, 참여를 통한 쌍방향적 커뮤니케이션을 갈구하며, 공유를 통한 공동체를 형성하고자 하는 열망이 큰 세대이다.[27]

　문제는 이러한 문화의 변화에 교회가 적절히 대처하지 못했다는 것이다. 모던에서 포스트모던으로 변하는 시대에 기독교는 지금의 문화를 무시하는 것처럼 행동했으며, 교회는 더 이상 주변 문화와 관련을 맺지 못하고 이 시대에 부적절한 것으로 인식되기 시작했다.[28] 레너드 스윗(Leonard Sweet)은 포스트모던 문화와 교회 문화와의 간격에 대해서 "현대에서 포스트모던으로 전환하는 역사상 가장 큰 변화기 속에서 교회는 모더니티에 붙들려 저고품이 되고 낡아빠진 것으로 전락하고 있다. 교회는 시대에 뒤처진 현대적 사고와 행동유형을 바탕으로 기독교 전통을 구현하고 재현하려는 습관에 젖어 있다."[29]고 주장하기까지 한다. 포스트모더니즘은 정보화 사회와 디지털 문화를 통해 자신의 관점을 드러내고 있다. 진리의 객관성과 확실성, 그리고 보편성을 주장하는 모더니즘의 문화적 요구에 충실했던 교회가 관계성과 상황성을 강조하는 포스트모던의 문화적 요구에 어떻게 응답할 것인가를 고민할 때다.

3) 다문화사회

　세계는 점점 '국경 없는 이주민의 시대'로 전환되고, 한국도 마찬가지로 급속히 다인종, 다문화사회로 바뀌고 있다.[30] 한국 사회에 노동의 방식으로 이주한 외국인 노동자뿐 아니라 결혼의 방식으로 이주한 국제결혼 이주 여성이 급속도로 늘어났다.[31] 법무부 외국인 정책통계에 따르면, 1998년 30만 명에 불과했던 국내 체류 외국인 수는 2005년 75만 명에서, 2007년에 100만 명이 넘어섰다. 2007년에 남한 전체 인구의 2%를 차지하는 이주민 100만 명

시대가 되었고,³²⁾ 2010년 이후 체류 외국인 연평균 증가율인 8.4%가 유지되면 2021년에는 체류 외국인이 3백만 명을 넘어 전체 인구의 5.8%에 해당할 것으로 예상된다. 유학생은 2015년보다 20.3% 대폭 증가했으며 베트남 유학생은 2015년 7,445명에서 15,193명으로 두 배 이상 늘었다. 2017년 기준 우리나라 체류 외국인은 2,049,441명으로³³⁾ 한국 사회 전체 인구의 3.5%를 넘기면서 계속 증가세를 보이고 있다.³⁴⁾

더군다나 국내 체류 외국인 수의 증가 추세가 현재와 같이 지속되면 2020년에는 외국인과 이민자, 그리고 그 자녀가 총 인구의 5.5% 수준인 270만 명이 될 것이고, 2050년에는 총 인구의 10%를 차지할 것이라는 전망도 있다.³⁵⁾ 국제결혼이 최고조에 이르렀던 2005년의 국제결혼 건수를 보면, 13.6%의 국제결혼 부부의 출산을 통해 형성되는 자녀군은 2013~2015년에 초등학교에 진입될 것이고 그 시기 취학 아동의 13%를 넘어설 것으로 예측되었었다.³⁶⁾ 현재 국내에 체류하고 있는 외국인 수와 향후 늘어나게 될 다문화가정의 자녀 수를 고려해 보면 이민사회를 의미하는 외국인 10% 시대가 멀지 않은 것이다.³⁷⁾

이러한 배경에는 우리나라의 낮은 출산율과 급속한 고령화가 자리 잡고 있다. 2013년 출산율은 1.13명으로 OECD 평균 출산율 1.74명에 크게 못 미치며, 전 세계 222개 국가의 출산율 가운데 가장 낮은 수치를 보이고 있다.³⁸⁾ 2008년 기준 우리나라 65세 이상 노인 인구는 11%이며, 2016년에는 전체 인구의 20.6%,³⁹⁾ 2060년에는 무려 40%가 노인일 것으로 추계하고 있다.⁴⁰⁾ 한국 사회의 저출산(2017년 출산율 1.05%)과 고령화(생산가능 인구의 평균연령 2020년 41.8세)에 따른 생산가능 인구 감소로 성장 잠재력 저하가 우려되는 상황에서 경제 활력을 유지하기 위해서는 다문화사회로 바뀌는 속도가 더

빨라질 것이다.

　이렇듯 우리는 부정하기 어려운 다문화 환경에 살아가고 있으며 한국 속에 세계인으로 살아야 할 역량이 요구되는 시점에 서 있다. 세계는 서로 다른 문화적 배경 속에서 국가 간의 상호의존성과 연계성이 커지고 있을 뿐 아니라 개인 역시 다른 문화적 배경을 가진 이들과의 관계 안에서 상호 협조, 경쟁하지 않으면 안 되는 글로컬(Glocal) 세계시민으로서 정체성을 함께 고민해야 한다.

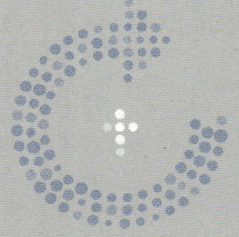

Leadership Reset

2장

후기세속사회
vs.
섬김의 리더십
(Servant Leadership)

1. 교회만이 내 세상

    세속화와 함께 쇠퇴할 줄만 알았던 종교는 오히려 부활과 공적 영향력을 경험하고 있으며, 이와 관련된 사회의 요구도 늘어 가고 있다. 그렇다면 한국 사회, 한국 교회는 어떨까?

    한국 사람들은 과거보다 종교에 덜 의지한다. 갤럽이 조사한 종교인 비율은 1984년부터 2004년까지 44%에서 54%까지 늘었으나, 10년 뒤인 2014년에는 50%로 줄었다. 감소의 가장 큰 원인은 청년층이다. 10년 전 45%가 종교를 믿었던 20대가 30대가 된 지금에는 7% 줄어든 38%만 종교를 믿으며, 현재 20대 중 종교인은 31%에 불과하다. '종교를 믿지 않는 이유'의 45%는

'관심이 없기 때문'이다. 종교에 대한 무관심은 1997년 26%, 2004년 37% 등 시간이 흐를수록 계속해서 늘고 있다.[1] 20~30대의 탈(脫)종교 현상은 종교 인구의 고령화로, 더 나아가 향후 10년, 20년 장기적인 종교 인구 감소로 이어질 가능성이 크다. 그러나 죽음에 대한 두려움은 사뭇 다르다. 비개신교인들은 1998년에는 40.7%, 2004년에는 50.0%, 그리고 2012년에는 71.9%가 죽음에 대한 근원적인 두려움을 가지고 있다고 대답했다.[2] 그렇기 때문에 오늘 현대인들이 감내하기 힘든 불확실성을 제거할 수 있는 확실성을 제공한다고 주창하는 종교운동들은 어느 것이든지 굉장한 호소력을 갖고 시장의 수요를 확보하게 되는 것이다.

사람들은 개인적 취향과 목적에 맞는 종교를 택하고 누군가의 간섭과 통제가 아닌 자신의 필요에 따라 신앙생활을 한다. 현재의 다원화 상황에서 기독교는 수많은 종교 중에 하나로 인식되며, 기독교 구원의 절대성을 주장하기보다 혼합의 형태로 다원주의로 빠질 가능성이 증대되고 있다.

엎친 데 덮친 격으로 이러한 상황 가운데서 교회로부터 이탈되는 성도들이 늘어 가고 있다. 기독교인이라는 정체성은 있으나 현재 교회에 출석하고 있지 않으면서 이스라엘 백성이 가나안 땅을 찾아다녔듯이 새로운 교회를 찾아다니는 '가나안 성도'[3]들이 늘어나고 있다. 2015년 "한국 기독교 선정 10대 이슈 및 사회의식조사"에서 가나안 성도의 발생 원인에 대한 질문에 대하여 한국 교회의 성도들은 '배타적이고 이기적인 교회 공동체의 모습에 지쳐서'(41.2%), '목회자의 독단적이고 권위적인 모습에 실망해서'(21.4%), '교회가 개인의 영적인 갈급함을 채워 주지 못해서'(20.2%), '자유로운 신앙생활을 원해서'(16.2%)라고 대답하고 있다.[4]

한국 사회의 젊은이들에게 배타성을 지닌 것으로 인식되는 기독교에 대한 관심은 줄어들고 있다. 교회에 다니는 크리스천들이라고 할지라도 영적이지만 종교적이지 않고, 믿기는 하지만 소속되기를 원하지 않는 '가나안 성도'의 경향을 보인다. 착실하게 신앙생활을 하던 이들이 교회를 떠나고 있다는 것은 한국 교회에 큰 문제가 있음을 보여 주는 반증이기도 하다. 사회 현상적으로는 종교의 문제가 일종의 기호의 문제로 인식되어 종교가 갖는 이미지에 따라서 사람들이 선호하기도 하고 배격하기도 한다. 스포츠나 연예·문화는 젊은이들의 종교적 욕구를 대신 채워 주게 되고, 스포츠 스타나 연예인들은 많은 청소년들의 우상으로 군림하며 일종의 교주와 같은 지위를 누리고 있다.

한국 교회는 선교 초기에 한국 사회의 근대화와 개화에 중심적인 역할을 담당함으로써 사회발전에 크게 기여했으며, 구습(舊習)의 개혁이나 여권 신장 등을 통해 일제식민지 시절에도 근대화 과정에서 많은 긍정적 영향력을 발휘하였다. 1960~70년대 급격한 산업화 과정에서 파생된 상대적 박탈감과 소외감의 문제를 종교적으로 해결할 수 있는 길을 열기도 하였다. 그러나 교회의 인적·물적 자원이 점점 풍요로워지면서 기독교는 어느덧 실용적인 세상의 관심과 가치에 집중하기 시작하였고, 교회의 급속한 대형화·권력화가 진행되었다. 반대로 기독교의 사회적 신뢰도와 영향력은 점점 떨어지게 되었고, 주류 기독교에 대한 비판이 생겨났다. 해방 이후 70여 년 동안 한국 사회의 중심축을 형성하고 있었던 한국 교회가 이제는 반기독교적 정서의 중심에 서게 되었다. 예전에는 사회의 엘리트들이 교회로 몰려왔는데, 요즘은 오히려 지성인일수록 교회를 떠나고 비판하고, 교회를 다니는 청년들은 본인들이 교회 다니고 있다는 사실을 숨기고 있는 것이 현실이다. 한국 사회 엘리트들의 반기독교적인 태도는 사회정신의 반기독교적인 문화를 만들어 냈고, 그들이 공적 담론의 장에서 교회를 비판하는 모습들이 반기독교적인 문화를 더욱더 강화하고 있다.

한국 사회의 후기세속화 모습은 기독교가 사회 속에서 공공의 담론이 되지 못하고, 그나마 기독교가 감당했던 신앙적 세계관이 점점 더 무너지는 현상으로 나타나고 있다. 현실사회 안에서 더 이상 작동하지 않는 기독교의 모습으로 말미암아 한국 교회가 경험하는 세속화의 현실은 서구의 특정한 지역[5]에서 경험한 바 있는 세속적이고 극렬히 반기독교적인 모습으로 나타나고 있다. 기독교적인 가치와 세계관이 온전히 교회에 입혀지지 않은 상태에서 한국 교회는 세속화의 물결에 휩쓸렸고, 이제는 개신교에 대한 비우호적인 분위기와 대사회적 신뢰를 잃음으로 인해서 한국 사회에서 기독교가 주변화되어 가는 상황이다.

『2013 한국인의 종교생활과 의식 조사보고서』에서 한국 교회의 가장 큰 문제점이 무엇인가에 대한 질문에 목회자들은 '신앙의 실천 부족'(31.0%, 이원론), '지나친 양적 성장 추구'(27.6%, 끌어 모으기식), '목회자의 자질 부족'(14.8%, 계층적 리더십)의 순으로 대답하고 있다.[6] 목회자들이 한국 교회의 문제점이라고 대답한 부분에서 크리스텐덤(Christendom, 기독교세계)의 특징이 나타난다는 것을 눈여겨볼 필요가 있다.

원래 크리스텐덤이라는 용어는 4세기 이후 서구 사회를 지배해 온 종교문화를 일컫는 명칭으로, 로마의 콘스탄티누스 황제가 그리스도인들에게 완전한 예배의 자유를 주고 기독교를 인정함으로 다른 종교들을 훼손시켰던 때부터 출발한다. 크리스텐덤을 거치는 동안 기독교는 역동적이고 사회적이며 영적인 운동, 소외되고 핍박받는 하나님 나라 운동에서 제국 내 존재하는 유일한 공인종교, 정적(靜的)인 종교기관으로 변화되었다.[7] 그 최고점은 중세였다. 16세기 종교개혁을 통해서 북부유럽에 국가교회들이 생겨났고, 교회가 세상일에 직접 관여함으로써 치안판사의 역할까지 했지만[8] 18세기 후에 계몽주의의 등장으로 사양길에 들었다. 특히 유럽에서 미국으로 넘어간 이민자들은 그들에게 익숙한 교회를 그대로 가져갔으나, 독립전쟁 직후 점차 공식적인 차원에서 교회와 국가를 분리하는 결정을 했고 20세기 말엽에 극가 교회는 사라졌다.[9] 기독교의 서구사회에 대한 영향력은 줄어들었고, 이제 우리는 그 영향력을 완전히 압도해 버린 세상에 교회를 내준 후기 기독교시대(Post-Christianity)를 살고 있다.[10]

마이클 프로스트와 알렌 허쉬(Michael Frost and Allen Hirsch)는 크리스텐덤 교회의 특징을 '끌어 모으기식(attractional), 이원론적(dualistic), 계층적(hierarchical)'으로 정의한다.[11] '끌어 모으기식'이란, 교회가 매력적이 되려는 정신 속에서 성경적 믿음을 내려놓고 보이지 않는 고객의 비위를 맞출 수 있는 멋진 프로그램과 행사를 만들어 내느라고 많은 에너지를 쓰는 것이다. 이것은 교회가 자기 자신을 벗어나 소금과 빛이 되어 일상과 지역사회 속으로 나가야 한다는 것을 잊게 만든다. '이원론적'이란, 성스러운 것과 세속적인 것, 거룩한 것과 거룩하지 않은 것, 안과 밖을 분리한다. 내적인 신앙을 외적인 실천과 연결시키지 못하게 하고 그러한 영성으로 인해 끌어 모으기식의 자세를 더 견고하게 만든다. 마지막으로 '계층적'이란, 교회가 과도하게 전통적이고 위계적이라서 아래로부터의 의제를 중심으로 구성되는 것이 아니라 위로부터 행사되는 리더십에 의존하는 것이다.[12]

체제 전복적인 하나님 나라 운동에서 공인된 종교기관으로 변한 후 보여 주었던 크리스텐덤 방식의 교회 모습이 한국 교회에 동일하게 나타나고 있다. 하나님 나라를 일궈야 할 교회의 본질을 잊고 교회 밖의 사람들과 지역사회의 필요를 외면한 채 내 교인만 챙기는 모습, 삶의 실천이 없는 이원론적인 교인들의 삶의 문제들이 한국 교회 전반에 나타나며 교회에 대한 부정적 이미지가 이 사회의 담론으로 자리 잡고 있다.[13] 이는 예수님이 우리에게 말씀하신 하나님 나라의 모습과는 달리 사회와 분리되어 교회 안의 일에만 관심을 갖게 만드는 우리만의 기독교문화이다.

교회의 지역사회를 외면한 채 내 교인만 챙기는 모습은 '지나친 양적 성장 추구'의 모습으로 나타났다. 많은 교회가 교회 건물과 유지에 초점을 맞추기 시작했고, 사역자의 역할은 교인들의 안녕을 보살피고 교회가 별 탈 없이 잘 유지될 수 있도록 운영하는 쪽에 초점을 맞추는 모습으로 바뀌었다는 것이다. 데이비드 올슨(David T. Olson)이 연구한 미국 교회들 중 쇠퇴하고 있는 교회들의 특징과 맥을 같이한다.[14] 교인들의 이원론적 신앙의 모습은 '신앙의 실천 부족'으로 한국 사회에서 심각하게 나타나고 있음을 드러내는 증거가 된다. 교회에 다닌다고 하면서도 교인들은 교회 밖에서 하나님이 없는 것처럼 행동한다. 이러한 그들이 교회에 다닌다는 사실을 알게 되었을 때, 교회 밖에 있는 사람들에게 교회라는 곳은 하나님 백성의 공동체라기보다는 문제 많은 사람의 친목 단체로 보이게 된다. 교회 지도자들은 점차 이질적이고 자신들에게 적대적인 문화 가운데서 홀로 고립되어 크리스텐덤식의 교회를 이끌고 있다.

한국은 짧은 기독교 역사 속에서 갑자기 교회가 커지면서 사회에 강한 영향력을 발휘했었다. 그 결과 기독교의 가치가 내부적 또는 사회적으로 제대로 정착되기 전에 교회는 힘과 권위를 가지게 되었다. 그런 불안한 상태에서 한국 교회는 교회의 노력과 재정을 교회 안에만 집중함으로 사람들을 교회 안으로 끌어모으려 하고, 교인들은 여전히 이원론이 바탕이 되는 선택적 신앙생활로 신앙과 삶의 괴리를 경험하고 있다. 교회 안에는 여전히 목회자와 교회 리더들이 건전한 신학을 외면하고 사회 앞에 무기력하게 서 있지만, 교회 내에서만큼은 절대적인 힘을 발휘하고 소통의 부재를 드러냄으로써 선한 영향력을 끼치지 못하고 있다. 이러한 모습들은 개인, 관계, 공동체 속에서 하나의 관성(inertia)처럼 굳어져 교회 안에 다음과 같이 나타나고 있다.

1) 개인 내면 차원 : 그리스도인이라는 정체성의 부재

한 사람의 정체성과 자아에 대한 개념은 사상, 신념과 가치에 대한 앎과 연관이 있다. 정체성은 자아주체성, 자아개념, 자기이해 등의 용어로도 표현되기도 하는데, 이는 자신의 능력, 위치, 역할에 대한 자각이 함축된 것이다.[15] 따라서 기독교인의 삶은 기독교 신앙에 대한 자기 정체성에 대한 자각에서부터 시작된다. 기독교인의 정체성은 각자가 '신앙발달 내지는 영적 성숙을 어떻게 이해하고 있는가'와 연관이 있다.[16] 자신이 누구인가를 아는 것, 신앙과 소명에 대해서 해석하고 이해하는 것이 자신의 정체성과 동기부여에 영향을 끼치고 행동을 유발한다.

따라서 그리스도인들에게 중요한 것이 신앙의 확신성이다. 확신적 신앙이 형성되면 신앙과 관련된 제반적인 부분에 영적 변화가 다양하게 발생하여 성숙한 신앙인으로 성장할 수 있게 된다.[17] 즉, 확신적 신앙으로 생겨난 자아의 긍정적 변화가 신앙정체성을 형성하여 각 발달단계의 위기를 극복하게 하고 외부의 환경에 적절하게 적응할 수 있는 내적인 성숙 요인을 만들어 줄 가능성을 부여한다.

근대주의로부터 시작된 소비주의의 물결은 바로 이 신앙의 의미와 확신성, 효용성을 상실하게끔 하였다. 사람들은 사회적 가치가 있는 상품을 소유하고 과시함으로 그 자체를 힘과 권력이라고 생각하게 되었고, 소비와 소유가 힘이라는 착각은 더 많은 것을 소유하려는 욕망을 자극하여 자신의 경제력을 과시하도록 돕고 있다.[18] 다른 종교와 마찬가지로 기독교 또한 세속화 과정을 거치며 사회 속에서 점점 자리를 잃어 가면서, 인간의 삶의 목적과 이유를 제공하던 종교적 지위마저 흔들리고 있다. 이러한 소비문화 속에서 오히려 한편으로는 종교적 성찰과 의미들을 발견하고자 하는 목소리들이 높아지고 있고, 종교의 공적인 역할을 기대하는 목소리도 나오고 있다.

세속주의와 소비문화의 극복은 소유와 지배로 나타나는 세상의 소비주의적 생활양식과 대조적인, 나눔과 섬김의 복음적 생활양식을 실천하는 일을 통해서만 가능하게 될 것이다. 그러나 그러한 실천을 가능하게 하는 것은 올바른 복음에 뿌리를 내린 신앙인 개인의 정체성이 있을 때 그 출발이 가능하게 될 것이다.

복음은 하나님의 은혜로 이루어진 그리스도의 구원 사건을 선포하는 것이다. 이 복음을 믿으면 그리스도의 대속의 제사가 우리에게 효력을 발생해서 우리가 무죄 선언을 받고 의인이라 칭함을 받는다는 것이다. 우리의 행위와 삶을 통해서 얻을 수 없는 구원은 오직 은혜로, 오직 믿음으로만 주시기 때문에 복된 소식이다. 그런데 한국 교회에서 때로 구원의 확신(롬 8 : 28-39)만을 강조하지, 구원받은 백성이 어떻게 살아야 하는지, 즉 복음에 합당한 삶을 살아가는 제자도의 삶에 대한 촉구(롬 11 : 21-22, 고전 10 : 12, 히 6 : 4-8)가 부족하게 나타남으로 복음대로 살아가기 위해 노력하는 치열한 삶의 결단이 부족하게 나타나고 있다.

김세윤 박사에 의하면 한국 교회는 주로 복음 속 칭의론의 법정적 개념만 이해하고 관계론적 측면을 무시한다. 예수께서 십자가에서 우리의 죄를 지고 우리 대신 하나님의 징벌을 받으셨으므로, 우리가 그를 믿기만 하면 영원한 구원을 얻기 때문에 오직 구원의 확신을 가지고 살면 된다고 생각한다는 것이다. 칭의는 하나님과의 올바른 관계로 회복됨을 말하는 관계론적 의미도 포함된다는 사실을 간과한다는 것이다.[19] 그러니 교인들의 윤리적이고 도덕적인 삶은 옵션으로 작용할 뿐 교인들의 삶에 필수적인 것으로 나타나지 않는다.

달라스 윌라드는 영적 성숙(spiritual formation)을 "인간의 심령 또는 의지가 일정한 형태나 성품을 입는 과정"이라고 정의한다.[20] 그는 예수님 안에서의 영적 성숙은 개인의 일상의 삶에서 자연스레 표현되는 것으로 이해했다.[21] 영적 성숙이라는 것은 '우리가 지금 그리스도 안에 살고 있다'라는 깊은 정체성의 표현이라고 할 수 있다(롬 6 : 11). 달리 말하면 그리스도인에게 있어서 건강한 영적성숙은 그들의 일상의 삶을 통해서 자연스럽게 그 영적인 역동성과 신학적 통전성이 개개인의 독특한 삶과 성품을 통해서 나타나게 된다.[22] 따라서 '마음을 새롭게 함으로 변화를 받아'(롬 12 : 2)라는 성경 말씀처럼,[23] 예수님을 따르려는 사람들은 예수님께서 이끄셨던 방법을 주의 깊게 보고 변화되어야 할 것이다.

하지만 하나님을 위해서 많은 일을 감당하는 그리스도인 리더들이 하나님의 성품을 가장 닮지 않은 경우들을 종종 보게 된다. 그리스도인들이 언제나 더 평온하고 친절하며 다른 사람들을 사랑하는 사람이 되어야 함에도 더 조급해 하고, 무례하고, 공격적인 모습을 보게 된다. 과연 우리는 그리스도와 어떤 실질적인 관계를 맺고 있는지 돌이켜봐야 할 것이다.

한국사회에서 신앙인의 신앙인 됨의 회복을 위해서는 먼저 정체성 문제를 해결해 나가야 할 것이다. 확고한 신앙정체성을 가지기 위해서는 자신의 정체성과 신앙의 대상인 하나님에 대하여 바르게 알고, 하나님의 인도하심을 기대하는 삶을 살고, 공동체에서 더불어 함께하려는 나눔과 세워 줌의 생활이 있어야 할 것이다. 자신과 하나님을 바르게 이해하는 자아인식능력의 배양이 필요하고, 하나님의 인도하심을 더 기대하는 영적 성숙을 추구하고자 하는 결단이 필요하며, 더 나아가 자신의 연약함까지 나눌 수 있는 신뢰와 섬김의 공동체를 만들어 나가는 것이 중요하다.

2) 일대일 관계 차원 : 믿지 않는 사람과 구분이 없는 삶

한국 교회가 사회와 접촉점이 되는 문화와의 만남을 제대로 준비하지 못하는 동안, 기독교의 세속화 모습과 더불어 신앙의 사사화(privatization)가 한국 교회 안에 나타났다.[24] 신앙의 사사화는 삶을 공적 영역과 개인적 영역으로 나누는 과정에서 누구로부터 간섭을 받거나 제약을 받는 것을 거부하고 자신만의 삶의 영역과 만족을 누리려는 태도이다.[25]

이러한 사사화의 과정을 통하여 영적인 것은 점점 더 개인적인 영역에 위치하게 되고, 신앙과 삶이 철저하게 분리된다. 자연히 자신의 신앙이 일상의 삶의 영역에서 기독교 신앙에 따라 실천되어야 한다는 사실을 잊게 된다. 따라서 신앙이 좋다는 사람들조차 교회 밖의 사회에서는 그 사회의 논리에 따라 살아가고, 개인의 사사로운 경건생활의 영역에서만 신앙의 영향력을 발휘할 뿐이다. 주일성수 잘하고, 교회 봉사 잘하고, 헌금을 잘하면 신앙이 좋다고 말하기 때문이다. 즉, 교회 안에서의 삶만을 볼 뿐이지 실제 시간의 대부분을 보내고 있는 사회와 가정에서의 생활에 대한 언급은 없다. 일부 한국 교회 성도들은 선택적 신앙생활을 통한 이원론적 삶을 살고 있고, 기복신앙과 물질주의 때문에 세상의 가치를 믿음의 본질로 오해하는 모습이 있다.

사사화의 과정은 종교적으로는 사회에서 동떨어져 가는 교회 공동체가 많아지고 교인들의 신앙생활의 모습은 개인의 신앙에 좀 더 관심을 두는 형태로 나타난다. 사사화는 19세기와 그 직후에 많은 회중이 개인 구원과 자신의 내부 활동과 프로그램에 집중하면서 크게 확대되었다.[26] 신앙의 사사화가 진행됨에 따라 기독교 신앙이 개인의 영적 양심과 도덕성의 문제로 전락하게 되었다. 최근의 교회들이 메가처치의 모습으로 있는 것도 개개인의 이러한 사사화된 신앙의 요청을 해결해 줘야 하기 때문에 모든 프로그램을 다 갖춘 교인 개개인 맞춤형 서비스가 반영된 결과이다. 사사화로 말미암은 이러한 메가처치는 그 교회 교인 개인과 집단의 이기주의가 확대되는 과정으로 나타나는데, 나중에는 본인들에게만 집중함으로 타자에 대한 무관심과 무응답의 모습으로 나타난다.

한국 사회 속에서 신앙의 사사화에 따라 생겨난 이원론적인 신앙의 문제는 믿음 생활을 개인적인 문제, 특히 내면의 문제로 제한함으로써 기독교의 영역을 축소하여 결국 하나님의 나라를 작게 만들고, 그리스도인들의 일상의 삶을 건강하게 만들지 못하게 되었다. 이런 이원론적인 신앙생활이 문제가 되는 것은 믿음이 단지 개인적인 영역에 국한되는 것이 아니기 때문이다. 교회의 관심이 자기 안에 머물게 될 때 사회적 문제와 주변의 아픔들에 대해 무관심할 뿐 아니라 세상과는 소통하지 못하는 자신들만의 왕국을 만들 가능성이 높아진다. 믿음은 사적인 동시에 공적인 영역의 것이기에 그리스도인들의 일상의 삶을 통해서 나타나야 할 것이다.

3) 공동체 차원 : 내 교회 일만으로도 바쁘다

한국 사회는 지금 불평등과 더불어 세대갈등, 계층갈등의 아픔과 빈곤의 어려움 속에서 힘들어하고 있다. 2011년 기준 국내 상위 1%의 평균 소득(3억

8,120만 원)은 중위 소득(1,688만 원)의 22.6배가 된다. 국세청 소득 자료를 기준으로 할 때 2011년 기준으로 지니계수가 0.448을 기록하고 있다.[27] 한국의 지니계수는 2000년대 후반 기준으로 지니계수가 가장 높은 멕시코(0.48)에 이어 두 번째로 높다. 한국의 소득 불평등도는 경제협력개발기구(OECD) 국가들 가운데 가장 높은 수준이다. 한국 사회의 불평등은 경제 시스템의 불안정을 가져오고 사회 정치적 기득권을 강화하며, 그 사회 정치적 기득권이 다시 경제적 불평등을 심화시키고 있다.[28] 이러한 현실에서 나타난 신조어가 한국 사회를 풍자하는 '헬조선'이다.

'헬조선'이란, 지옥을 뜻하는 '헬'(Hell)에 신분 차별이 있었던 '조선'을 붙여 만든 신조어로 2015년 하반기부터 급격히 SNS와 언론에 등장했다. 젊은 이들이 처한 상황을 지옥에 빗댄 것으로, 주로 20, 30대 젊은 층이 사용하는 용어로서 '3포 세대'라는 말과 함께 쓰인다. '헬조선'은 탈출구가 보이지 않는 한국 사회에 대한 젊은이들의 현실 인식을 보여 주고 있다. 실제로 한국 사회의 20, 30대는 많은 것을 포기하고 체념하면서 살고 있고, 기회가 된다면 다른 나라로 이민 가려는 사람들도 크게 늘고 있다. 이러한 '헬조선'이라는 말은 세대 간 갈등과 더불어 세대 안에서는 '금수저, 흙수저'로 비유되는 부와 권력이 상속되는 현실에 대한 심각한 계층갈등의 어려움이 반영된 모습이기도 하다.

OECD가 2015년에 발표한 "삶의 질"(How's life?) 보고서에서 OECD 평균은 10점 만점에 6.60점이지만 한국인의 삶의 만족도는 5.80점으로 34개국 중 27위에 머물고 있다. 한국보건사회연구원에서 발표한 한국 사회의 사회 심리적 불안에 대한 설문조사[29]에 의하면, 19세 이상 성인이 2015년 한 해 동안 가장 불안하게 느끼는 개인 문제로는 노후준비나 취업 및 소득 문제 등

'경제적인 사안'이 43.7%를 차지했다. 사회문제로는 경기침체 및 성장둔화 (36.6%) 순으로 나타났다. 임시직이고 육체노동자일수록 소득과 교육수준이 낮고, 고연령층일수록 불안점수가 높았다. 한국 사회에 만연한 이러한 불안이 불신과 분노를 키우고 있다.

이렇듯 한국 사회는 차별을 당하는 사회적 약자를 당연시하는 분위기가 팽배해져 가고, 빈곤과 불평등의 문제로 젊은이들은 신음하고 있는데, 교회는 이웃의 아픔에 깊이 관심을 두지 못하고 끊임없는 끌어 모으기식 성장 위주의 물질주의 모습을 보이고 있다. 복음을 축복과 성공의 수단으로 삼고, 개 교회 성장을 중시하며, 대부분의 노력과 재정을 교회 유지 및 관리에 투입하고 있는 것이다. 만연한 물질주의와 개인주의에 순응하며 사는 사회에 교회가 복음을 제시하기보다는 오히려 사회 풍조에 복음을 맞춰 가는 모습을 띠고 있다.

교회는 학교나 병원, 백화점 등과 같이 소비자들의 입맛에 맞는 상품과 서비스를 제공하는 기관으로 전락하고, 사람들은 자신의 다양한 필요를 채워 줄 수 있는 대형교회로 몰리는 메가처지(megachurch) 현상이 일어났다. 교회는 소비자 된 교인들을 모두 만족시킬 수 있는 프로그램이 잘 준비되어 있음을 홍보하고, 교인들은 그런 교회를 다니는 것으로 자신의 신앙적 수준이 높아질 수 있다는 생각을 가지고 있다. 그러한 사고 이면에는 소비문화(consumer culture)가 제공하고 있는 대량생산과 대량소비를 통하여 행복감의 극대화를 가져올 수 있다는 기대감이 자리하고 있는 것이다.

하지만 미국의 경우를 보면 자신들의 성향과 입맛에 맞는 종교 내지는 운동을 따라가고 있는 현상은 기독교 인구를 줄어들게 하고, 여러 종류의 검증되지 않은 신앙이 나타나게 하며, 결과적으로 종교와 아무 상관없는 '무종교인'(nones)들을 늘어나게 만들 것이다.[30] 한국도 마찬가지로 '가나안 성도' 165만 명 시대가 되었다. 이런 때에 기독교가 제시해 줄 수 있는 복음의 모습은 어떠해야 하고, 그리스도인들은 어떤 모습을 가져야 할까?

이제 복음을 들고 외치더라도 그 이야기를 듣는 사람들이 많지 않은 시대가 도래했다. 급격한 정보화 사회의 도래로 들을 것과 볼 것의 홍수 속에 우리는 살아가고 있지만, 세상은 지금 좋은 소식이든 나쁜 소식이든 기독교와 교회의 소식을 듣고 싶어 하지 않는다. 교회는 세상과 다름없는 맘몬숭배와 도덕적인 타락으로 인해 비난의 대상이 되고 있다. 따라서 세상과 소통하고 공감하려는 노력이 필요하지만 세속에서는 맛볼 수 없는 기독교의 진수와 복음의 통전성이 요청되는 시기이기도 하다.

2. 나를 넘고 내 교회를 넘는, 섬김의 리더십(Servant Leadership)

에버리 말퍼스와 고든 펜폴드(Aubrey Malphurs and Gordon E. Penfold)는 많은 교회들을 리서치한 후 교회의 상태와 목회 리더십은 직접적인 관련이 있다는 결론을 내렸다. 특별히 리서치 대상 교회 중 어려움을 겪고 있는 80~85% 교회의 경우 리더십 상태가 교회의 상태를 그대로 반영한다는 것이다.[31] 목회자들도 리더십에 대한 영역을 연구하고 준비할 필요가 있다. 섬기고 있는 교회나 교인들 모두 하나의 공동체이고 사람들의 모임이기 때문에 그들을 이끌고 섬기는 일에 대한 훈련이 필요하다.

말퍼스와 펜폴드는 이와 같이 목회자들이 준비해야 할 리더십이 부족한 이유들에 대하여 신학교(seminary)에서 리더십을 제대로 훈련받지 못했음을 지적한다.[32] 목회자들도 좋은 리더십을 갖추길 원할 때가 많지만 근본적으로 놓치지 말아야 할 지향점에 대한 논의 없이 리더십 기술(skills)만을 가르쳐 주는 경우에 대해서는 거부감을 나타낼 때가 많다. 또한 교회 본질에 대해 잘 알고 있더라도 실제로 교회 리더들이 교회의 변화를 시도하고자 할 때 어떻게 해야 할지 몰라 두려움과 막막함 속에서 진정한 변화를 시도하지 못할 때가 많다.[33] 그럴 때는 항상 교회 내부적인 문제와 이전의 성공 경험이었던 끌어 모으기식의 목회로 부흥 성장하기를 시도할 뿐이다. 목회자들이 실질적인 교회의 문화와 사역을 바꾸는 부분에 대한 관심이 많더라도 결국에는 리더십과 연관하여 교회의 본질을 회복하기 위해 가야 할 지향점(핵심 특성)을 명확히 알고, 그에 따라서 행동해야 할 것(행동 특성)을 알지 못한다면 교회의 변화는 쉽지 않은 일일 것이다.

그렇다면 교회가 지향해야 할 리더십의 본질적인 핵심 특성은 무엇에 해당하는가? 그것은 지극히 신학적인 것과 연관되어 있다. 월터 라이트(Walter C. Wright)의 말처럼 신학은 인격을 형성하고 인격은 리더십을 형성하기 때문이다.[34] 특히 목회자가 가지고 있는 하나님에 대한 생각이 자신의 교회론과 세상에 대한 이해에 영향을 미칠 것이다. 성경에서는 리더십에 대하여 특정한 모델을 이야기하고 있지는 않지만, 리더십과 연관하여 중요한 이슈들을 제기하고 있다. 때문에 기독교인들은 예수님은 물론, 바울과 같은 성경 인물이나 성경 말씀을 통해 이상적인 리더십 모델과 리더십의 원칙을 찾으려고 한다.[35] 성경에서 나타난 중요한 리더십의 이미지를 살펴보면 구약에서는 왕과 예언자, 신약에서는 좋은 목자(Shepherd), 종(Servant), 그리고 신실한 청지기(Steward) 등을 생각해 볼 수 있다.[36]

한국 교회의 '내 교회만'이라는 이기주의를 버리고 크리스텐덤 교회를 변화시킬 수 있는 리더십은 근본적으로 삼위일체 하나님의 현존과 활동의 관점에서, 성령의 능력을 통하여 이 세상에서 행하시는 하나님의 선교에 참여하는 예수님을 따르는 것이다. 예수님께서 삶과 사역으로 보여 주신 리더십의 모습은 세상에서 생각하는 것과 매우 다름을 알 수 있다. 예수님께서 삶으로 보여 주신 성경적 리더십의 모습은 '섬김'이다(마 20 : 28, 막 10 : 45, 요 10 : 15-18, 13 : 1-5, 빌 2 : 7).[37] 헨리 나우웬(Henri Nouwen)은 예수님의 리더십을 이야기하면서 '수동적이거나 심리학적으로 연약한 리더십'이 아니라 하나님과 사람들을 사랑하기 때문에 "권위와 힘을 계속해서 내려놓는 것"으로 묘사하고 있다.[38] 섬김의 기독교적인 이해는 방향이 없거나, 무형적인 것이 아니라 하나님 아버지로부터 맡겨진 사명을 위해 스스로 종의 모습을 띠신 예수님의 모습을 지향한다. 따라서 우리가 보여 줘야 할 진정한 섬김의 모습은 사람이 아니라 주님께 모든 주도권을 내어 드리는 것이다.

따라서 이번 장에서는 크리스텐덤 교회의 어려움을 해결하기 위해서 예수님의 가르침과 사역을 통해 하나님 나라를 이룰 수 있는 리더십의 원칙을 찾아보고자 한다. 예수님께서는 예상 가능한 모든 상황에 다 적용할 수 있는 개별적인 윤리나 리더십을 가르쳐 주시지 않는다. 그러나 하나님 나라에 대한 예수님의 가르침과 오늘의 사회윤리를 결합하려고 애쓰는 학자들이 있듯이,[39] 예수님의 가르침을 통해서 크리스텐덤 교회의 문화를 바꿀 수 있는 리더십에 대한 혜안을 얻을 수 있을 것이다. 예수님께서 삶과 사역으로 보여 주신 섬김의 리더십의 모습은 개인의 도덕적인 변혁을 넘어서, 하나님 나라라는 더 거룩한 목적을 향해서 움직이게 함으로 조직과 개인의 변혁을 이끄는 데 관심을 두게 한다. 따라서 성경에 나타난 예수 그리스도의 외적인 모습뿐만이 아니라 예수님 내면의 정체성에 대한 핵심요소, 일상의 제자들과 맺는 삶 가운데의 필수적인 요소, 그리고 예수 그리스도께서 공동체에 두고 있는 핵심가치를 살펴봄으로 크리스텐덤 교회를 변화시킬 수 있는 교회의 리더와 구성원들이 함께 훈련하고 준비해야 할 리더십을 알아보고자 한다.

1) 개인 내면 차원 : 주님이 리더 되심을 자각하기

핵심 특성 : 리더가 되시며 나를 부르신 하나님

개인 내면의 차원에서 예수님께서 보여 주신 모습은 하나님과의 관계와 깊은 관련이 있다. 그것은 예수님께서 하나님으로부터 왔다는 요한복음의 대담한 주장에서 잘 나타난다(요 8 : 42). 또한 보내신 이의 의지를 행하고(요 4 : 34) 아버지께서 하시는 것을 본 것들로만 행하는(요 5 : 19) 것에서 정점을 이룬다. 여기까지의 말씀을 보면 하나님과의 관계를 설명하는 예수님의 모든 말씀은 인간적 역할인 아들의 역할만을 표현하는 것 같고[40] 다른 위격과 수직적인 관계처럼 보인다. 그러나 삼위일체 하나님의 각 위격은 다른 위격들과의 관계를 통하여 존재하며 한 인격이 다른 인격을 압박하거나 굴복시키지 않는다. 각 위격은 결속되어 있어서 서로에게 상호 거주하면서 다른 위격들 속에서 자신의 존재를 발견하고 다른 위격들로부터 친밀하고 충만한 사랑을 얻는다.

성경은 성자와 성부의 친밀함에 대해 여러 군데에서 증언하고 있다. 아버지와 나는 하나(요 10 : 30)이며, 아버지께서 내 안에 계시고 내가 아버지 안에 거하고 있음(요 10 : 38, 14 : 11)을 강조한다. 삼위일체 하나님의 상호성은 요한복음 17장에 나오는 예수님의 대제사장 기도에 잘 나타나고 있다. 삼위일체 하나님의 내적인 삶은 서로를 위하여 상대방에게 완전히 역사할 수 있는 공간을 내어 주시는 상호 거주의 모습을 보여 주시듯이 예수님은 하나님의 뜻을 이루는 일에 자신을 내어 주시는 모습을 보여 준다. "아버지여 내게 주신 자도 나 있는 곳에 나와 함께 있어 아버지께서 창세 전부터 나를 사랑하시므로 내게 주신 나의 영광을 그들로 보게 하시기를 원하옵나이다"(요 17 : 24). 성부 하나님은 성자에게 사랑을 주셨고, 성자는 성부께 자신의 의지를 드렸다. 자신이 누구인지를 명확히 아셨던 예수님은 종의 형체를 가지시고 하나님 아버지의 뜻을 겸손히 따르셨다.

당시 사람들은 예수님을 그들이 고대하던 왕권을 가진 강력한 메시야로 기대했지만, 복음서의 저자들이 이야기해 주듯이, 예수님은 이런 모든 기대와는 다르게 행하셨다(요 6 : 15). 그 이유는 예수님이 "그는 근본 하나님의 본체시나 하나님과 동등됨을 취할 것으로 여기지 아니하시고, 오히려 자기를 비워 종의 형체를 가지사 사람들과 같이 되셨고"(빌 2 : 6-7)라는 말씀에 잘 나타난다. 예수님께서는 정체성에 대한 깊은 자기 이해를 통해 섬김의 종 된 모습으로 이 땅 가운데 하나님의 뜻을 이루는 일에 자신을 드릴 수 있었다. 예수님께서 이렇게 행하실 수 있었던 것은 그가 하나님 앞에서 어떠한 모습을 가져야 할지 정확히 이해하셨기 때문이다.[41]

그렇다면 그리스도인이 가져야 할 모습은 어떠해야 하는가? 인간은 예수님이 우리들 안에 거할 때에만(요 17 : 23 ; 14 : 20) 삼위 하나님 안에 존재할 수 있고, 성자가 우리들 가운데 거하게 되면 성부가 성자를 사랑하는 그 사랑 역시 우리들 가운데 존재하게 된다(요 17 : 26). 따라서 예수님이 우리들 안에 거한다는 것은 예수님을 믿고 따름을 전제하는 것이다. 그리스도인의 정체성은 하나님 앞에서 자신의 모습과 자신의 삶을 향한 하나님의 부르심을 이해함으로부터 출발한다.

풀러신학교(Fuller Theological Seminary)의 로버트 클린턴(J. Robert Clinton) 교수는 크리스천 리더십을 "하나님이 주신 책임과 역량을 가진 지도자가 특정 그룹의 사람들에게 하나님의 목적을 이루기 위하여 영향을 끼치는 역동적인 과정"으로 정의한다.[42] 리더십의 초점이 성과가 아닌 리더로부터 파생되는 영향력에 모아지며, 그 영향력으로 크리스천 리더가 이루고자 하는 일은 교회나 공동체의 목적이 아니라 '하나님의 목적'이라는 것이다. 따라서 리더는 하나님이 무엇을 하고 계시고, 무엇을 하길 원하시는지를 분별하고, 어떻게 하나님의 사역에 참여할 수 있을까를 판단하고, 그 깨닫게 해 주신 부분에 순종할 수 있는 결단이 필요하다. 그와 같은 리더십을 발휘하기 위해서 가장 먼저 준비되어야 하는 것은 리더의 내면이다. 변화는 외면적 요소들로부터 시작되는 것이 아니라 내면의 변화가 외면적 실존의 출처가 된다. 하이벨스 또한 자기 통제를 리더십의 가장 중요한 측면으로 생각했다. 그래서 리더가 스스로를 잘 다스리려면 자신의 소명과 비전, 그리고 열정을 항상 점검해야 함을 주장한다.[43] 하나님과의 관계성 속에서 우리를 향하신 하나님의 주권과 일상을 통해 그리스도의 거룩한 성품이 발현될 때 영적으로 더 성숙한 리더십의 모습을 갖출 수 있을 것이다.

예수님은 십자가에서 우리의 죄를 위해서 죽으심으로 우리에게 구원을 선물로 주셨다. 예수님의 낮아지심과 성부 하나님을 따르는 모습은 기독교인 리더들에게 자기희생과 섬김 행동의 모델이 될 수 있다. 그리스도인들은 예수 그리스도의 자기희생과 섬김의 행동을 본받아서, 하나님께서 리더 되심을 자각함으로 성령의 능력에 의지하여 하나님의 인도하심에 참여할 수 있어야 할 것이다. 이러한 개념에서 볼 때, 성경적인 섬김의 리더는 자신을 낮추고, 오직 하나님께서 자신을 높여 주시길 기다리는 사람이다(눅 14 : 7-11). 제자도에 대해서 존 스토트(John Stott)는 "내가 누구인가라는 정체성에 대한 고찰로부터 삶과 사역이 재정립되지 않으면 진정한 제자는 만들어질 수 없다."고 주장한다.[44]

신앙의 바른 태도와 자세가 형성될 때 신앙의 정체성이 형성될 수 있고 이를 통해서 전인적인 영적 성숙에 이르게 된다. 하나님 앞에서 자신의 정체성에 대한 자기인식과 하나님이 주신 소명에 대한 책임감 있는 태도가 우리를 점차적 그리스도의 형상에 가까워지도록 돕는다.

행동 특성 : 하나님의 뜻을 따르기

예수님이 보여 주신 본를 따라, 그의 팔로워 된 섬김의 리더들은 세상의 지위가 아닌 하나님의 뜻을 따른다. 마가복음 10 : 35~40에서 야고보와 요한은 예수님의 메시야적 즉위식에서 왼편과 오른편에 앉을 수 있도록 요청한다. 이 사건은 예수님 당시에도 리더십을 지위와 명예의 도구로 사용했다는 것을 알려 준다. 그러나 예수님께서는 야고보와 요한이 구하는 것을 알지 못한다고 하시며 권세 이전에 잔을 마시고 세례를 받아야 한다고 말씀하신다(막 10 : 38). 구약에서 잔(cup)과 세례(baptism)는 고난의 상징처럼 다뤄지고 있다.[45] 그렇다면, '주의 영광 중에 하나는 주의 우편에 하나는 좌편에 앉게 해 달라'는 제자들의 세상 리더십에 대한 요청(막 10 : 37)은 결과적으로는 '예수님 십자가의 좌우편에 매달리겠다'는 말이 되는 것이다. 그러나 그것을 제자들은 알지 못했다.

　예수님께서는 오히려 이러한 제자들의 요구를 통해 하나님 나라에서 힘(power)이란 세상에서 생각하는 것과 다른 것임을 알려 주셨다. 예수님의 리더십의 모습은 효율과 지배가 아닌, 사랑하기 때문에 힘의 사용을 제한하는 것(powerlessness)에 그 근본을 두고 있다.[46] 예수님께서는 힘과 권력의 사용에 대해서 하나님 나라의 역설적인 원리를 말씀하시면서(눅 9 : 24, 막 9 : 35, 마 5 : 5), 힘의 사용을 통한 능력의 리더보다는 섬김을 통한 리더이셨음을 보여 주신다.[47]

　예수님께서는 세상의 이끎과 예수님을 따르는 제자들의 이끎 사이에 분명한 차이가 있음을 보여 주셨다. 세상 속 섬김의 법칙은 낮은 자가 높은 자를 섬기고, 권력, 지위, 힘이 없는 약한 자가 있는 자를 섬겨야 한다. 그러나 예수님께서 말씀하신 섬김의 법칙은 세상의 법칙을 전복시킨다. 주님은 섬김이란 높은 자가 낮은 자를, 권력, 지위, 힘이 있는 자가 없는 자를 섬기는 것이라고 하신다. 예수님은 지배하여 섬김을 받으려고 이 땅에 오신 것이 아니라 오히려 많은 사람을 섬기기 위해 오셨다.

　이 세상의 지도자들은 대부분 개인적인 이익과 보존을 위해 권력과 힘을 행사한다. 심지어는 사람들을 섬기기 위해 자신들의 권력과 힘을 사용하는 가장 훌륭한 리더들조차 자신들의 일차적인 정체성을 지도자의 역할에서 찾는다.[48] 하지만 예수님을 따르길 원하는 리더들은 자신의 정체성을 리더의 역할에서 찾지 않고, 섬기는 종의 역할에서 찾는다. 성경에 나타난 리더들은 자기 자신의 발전이나 그들이 이끄는 자들보다 더 높은 자리로 올라가고자 하지 않고 오히려 사랑으로 그들을 섬기려 한다. 그들은 다른 사람의 필요를 충족시키기 위해 자신을 드리기까지 헌신한다.[49]

예수님은 '하나님께서 믿는 자들의 삶의 리더가 되신다'는 것을 보여 주셨고, 그런 예수님을 닮은 리더들에게 나타나는 특징은 예수님 안에 머물러 있는(요 15:4-5) 모습이다. 그 머물러 있음은 평범한 일상의 삶 가운데 하나님과 올바른 관계 속에 서 있음으로 하나님의 임재를 경험하며, 친밀한 사귐과 예수님 안에서 누리는 안식을 포함한다.[50] 하나님과 올바른 관계 속에 계속 서 있다는 것은 하나님의 뜻에 순종하는 삶을 살고 있다는 것이다.[51] 그리고 이렇게 하나님의 뜻에 따르는 삶은 예수 그리스도를 따르는 삶이 된다. 그리스도의 주권에 순종하는 삶은 하나님 나라를 사는 삶이며, 하나님을 사랑하고 이웃을 사랑하는(고전 9:21; 10:31-33; 갈 5:14; 6:2; 롬 12:1-2; 13:8-10) 삶으로 요약할 수 있을 것이다. 따라서 성경적 리더가 되기를 원하는 사람은 자신의 정체성을 하나님의 사랑 안에 깊이 뿌리 내림과 성육신하신 예수 그리스도와의 영원하고 친밀한 관계에서 찾아야 한다.

놀랍게도 성경에서 '탁월함'(greatness)은 항상 '섬김'(servanthood)과 동의어로 취급될 때가 많으며,[52] 탁월함이란 다스림이 아닌 섬김에서 발견된다(막 10:44, 눅 22:25-26). 40여 년 전 섬김의 리더십을 주창했던 로버트 그린리프(Robert Greenleaf) 또한 "위대한 리더는 먼저 종으로 나타나며, 그

단순한 사실이 위대함의 비결이다."라고 주장했다.[53] 그렇다면 진정한 섬김은 어디에서 출발할까? 『좋은 기업을 넘어 위대한 기업으로』(Good to Great)라는 책으로 전 세계 경영학계에 큰 영향을 준 짐 콜린스(Jim Collins)는 좋은 리더십과 탁월한 리더십을 나누는 가장 중요한 핵심요소가 '겸손'(humility)임을 강조한다.[54] 탁월한 리더는 조직의 성공에 있어서 자신의 역할과 공헌에 대해서는 지극히 겸손하면서, 팔로워들로 하여금 그 역할을 감당할 수 있도록 섬기고 돕는 리더의 모습을 보인다. 이러한 겸손은 리더 개인의 성공이 아닌, 조직의 성공을 위해서는 전문가적인 의지를 발휘하는 모습과 잘 조화되어 있는 모습을 보여 주고 있다. 자신의 존재를 드러내지 않는 겸손함과 공동체의 성공을 위해서 열정을 가지고 그 일을 감당하는 모습과 조화를 이루는 리더십 스타일이 공동체를 '좋은' 공동체에서 '탁월한' 공동체로 만든다.[55] 이러한 리더의 겸손과 전문가적인 열정이 함께 어우러진 리더십이 리더와 팔로워 모두, 그리고 더 나아가 공동체의 가능성을 깨닫게 해 줄 것이다. 우리는 항상 좋은 것보다는 탁월한 것을 추구하고자 애쓴다. 그런데 탁월한 것은 섬기는 것이고, 진정한 섬김은 리더의 겸손에서부터 출발한다는 것을 놓치지 말아야 할 것이다.

성경적으로 구별된 리더들은 리더십에 따라오는 명예나 지위를 찾는 것 대신 섬김에 더 관심을 둔다. 이러한 리더들은 리더십이 하나님으로부터 주어지는 선물임을 인정하고(롬 12:1-16) 섬김의 목적을 위해서 그들 자신의 리더십 위치를 포기할 준비가 되어 있는 사람들이기도 하다. 섬김의 리더십 속 동기에는 우리의 삶을 향한 하나님의 부르심을 이해하는 영적인 통찰력뿐 아니라 자신은 하나님의 뜻을 따르는 사람일 뿐이라는 겸손함이 있다.[56] 그리스도인들은 자신의 정체성에 있어서 하나님이 우리의 리더 되심을 알고 항상 겸손함으로 서로를 사랑하는 자리로 부르셨음을 깊이 생각하고, 삶 가운데 그 모습이 항상 나타나도록 실천해야 할 것이다. 예수 그리스도께서 '아버지가 나의 리더'라는 정체성을 가지고 하나님의 뜻을 따르기 위해서 사셨던 것처럼 그리스도인들은 주님께서 믿는 자들의 삶의 리더가 되심을 정체성 가운데 항상 새겨야 할 것이다.

2) 일대일 관계 차원 : 신실하게 섬기며 살아가기

예수님께서 제자들을 대하신 모습을 일대일의 관계 차원을 통해서 살펴보면, 예수님은 리더들이 리더십을 통해 따르는 사람들을 섬길 수 있도록 격려하고 계신다. 예수님께서는 당시의 사회풍조를 거스르시면서, 위대함은 다른 사람을 섬기고 그들의 필요를 채워 주는 이에게서 발견할 수 있으며, 또한 공동체의 사명과 그들을 따르는 사람들을 위해서 스스로 섬기는 이들에게서 발견할 수 있다고 강조하셨다. 예수님께서 제자들의 발을 씻기신 예언적 사건이 섬김의 리더십을 요약하며, 많은 교회와 기독교 공동체들은 이 사건을 섬김의 리더십의 모본으로 인정한다.

섬김의 리더십의 기독교적 이해는 신앙인과 교회가 삼위일체 하나님의 세상에서 행하시는 창조, 구원, 화해하시는 활동에 참여한다는 믿음에서 출발할 수 있다. 하나님이 이 땅 가운데 행하시고 이 세상과 우리의 삶을 통치하고 계심을 믿으면 이웃과의 관계에서 하나님이 행하시는 것들을 분별하게 되고 두려움 없이 담대하게 다른 사람을 섬기는 일에 자신을 내어 드릴 수 있게 된다.

핵심 특성 : 상대방 수준까지 내려오신 예수님

예수님께서는 "너희 중에 누구든지 크고자 하는 자는 너희를 섬기는 자가 되고 너희 중에 누구든지 으뜸이 되고자 하는 자는 모든 사람의 종이 되어야 하리라"(막 10 : 43-44)라고 말씀하셨다. 마가복음에서 예수님께서는 위대함은 먼저 종이 되어 섬기는 것이라고 정의하셨다. 성경에 나타난 모든 리더십에 대한 설명 중에서 예수님께서 제자들에게 하신 이 가르침(막 10 : 35-45)이 일대일의 관계 속에서 나타나야 할 가장 강력하고 바탕이 되는 리더십의 모습이다.

예수님은 우리를 섬기기 위해 하나님의 수준에서 사람의 수준까지 내려오셨다. 바울은 빌립보 교회를 향한 그의 편지에서 "예수님이 가지셨던 자세"를 가지라고 격려했다. 예수님께서 "하나님 그 자체"이시지만 오히려 자기를 비워 "종의 모습"으로 자신을 낮추셔서 자신이 섬겨야 할 사람의 수준까지 내려오셨음을 상기시키셨고, 이 성육신 사건은 초대교회의 중심 사상이 되었다(빌 2 : 5-7).

성육신 사건은 삼위일체 하나님과 세상의 화해를 말하고, 하나님이 하나의 참 인간이 되심을 이야기한다. 삼위일체 하나님과 화해하지 않은 세상과 현실은 없기 때문에 이 세상과 현실의 주권자는 하나님이시다. 따라서 우리는 일상 속에서 이 세상 속에서 역사하시는 하나님의 일하심에 참여해야 한다. 또한 하나님은 성육신하신 예수 그리스도로, 참 인간으로 오셨기 때문에 우리도 인간적으로 살아야 한다. '인간적'이라는 표현은 한 사람이 누려야 할 인간적인 권리를 누릴 수 있도록 예수님께서 섬기셨던 것처럼 섬기는 것을 의미한다. 그렇다면, 일상의 삶에서 타자를 섬기는 것은 어떤 모습으로 나타나야 할까?

예수님께서 이 땅에서 하나님 나라를 이루기 위해 선택하신 무기는 종의 신분과 더불어 그에 걸맞은 섬김의 삶이었다.[57] 도널드 크레이빌(Donald B. Kraybill)은 하나님 나라를 상징하는 세 가지, 즉 대야, 십자가, 무덤 중에서 단연 기독교의 으뜸 되는 상징은 대야라고 주장한다.[58] 예수님께서는 십자가에 달리기 전에 자신이 행하시는 사역의 의미를 정확하게 밝히기 위해 자발적으로 대야를 택하셨다. 배신을 당하시던 그날 밤, 예수님은 저녁 잡수시던 자리에서 일어나 겉옷을 벗고 수건을 가져다가 허리에 두르시고, 대야에 물을 떠서 제자들의 발을 씻으시고, 그 두르신 수건으로 닦으셨다(요 13 : 1 – 11). 예수님께서는 섬김을 말로 가르치신 것이 아니라 유다를 포함한 제자들의 발을 씻기심으로 몸소 보여 주셨다. 이 땅의 구원받은 기독교인들이 예수님의 공생애 가운데 눈여겨봐야 할 중요한 부분이다.

다른 사람의 발을 씻기는 것은 그 당시 팔레스타인 지방에서 가장 천한 일로 여겼었다. 주인은 보통 얼굴과 손은 스스로 씻지만 거친 발은 손대지 않고, 그 더러운 일은 종에게 맡겼다. 존 맥스웰(John Maxwell)은 "그다음 날 본디오 빌라도(Pontius Pilate)는 대야의 물을 떠서 손을 씻음을 통해 책임을 회피했다."고 지적하고 있다. 예수님께서는 제자들의 발을 씻기실 때 릴레이로 돌아가면서 씻으라고 하지 않으셨다.[59] 예수님께서는 섬김을 상징하는 종의 수건을 허리에 두르고, 무릎을 꿇음으로 제자들을 이끄셨다. 수건과 대야는 종이 사용하는 도구이고, 허리를 숙이는 것은 굴종하여 섬긴다는 의미이다. 따라서 '네가 나에게 잘하면 나도 너를 도와주겠다'는 식의 교만한 태도와는 거리가 먼 일이다. 이러한 모습에 근거해서 그리스도인들은 예수님의 섬김의 수건으로 다른 사람들의 필요를 채워 줘야 할 것이다.

예수님께서는 참된 섬김이란 우리가 섬겨야 할 상대방의 자리까지 내려가야 함을 몸소 이 땅에 오심으로 보여 주셨다. 그리고 예수님은 그를 믿는 모든 사람을 하나님의 자녀라는 수준까지 올려 주셨다. 예수님을 따르길 원하는 그리스도인은 사랑으로 자신이 이끄는 사람들을 섬겨야 한다. 그러기 위해서는 자신이 섬겨야 할 상대방의 수준까지 내려가야 한다. 참된 섬김이란 상대방의 수준을 그보다 더 높은 수준으로 올려 주는 삶이다.

예수님이 보여 주셨던 리더의 정체성은 섬기는 지도자의 모습이 아니라 지도(lead)하는 종의 모습이다.[60] 즉, 모든 섬기는 이가 다 리더로 부름 받은 것은 아니지만, 모든 리더들은 리더이기 이전에 모두 섬기는 자로 부름 받았다는 의미이다.[61] 시앙 양 탄(Siang-Yang Tan)은 섬김을 예수님의 제자가 되기 위한 첫 번째 부르심으로, 또 리더십을 '하나님께서 특별히 예비한 자들에게 주시는 두 번째 부르심'으로 구분 지었다.[62] 이것은 섬김보다 리더십을 우선하는 기존의 섬김의 리더십의 이해를 뒤집는 견해이다. 따라서 그리스도인들은 예수님처럼 일상의 삶 속에서 섬김의 삶을 일상화해 나가야 할 것이다. 개인의 진정한 변화는 지배나 권력을 통해서 이뤄지지 않고, 우리의 삶을 통해 개인적으로 섬겨 주는 사람들의 영향력을 통해서 이루어진다.[63] 리더십은 권위와 영향력 위에 세워지며, 권위와 영향력은 섬김과 희생 위에, 또한 섬김과 희생은 사랑의 기초 위에 세워진다.

행동 특성 : 신실하게 먼저 섬기는 일상

성육신하심으로 참 인간으로 이 땅에 오시고 이 세상과 화해하시는 삼위일체 하나님의 모습을 따라서, 우리가 이웃들을 참 인간 되게 하고 세상과 화해하시는 하나님을 경험하도록 할 수 있는 실천은 무엇일까? 교회는 개인의 삶을 바꾸어 그리스도의 헌신적인 제자가 되게 하고, 복음의 사도로 거듭나게 도울 수 있어야 한다. 그러나 지금까지 한국 교회는 교회 안에서 봉사 잘하는 신앙인을 좋은 교인이라고 지칭하는 교회 중심적인 신앙 패턴을 유지해 왔다.

그리스도인들이 삼위일체 하나님의 창조하시고, 구속하시는 활동에 참여할 때는 성령의 능력 안에서 그리스도께 신실하려고 힘써야 한다. 복잡한 현실 속에서 이 세상에 참여하라는 하나님의 요청은 신실함이다. 신실하게 살아간다는 것은 하나님께서 전적으로 우리에게 신실하게 함께하신다는 것과 하나님의 희생적인 사랑에 기반을 둔다. 이 세상이 하나님의 선교적 활동이 신실하게 이루어지는 주된 영역이기 때문에 우리의 참여 또한 존재와 행위 모든 면에서 신실한 섬김으로 나타나야 한다. 신앙인과 교회의 정체성은 신실한 삶의 실천으로 나타나야 하고, 교회 밖의 사람들에게 겸손한 섬김의 자세로 복음의 진리를 전해야 한다. 즉, 오늘날 신앙인들에게 '신실한 섬김의 삶'이 요구된다. 그렇다면 신실한 섬김의 삶을 살아간다는 것은 무엇을 의미할까? 제임스 헌터(James D. Hunter)는 크리스천들이 이 세상을 살아가는 방법으로 힘을 얻으려고 하거나 문화 전쟁을 하려고 하는 방식보다 '신실하게' 살아가는 실천을 통해서 더 귀한 변화의 열매를 맺어 왔음을 주장하고 있다.[64]

첫째, '신실한 섬김의 삶'은 그리스도인들이 자신에게 맡겨진 일에 최선을 다하고 헌신해야 함을 이야기한다.[65] 여기에는 그리스도인으로서의 정체성과 소명에 대한 바른 생각과 건강한 신앙이 요청된다. 골로새서 3 : 22~24 말씀에 나오는 '일'이라는 것은 직업 이상의 것을 의미한다.[66] 또한 바울이 이야기한 '마음을 다하여 주께 하듯 한다'는 의미는 우리가 그 일에 모든 열정을 다해야 함과 동시에 잘해야 함을 의미한다. 여기에 요구되는 것은 자기희생적이고, 이타적인 실천이 있어야 한다(막 10 : 42-45, 요 13 : 3-5). 우리가 주님을 위해서 일을 할 때 그 일이 성취되는 것과는 별도로 그 일에 대하여 주님께서 본을 보여 주셨던 섬김의 성실함이 필요하다. 우리에게 맡겨진 일을 주님께 순종하며 하나님의 영광을 위한 수단으로 생각해야 한다는 것이다. 신앙인 각자에게 맡겨진 일에 최선을 다한다고 해서 완벽한 세상, 더 나아가 새로운 세상을 만들게 되지는 않을 것이다. 하지만 분명히 자신에게 맡겨진 일을 신실하게 감당함으로써 세상이 조금 더 좋아지게 하는 데 일조할 수 있을 것이다.

둘째, '신실한 섬김의 삶'은 우리가 신앙 공동체 안에 있는 사람들에게뿐만 아니라 믿지 않는 자들에게도 온전한 신실함으로 먼저 섬김을 보여야 한다는 것이다. 믿음의 공동체를 넘어서 일상의 삶 가운데 있는 교회 밖의 사람들 사이에서도 우리는 우리의 창조자와 구원자이신 하나님을 닮아야 한다. 신앙공동체 안에서 우리는 헌신적인 사랑으로 서로의 삶을 풍성하게 해 줘야 할 뿐만 아니라 신앙공동체 밖에 있는 사람들에게 신실하게 대해야 한다.[67] 비록 이것이 어렵고 힘들지라도 성경은 신앙인들이 신앙공동체 안과 밖에서 져야 하는 신실함의 짐(burden)은 같다고 이야기한다(레 19 : 33-34). 더 나아가 성경은 믿음의 공동체 밖의 사람들을 환대하는 것이 그리스도를 환대하는 것(마 25 : 34-40)이라고 증거한다. 따라서 우리가 신실한 섬김으로 살아가는 모습은 교회뿐 아니라 일상적 삶의 터전까지 동일해야 한다. 크리스토퍼 라이트(Christopher J. H. Wright)는 성경의 요셉과 다니엘의 예를 들며 그들이 하나님께서 목적을 두고 그들로 하여금 있게 하신 공적 광장의 현실을 어떻게 받아들였는지 보여 준다. 그들은 건설적이고 양심적으로 일함으로 자신의 진실성을 지켰으며, 도덕적 온전함으로 맡겨진 일들을 감당했음을 라이트는 강조한다.[68] 신앙인들에게 있어서 실현되어야 할 하나님 나라는 우리 개인의 삶뿐만이 아니라 자신이 속한 공동체에서도 이루어져야 한다. 기독교 신앙의 핵심 믿음은 주님의 제자를 만들 때만 필요한 것이 아니라 더 큰 목적, 즉 공동선을 위해서도 사용되기 때문이다.

셋째, '신실한 섬김의 삶'은 이 세상에서 그리스도인으로서 사회적 영향력을 미칠 수 있는 부분에서 최선을 다해 헌신해야 함을 의미한다.[69] 사회적 영향력을 미칠 수 있는 분야는 가족에서부터 출발하여 내가 생활하는 직업과 다양한 삶의 터전까지 다양하다. 사회적 삶이 있는 곳에는 항상 힘의 역학이 존재하기 마련이지만 기독교인들의 힘이 사용되는 곳은 항상 예수님의 방법—하나님과의 친밀함에 뿌리를 내리고, 타인의 필요에 대하여 자신을 내어주는 섬김의 공감을 하며, 신앙공동체 밖의 사람들에 대해서 강제하지 않을 뿐만 아니라, 공동선을 위해서 차별하지 않는 헌신—과 일치해야 한다.[70] 우리가 할 수 있는 한 신실하게 살아가는 것이 우리가 사는 사회적 삶의 구조 속에서 모두를 넉넉하게 만들어 줄 수 있도록 돕는 길이 된다.

유명인들이 대중 앞에서 예수 그리스도를 언급한다고 해서 우리 사회에서 기독교의 영향력이 커지는 것은 아니다. 세속화, 후기세속화의 시대에 기독교를 구별되게 하는 본질적 요소는 교인들이 보여 주는 자신들만의 독특한 외적인 문화가 아니다. 한국 사회에서 기독교관련 이미지 형성에 가장 큰 영향을 미치는 것에 대해서 비개신교인들의 37.5%는 '주변 교인들의 언행'을 꼽고 있다.[71] 교인들이 보여 주는 삶의 내용과 행동들이 그들이 사는 실제 세상에서 빛과 소금처럼 스며들 때 이 세상 속에서 기독교를 구별되게 할 것이다. 한국 교회의 그리스도인들이 교회 내부에 초점을 맞추기보다는 교회 밖에 있는 사람들의 필요를 채워 줄 수 있어야 한다. 사역자들의 역할은 교회에게 주어진 분명한 비전으로 교회를 이끌고, 교인들을 훈련시켜서 예수 그리스도께서 명령하신 소명에 집중하게 하고, 교회 밖에서 말씀대로 살아갈 수 있도록 도와야 할 것이다. 성경은 예수님께서 제자들의 발을 씻으신 다음에 주님께서 '본'을 보이셨다고 증언한다(요 13 : 15). 그것은 의식을 넘어서 분명한 목적을 갖고 하신 일이라는 것이다. 이는 내가 그리는 밑그림이 주님이 원하시는 섬김의 패턴으로 회복되어야 함을 의미한다.

3) 공동체 차원 : 지역사회를 품는 복음의 공동체 되기

한국 사회에서 교회는 성경적 복음의 실천을 통한 하나님의 통치와 현재와 미래를 동시에 내포하는 하나님 나라를 보여 줘야 할 사명을 가지고 있다. 하지만 그동안 보여 주었던 크리스텐덤 방식의 교회 모습은 하나님 나라 백성공동체의 표지와 이상과는 거리가 멀기 때문에 교회의 신뢰도는 점점 떨어지고 있다.[72]

예수님은 우리를 부르셔서 이 사회 속에서 살며 세상의 중심이 되고, 예수님의 가르침을 실천하며 살라고 요구하신다. 복음을 실천하며 산다면 그리스도인들은 개인적으로 변화될 뿐만 아니라 자기를 둘러싼 사회도 변화시킬 수 있을 것이다. 하나님 나라는 이미 우리 가운데 임해 있기 때문이다(눅 17 : 20-21). 교회는 모이는 삶을 통한 예배와 교제, 그리고 가장 필요를 느끼는 이웃에 대한 섬김의 봉사를 통해서 없어서는 안 될 공적 존재로서 기능하고, 또한 그 역할은 주변 지역 사회의 공익에 영향을 미쳐야 할 것이다.[73]

핵심 특성 : 성육신으로 드러난 하나님 나라의 모습

아직 신앙을 갖고 있지 않은 이들이 관심을 가지는 것은 영적인 관심, 즉 그리스도에 대한 것이고 복음과 하나님 나라에 대한 것이다. 그래서 한국 교회는 믿지 않는 사람들을 구원해야 한다는 전제로 복음을 전하기 위해서 교회 밖의 사람들에게 매력적으로 보이는 조직적이면서도 구도자에 민감한 교회가 되기를 지향해 왔다. 복음선포가 사람들을 죄로부터 해방하고, 그들을 제자도로 불러낸다는 확신 아래 은혜로운 설교와 감동적인 찬양과 탁월한 사역을 준비했다. 그런데 문제는 그러한 준비가 어느샌가 교인을 만족시키는 교회 중심적인 것이 되어 버렸다. 그것이 지향하는 것이 그리스도 중심이어야 하고, 보여 주는 것이 하나님 나라여야 하며, 주님의 복음을 올바로 전하는 것이어야 함에도 불구하고, 한국 교회는 좋은 교회시설, 프로그램, 친절한 교인들을 앞세워 사람들을 끌어모으기 위해서만 노력해 왔다. 하지만 진정한 선교와 복음의 소통은 우리끼리 공감할 수 있는 언어나 외침이 아니라, 세상의 그들과 더불어 공유할 수 있는 가치를 통해 전달될 때 비로소 발생할 수 있다.

복음서 기자와 사도 바울이 공통적으로 증언하는 복음의 핵심은 예수 그리스도께서 자신을 낮추시고 종 된 모습으로 이 세상 속으로 오신 것, 우리를 대속하기 위하여 십자가에 돌아가신 것, 그리고 새로운 세상의 첫 열매로서 부활하시고 다시 오신다는 것이다.[74] 팀 켈러는 복음의 성육신, 대속적 죽으심, 그리고 부활을 구체화함으로 복음을 살아낼 혜안을 제시하는데, 그것은 가치가 전복된, 안에서 밖으로, 현재성과 미래성을 동시에 갖고 있는 하나님 나라의 모습을 이야기한다.[75] 이것이 현재 한국 교회가 보여 주고 있는 크리스텐덤 방식에 대한 대안이 될 수 있으리라 확신하며 구체적으로 살펴보려 한다.

첫째, 예수님의 성육신(incarnation)으로 드러난 하나님 나라는 '가치가 전복'(Upside-Down)된 모습이어야 한다. 복음은 세상이 생각하는 방법과 전혀 다른 길을 살아가고자 하는 사람들과 함께 새로운 종류의 섬김의 공동체를 만들게 한다. 하나님 나라에서는 가난한 자, 굶주린 자, 슬픈 자들이 더 인정받고 만족을 얻는 곳이다. 이러한 반전은 예수 그리스도의 구원의 밑그림(pattern of Christ's salvation)을 따라서 사는 길이다(빌 2 : 1-11).[76] 만일 교회가 그리스도의 몸으로서 성육신적으로 살기 원한다면 교회의 사명은 가진 것을 나누어 주고, 가난한 사람들과 함께하고, 인종적 화해를 경험하는 세상적 가치가 전복되는 하나님의 역사하심에 참여하는 새로운 공동체가 되어야 한다. 조그만 누룩이 큰 반죽덩이를 변화시키듯이 하나님 나라의 복음은 이 세상에 가져오는 인간의 가치관과 윤리, 더 나아가 조직의 관계를 변화시키는 질적인 변화를 가져올 수 있다. 그러한 섬김의 힘이 결국에는 사회적 지위나 경제적인 능력의 많고 적음을 떠나서 함께 성장하고 섬기는 공동체가 되게 한다.

둘째, 예수님의 대속의 죽음(atonement)으로서의 복음은 '안에서 밖으로 향하는'(Inside-Out) 하나님 나라의 모습을 이야기한다. 이것은 밖에서 안으로 끌어 모으는 크리스텐덤 방식의 모습과 반대되는 것이다. 예수님의 성육신, 그의 죽으심, 부활, 이 세 가지는 서로 불가분의 관계에 있으나 예수 그리스도의 구원의 행위의 중심은 그의 죽으심이다. 성경의 많은 하나님 나라의 비유를 보게 되면 어떻게 변화가 일어나는지를 알 수 있다. 진정한 변화는 안으로부터의 변화, 즉 내면의 변화에 대해서 이야기한다(마 23 : 25-26). 만약 우리 마음에 하나님이 은혜로 나를 받아주셨고 나를 사랑하신다는 것을 알고 있다면 우리는 내적인 기쁨과 감사함으로 순종할 수 있다. 우리는 그리스도께서 하신 일을 믿음으로 말미암아 은혜로서 의로워지는 것이지 우리의 행함과 공로로 의로워지는 것이 아니다. 예수님을 통해 이뤄진 하나님 나라의 변화는 전인의 변화를 수반하는 과정이고 우리의 전인이 그리스도와 함께 행동해야 하며, 그 변화는 개인의 외적인 삶 속에 자연스럽게 나타나는 것이다. 성경의 겨자씨 비유처럼 하나님 나라의 복음은 아무리 작아도 생명이 있고, 하늘과 땅을 지으신 창조주 하나님 나라의 복음이기 때문에 어떤 핍박과 저항이 있어도 필연적으로 자라게 되어 있다. 복음의 대속의 측면인 안에서 밖으로 향하는 교회의 모습에서 교회는 개인의 회심과 은혜의 갱신과 더불어 복음 전도와 교회 개척 등을 강조하게 될 것이다. 끌어모으는 것이 아니라 나누고 변화되는 공동체가 되는 것이다.

셋째, 예수님의 부활과 재림(resurrection and second advent)은 복음의 '현재성과 미래성을 동시에 갖고 있는'(Forward-Back) 하나님 나라의 모습을 이야기한다. 즉, 이미 존재하고 있는 하나님의 통치와 아직 오지 않은 하나님의 통치의 양상들, 곧 그 통치의 현재성과 미래성에 대한 것으로 '미래의 현존'(the presence of the future)과 같은 말로 표현되었다.[77] 이것은 이원론적인 삶을 살고 있는 크리스텐덤 방식의 교회의 모습과는 반대된다. 하나님 나라는 현재 개인이 누릴 수 있는 영적 상태이면서도 동시에 예수님의 재림 때 얻을 수 있는 것으로써 '이미'라는 현재성과 '아직'이라는 미래성을 동시에 갖고 있다. '이미' 임한 하나님 나라와 '아직' 임하지 않은 하나님 나라 사이에 실존하는 교회는 예수님의 재림 이후 온전한 하나님 나라가 임할 때까지 성령의 역사에 힘입어 현재에 주어진 사명을 감당해야 할 책임이 있다. 따라서 그리스도인은 이원론적인 삶의 모습이 아니라 자신이 감당하는 일과 신앙을 통합해야 한다.

예수님은 우리를 죄악에서 구원해 주시고 우리에게 성령을 선물로 주시고 다시 오실 것을 말씀하셨다(고후 1:21-22, 엡 1:13-14). 마지막 때에 예수님은 처음 오셨을 때 시작한 일을 완성하실 것이고, 완전하게 죄악의 통치와 현존으로부터 우리를 구원해 주실 것이다. 그때 사탄의 나라를 완전히 제거하고 이 세상의 모든 깨어진 것들을 새롭게 하시는 하나님의 통치가 완성될 것이다(계 21 : 1-4). 그러나 예수님의 오심으로 하나님의 통치는 이미 실현되기 시작하여, 미래의 완성을 향하여 벌써 출발한 것이다. 따라서 크리스천의 삶은 현재도 신실하게 살아야 하지만 장차 예수님께서 다시 오실 때를 기다리며 준비하는 깨어 있는 삶이어야 한다. '이미 그러나 아직'(already but not yet)의 하나님 나라는 한편으로 우리로 하여금 다른 이들과 함께하는 사회로부터 격리된 비관론으로부터 막아 주고, 다른 한편으로는 문화 정복자의 비전을 가진 유토피아적인 생각으로부터 막아 준다.[78]

복음은 위의 세 요소들을 모두 가지고 있다. 복음의 성경적 의미를 진정으로 이해함으로 '그리스도의 말씀이 우리 안에 풍성히'(골 3 : 16) 거하는 교회가 진정한 교회의 모습이 될 것이다. 세속화와 같이 교회사에 있어 큰 위기와 파열의 주요 원인이 가난하고 힘없는 예수 그리스도를 따른다고 자처한 사람들이 바르지 못하게 행사한 힘 때문이었다. 주님께서 우리에게 분부하신 것은 기독교 국가(Christendom)를 세우라는 것이 아니라 제자로 살고 복음대로 살라는 것이다. 하나님 나라는 하나님께서 통치하시는 주권적인 나라, 곧 하나님의 뜻이 이루어지는 곳이다. 하나님 나라는 목소리를 높이는 것으로, 피켓을 드는 것으로 되는 것이 아니라 복음대로 오직 진리에 선 신실한 삶과 차별 없는 사랑의 실천으로 이뤄진다.

하지만 하나님 사랑과 이웃 사랑이 결국은 같은 개념임에도 불구하고 교인들이 생각하는 하나님 사랑의 모습이 이웃 사랑으로 연결되지 않기에 성령의 역사를 통한 하나님의 통치는 우리에게 먼 이야기가 되는 것이다. 그렇기에 교인들은 이 땅에 살아가면서 교회에 와서는 말씀으로 내가 치유 받고 일주일 동안 세상 속에서 싸울 힘을 얻어서 사회에 나가서는 잘 버티고 돌아오는 식의 생활패턴, 즉 교회에서는 교회법칙으로 사회에서는 세상의 법칙으로 살아갈 수밖에 없는 현실 가운데 있다.

우리에게 구원의 복음과 사회정의의 복음 두 개의 복음이 있는 것이 아니고, 하나이며 완전한 하나님 나라의 복음이 있을 뿐이다. 이 복음은 사회실재와 영적 실재를 하나로 결합한다. 예수님은 영적인 것과 사회적인 것을 엮어서 결코 나뉠 수 없는 전체로 만드신다.[79] 크레이빌의 표현을 빌리면, 예수님은 우리가 생각하는 영적인 범주와 사회적인 범주를 깨뜨려서 이것을 '봉합선이 없는 한 장의 천'과 같은 것으로 만드셨다.[80] 크리스토퍼 라이트의 말처럼 우리는 세상과 용기 있게 대면해야 하지만, 하나님에 의해 창조되고 사랑받고 소중하게 여겨지고 마침내 구속받을 세상에 건설적으로 참여하도록 부름 받았음을 잊지 말아야 할 것이다.[81]

하나님의 선교에 동참한다는 것은 대가를 지불하고 복음적인 삶을 선택하는 것이다. 이는 자기를 부인하고 십자가를 지며, 그리스도의 길을 따라 섬김을 통한 자기 비움을 통해서만 가능하게 될 것이다. 하나님의 선교가 추구하는 것은 단지 개인 구원뿐 아니라 만물을 새롭게 하는 운동을 포함하는 것이다. 예수님의 복음은 육적인 고통에서의 자유였고, 영적인 죄악에서의 해방이었으며, 인간이 만들어 낸, 종교적, 사회적, 문화적, 정치적, 경제적인 것뿐 아니라, 성적인 차별성을 통한 모든 인간억압에서부터의 해방이었다.

그리스도인들은 자신의 신앙과 문화 창조자로, 공동의 선을 위해서 사람들을 풍성하게 해 주는 일들을 '주께 하듯' 감당해야 한다.[82] 부활의 측면에서 바라본 이미 임한 하나님 나라를 살아내며, 앞으로 임하시게 될 하나님 나라를 대망하는 교회는 이웃과 도시의 번영, 그리고 사회참여, 문화참여, 그리고 기독교 세계관의 소명으로 세속 사회에서 하나님의 다스림을 받으며, 구원의 능력을 경험하고, 하나님의 통치가 세상과 환경, 삶의 전 영역으로 확장되도록 해야 하는 청지기의 사명이 있다.

행동 특성 : 소명으로 지역사회를 감당하는 공동체

한국 교회는 대부분의 목회자와 교회 중직자들이 개교회의 성장을 중시함으로 공공선을 추구하는 공공의식이라든지 한국 전체를 바라보는 시각에 대한 훈련이 부족한 상황이다.[83] 하나님 나라와 하나님의 주권을 조금 더 세상의 언어로, 세상과 소통할 수 있는 사회적 공동선이라는 개념으로 잘 전환시켜 사회와 소통할 수 있는 교회가 되어야 한다. 우리가 사는 공적 광장은 부패하고 어두운 장소일 수 있다. 고기나 생선을 보존하기 위한 소금과 해가 질 때 어두운 방을 비출 빛의 역할을 해야 할 교회는 어디에 있어야 하는가? 교회는 성육신의 모습으로 소금과 빛의 역할을 감당하며 이 땅 가운데 스며들 때 더욱 건강한 교회가 될 것이다.

에드 스테처와 톰 라이너의 연구는 교회 내에서 리더십을 잘 세우는 교회가 지역사회에 깊은 관심과 이해를 갖고 있음을 보여 준다. 리더십을 잘 세우는 교회 교인들의 67%는 '우리 교회의 리더들은 선교사처럼 우리 지역의 문화적 상황을 이해하기 위해서 일한다'고 생각한다.[84] 또한 71%는 '우리 교회의 리더들은 지역사회와 공동체의 요청에 민감하게 반응한다'고 대답했고,[85] 77%의 교인들은 '우리 교회의 리더들은 지역사회의 상황을 이해한다.'고 대답하고 있다.[86] 한국 교회는 가지고 있는 인적·물적 자원이 많이 있다. 따라서 교회가 지역사회와 소통함으로 지역사회가 요구하는 필요에 대하여 의미 있는 사역을 감당해야 할 것이다. 우리가 머물고 있는 지역사회가 하나님 나라의 빛을 비추어야 할 거룩한 소명의 장이라는 인식이 필요하다.

소명은 기독교인들에게 가장 중요한 것 가운데 하나이다. 그런데 하나님은 우리가 어떤 일을 감당하라는 일을 주시기 이전에 어떤 사람이 되어야 한다고 부르신다. 오스 귀네스(Os Guinness)는 소명(calling)이란 "하나님이 우리를 너무나 결정적으로 부르셨기에, 그분의 소환과 은혜에 응답하여 우리의 모든 존재, 우리의 모든 행위, 우리의 모든 소유가 헌신적이고 역동적으로 그분을 섬기는 데 투자된다는 진리"라고 정의했다.[87] 바울은 사도로서 자신의 소명에 대하여 로마서의 처음과 끝에서 "그(그리스도)의 이름을 위하여 모든 이방인 중에서 믿어 순종하게 하나니"(롬 1 : 5 ; 16 : 26)라고 말한다. 즉, 자신의 일생에 걸친 복음 사역이 아브라함 이래로 그의 혈통이 아닌 아브라함을 닮은 사람들로 이루어진 공동체를 만드는 것임을 시사한다.[88] 다시 말해, "그리스도인들이 무엇을 위해 여기 있는가?"라는 질문에 바르게 대답하기 위해서는 '땅의 모든 열방의 사람들을 하나님의 구속적 복의 영역으로 그리스도를 통해 데려오는 하나님의 약속된 선교에 참여하기 위해서'라는 소명을 다시 점검해야 할 것이다.[89] 짐 콜린스(Jim Collins)는 2006년 봄에 가진 인터뷰에서 리더십의 교회 적용에 관해 다음과 같이 말했다. 교회에서의 위대함의 정의를 물었을 때 콜린스는 대답했다.

위대함은 그것의 외형적 크기와는 관계가 없다. 크다고 꼭 위대한 것은 아니며 위대하다고 모두 큰 것은 아니다. 사실 외향적으로 더 크게 되면 될수록 위대함을 유지하는 것이 어렵다. 나의 기준과 목적에 의하면 위대한 조직이 되기 위해서 그 조직은 다음의 기준을 따라야 한다 :

1) 이 세상에서의 사명을 우수하게 완수해야 한다.

2) 지역사회에 구별된 영향력을 끼쳐야 한다.

3) 인내, 즉 리더 한 사람의 성향에 기대지 않고 오랜 기간 동안 영향력을 끼치는 것이 중요하다.[90]

기독교인들이 소명의 진정한 뜻을 회복한다면 소명은 일상적인 일에 존엄성과 영적인 중요성을 부여하게 된다. 팀 체스터와 스티브 티미스(Tim Chester and Steve Timmis)는 교회가 이 시대의 주변부로 밀려났고, 대다수의 사람들은 교회와의 연결이 끊어져 가는 이 시대에 교회는 사람들을 부르던 자리에서 사람들에게로 나아가는 '일상교회'가 되어야 함을 주장하면서, 중요한 세 가지를 주장한다. 그것은 먼저 예수님을 사랑하고, 이웃을 사랑하고, 일상의 삶을 사랑하라는 것이다. 예수님을 사랑함으로 우리의 힘 되심을 경험하고, 예수님이 우리의 마음을 사로잡을 때까지 사랑하며, 이웃에 대한 사랑은 그들의 육체적, 사회적, 감정적 필요를 돌볼 수 있도록 하라고 주장한다. 그리고 삶을 사랑하는 부분에 있어서 중요한 것은 세상을 하나님의 영광이 펼쳐지는 무대로 보고 일상의 삶에서 열심히 살 것을 주문한다.[91] 그러한 소명을 따라가는 삶은 하나님을 사랑하고 이웃을 사랑하는 길을 택하여 살게 됨으로 의를 이루고 화평을 도모함으로 성령의 열매를 맺는(갈 5:19-23) 삶을 살 수 있도록 한다.

또한 하나님의 영원한 계획을 제대로 알 때 올바른 관점이 주어지며, 그 관점과 함께 예수를 둘러싼 전체적인 공동체가 형성된다. 그 공동체는 하나님을 알고 사랑하는 것에서 시작하는 삶에 관한 올바른 관점을 갖고 있게 된다.[92] 산상수훈에서 말씀하신 팔복의 주제는 예수께서 세상을 통치하기 원하시는 방법이다. 예수님은 그분을 꼭 닮은 사람들을 통해 그 일을 하기 원하신다. 산상수훈은 예수를 따르는 사람들이 세상의 빛과 소금으로 자신의 사명을 감당해야 한다는 부름이다.[93] 다시 말해서 예수님을 따르는 우리들이 하나님 나라에 대한 예수님의 비전이 현실로 바뀌는 통로가 된다는 것이다. 죄와 죽음의 세력을 이기신 예수님의 승리가 바로 우리들을 통해 온 세상에 실현되는 것이다.

이러한 패러다임을 바꾸는 종말론적 비전의 회복은 교회가 자신과 세상의 관계를 이해하는 방식에 있어서 결정적이다. 스탠리 하우어워스(Stanley Hauerwas)는 그의 책 *Approaching The End*를 통해서 교회가 현재의 세상과 화해하기 위해서 종말론적 비전의 중요성을 살펴봐야 한다고 주장한다.[94] 교회의 종말은 다가오고 있고, 적어도 몇몇 교회들에게는 그 다가옴을 죽음으로 받아들일 수밖에 없는 상황이다.[95] 따라서 이러한 상황에서 우리는 우리의 관심을 신학과 교회로부터 초점을 옮겨서 이제는 어떻게 한 명 한 명의 교인들이 종말론적인 빛 안에 살아갈 수 있게 할 것인가에 초점을 맞춰야 할 것이다.

크리스텐덤의 쇠퇴가 우리에게 주는 유익함은 복음의 종말론적인 특징을 회복하게 해 주는 것인데, 한국 교회는 한국식의 크리스텐덤 가운데 머물면서 복음이 우리에게 주는 종말론적 비전을 점점 상실해 가고 있다. 우리는 하나님을 사랑하는 것, 오직 그것을 통해서만 하나님께서 우리에게 주신 종말론적 비전을 지킬 수 있고, 항상 하나님을 우리의 생각 앞에 둘 수 있다. 하나님을 보는 비전과 하나님 안에서 자신을 보는 비전은 겸손한 마음과 하나님을 위한 큰 포부를 동시에 조화롭게 고취시킨다. 그 둘이 잘 조화된 사람은 하나님을 의지하는 가운데 각고의 노력을 하게 된다. 하나님을 보는 비전은 우리의 겸손을 지켜 주고 하나님을 그분의 모습대로 보면 우리 자신도 우

리의 모습대로 볼 수 있다.[96]

4) 결론 및 요약

예수님은 제자 됨의 표지로 형제사랑을 말씀하시지만, 세상은 교회를 항상 싸움만 하는 곳으로 인식하고 있다.[97] 우리는 이 땅 우리 삶에 성육신하신 예수 그리스도의 삶을 따라 살아야 할 책무가 있다. 그리스도는 우리에게 성육신의 목적이 섬김이라고 알려 주신다. 예수님께서는 하나님과 이웃을 향한 무조건적인 섬김의 자리로 우리를 부르신다. 세상이 우리에게 손가락질하는 이유는 우리가 섬김의 자리에서 잘 아는 바를 실천하지 않았기 때문이다. 복음이 제시하는 새로운 비전보다는 세속적 욕망의 높은 자리에 대한 만족이 더 좋은 것이다. 우리에게는 스스로를 낮추며 가진 것을 나누고 타인을 섬기는 감동이 필요하다. 그리스도인 된 우리의 정체성은 지도(lead)하는 종(servant)의 모습이 필요하다.

이 땅에서 그리스도인들이 보여 주고 있는 이원론적인 삶으로 인하여, 하나님을 비추어 내는 계시적 수단으로서의 교회는 사실상 그 존재 의의를 상실해 가고 있다. 세상의 믿지 않는 사람들은 복음을 온몸으로 살아 내는 무명의 그리스도인들의 삶을 보고 경험할 때야 비로소 복음을 듣고 보게 될 것이다. 성경은 일상적인 삶에서 하나님의 백성으로 어떻게 살아야 하는지 모든 것을 낱낱이 기술하지 않는다. 그러나 우리가 거룩하게 하시는 성령님의 도움을 통해 하나님의 말씀을 깨닫고 삶 가운데 통합된 삶을 살기 위해서는 올바른 복음과 삶의 통합, 그리고 신앙과 지성의 통합으로 나타나는 소명의 장에서의 섬김의 삶이 필요하다. 그렇기 때문에 우리가 가지고 있는 믿음, 더 나아가 각자가 가지고 있는 신학의 모습이 건강해야 하며 예수님이 우리에게 말씀하시고자 하는 섬김의 길에 순종함으로 믿음을 삶으로 실천하여 이 땅 가운데 스며들어야 한다.

교회를 변화시키는 일보다 더욱 근본적이며 궁극적인 목적은 신실한 섬김의 삶을 살아감으로 세상을 변화시키는 것이다. 사도행전에서도 초기에는 사람들의 숫자 증가가 주목되었지만(행 2 : 41, 5 : 41), 이후에는 주의 말씀이 온 땅에 퍼져 나가는 영향력이 강조(행 13 : 49, 19 : 20)되고 있음을 주목할 필요가 있다. 헌터는 이 땅의 변화를 위해서 신앙인들이 할 수 있는 가장 건강한 실천의 방법은 잠시 동안 조용하게 있으면서 어떻게 자신의 신앙을 샬롬의 실천(acts of shalom)을 통해서 공적으로 나타낼 수 있을까를 배우는 것이 법과 정치를 통해서 공적으로 그것에 대해서 반대하는 것을 시도하는 것보다 건강한 방법이라고 주장한다.[98] 이 땅 가운데 신실한 섬김의 삶을 살아가는 것은 개인의 작은 실천에 그치는 것처럼 보이지만, 세상을 더 좋고, 다르게 변화시킬 수 있는 방법이 될 수 있을 것이다. 신앙인들의 신실한 섬김의 삶은 기존의 구조에 대한 직접적인 예언자적 반대는 아니더라도 새로운 사회를 향한 건설적인 저항의 역할을 감당할 수 있을 것이다.

사례 1-1) **장유대성교회 사역 소개**

1. 지역사회와 함께

장유대성교회는 2001년 경남 김해의 작은 신도시에서 시작되었다. 한재엽 담임목사는 이미 부산대성교회에서 10여 년의 목회를 통해 목회의 터전을 옮길 것을 오래전부터 구상하고 기도했다. 이유는 단 한 가지였다. 부산대성교회의 지역 특성상 도시 공동화 현상으로 더 이상 교회가 지역 교회로서의 역할, 동행, 섬김을 할 수 없다는 고민이었다. 장유로 절차를 거쳐 분립하면서 230여 명의 성도들이 1,200석 본당의 일부분만을 채웠다. 작은 숫자의 성도들이었지만 하나님이 주신 꿈은 진지하고 원대하고 아름다웠다.

"지역사회와 함께 성장하는 교회"라는 표어는 2001년부터 2018년 현재까지 지속되었다. 주제 문구는 두 가지다. '지역사회와 함께', '성장하는 교회'. 먼저는 '지역사회와 함께'이다. '성장'은 후반부에 자리매김한다. 목회 28년간 한재엽 담임목사는 이 우선순위를 변함없이 유지했다. 하나님의 사랑에 천착하여 예수 그리스도의 성육신의 생명을 품은 교회가 그 사랑과 생명에 붙들려 이웃사랑에 우선적으로 전념하는 것은 당위이며 자연스러운 귀결이다. 그렇다면 성장은? 현재 장유대성교회는 재적 3,500여 명의 장년과 1,000여 명의 주일학교 아이들로 북적인다. 물론 이러한 성장의 귀결이 단지 전력을 다한 이웃사랑 때문만은 아닐 것이다. 담임목사의 설교와 건강한 목회 리더십, 지역사회의 토양, 영적으로 건강한 성도 등의 요건이 필요할 것이다. 그러나 올곧게 17년을 지역사회와 울고 웃으며 함께 사랑을 나눈 것이 교회성장의 크고 작은 부분의 요소가 되었음은 자명한 사실일 것이다.

다시 질문으로 돌아가 보자. 교회는 왜 지역사회를 품어야 하는가? 예수 그리스도의 성육신 때문이다. 예수님은 하늘에서 이 땅으로 육신을 입고 오셨다. 죄인과 가난한 자들, 병든 자들과  함께하시고 궁극적으로 이들을 위해 죽으시고 부활하셨다. 그렇다면 예수 그리스도를 따르는 사람들이 모인 교회는 예수 그리스도가 살아가신 삶을, 그의 행적을 고스란히 따르는 것이 마땅하지 않겠는가, 교회의 담장을 낮추고 허물고 지역사회 안으로, 육을 입고서.

2. 리더십에 내면화된 하나님의 목적

장유대성교회는 담임목사의 건강한 목회 지향과 인구 유입의 지역 여건으로 급성장에 돌입하게 된다. 그러나 교회 공동체의 일원은 서로에게 생소하고 생경했다. 교회의 전통이 내재되어 있지 않는 상황에서 교인들은 거의 모두가 새가족이었다. 내 교회라는 자의식이 전혀 없는 상태에서 교회 정착이 쉽지 않았다. 이런 상황에서 한재엽 목사는 하나님 사랑과 이웃 사랑의 균형에 온 마음과 힘을 기울였다. 교회의 본질이며 생명의 근원인 예배, 교육, 전도를 통한 하나님 사랑에 정성과 총력을 기울이는 한편, 지역사회의 욕구와 필요를 공급하기 위해 교회의 시설을 개방하고 지역사회봉사원이라는 독립

기관을 통하여 문화교실, 도시락배달, 노인대학 등을 장유대성교회 설립 초기에 개설하였다. 성도들은 예배와 교육, 전도를 통해 복음의 본질을 공고히 하면서 다양한 자원봉사 활동을 통해 예수 그리스도의 제자 된 삶을 구체적, 실제적으로 실현, 실천하기 시작하였다. 뿐만 아니라 '밀알회'라는 구제 목적의 후원금 형식을 통해 재원을 확보하고 투명하게 운용하면서 교회공동체

일원은 교회의 지역사회 섬김과 나눔에 동역, 동참하게 되었다. 이 과정에서 교인은 성도가 되었고 내 교회, 우리 교회에 정착하면서 교회공동체의 일원과 일꾼이 되는 기쁨을 누려 가고 있다.

지역사회봉사원의 사역들이 점차 다양하게 확장되었다. 아동가족복지, 노인복지, 지역복지 등의 프로그램과 시설 등이 해가 거듭하여 신설, 확대되었다. 사역의 행정, 재정, 기획, 홍보, 진행을 위한 전문 인력들의 필요성이 대두되었고 운용의 전문성과 투명성, 또한 지역 유관기관과 협력과 네트워크의 필요성이 절실해졌다. 이에 당회와 교회공동체는 사회복지 제도권 안에서 교회의 사역들을 담아내기로 결정하게 된다. 오랜 기도와 준비 끝에 하나님의 은혜로 2013년 사회복지법인 장유대성복지재단 설립에 이르렀다. 10년 이상을 눈물로 씨를 뿌리고 인내하며 수고하여 지역과 함께해 온 감사의 열매였다. 현재 장유대성복지재단 사무국은 4명의 전문 사회복지사와 담당 교역자, 지도 장로, 이사회, 대표이사의 조직 체계로 800여 명의 자원봉사자가 동역하여 2개의 시설, 14개의 단위 프로그램 운영되고 있다.

어떻게 이 모든 일이 교회공동체의 소명으로 구축되었을까? 그 첫째 이유는 담임목사가 하나님께로부터 받은 부르심이다. 담임목사의 리더십은 하나

님이 자신을 불러 세우셨다는 고백에서 시작된다. 리더를 통해 주신 지역사회 섬김의 소명이 교회와 공동체의 목적 이전에 '하나님의 목적'으로 리더십에 내면화되어 점차 교회공동체의 소명으로 구축되었다. 16년 동안 지역사회 복지 체계를 일구어 내면서 힘겨운 일들이 적지 않았다. 그러나 그때마다 교회공동체의 리더들은 '지역사회와 함께'라는 주님의 부르심에 먼저 순종, 헌신하였다. 그 순종과 헌신에는 많은 인적·물적 자원의 헌신이 따랐지만, 이 사역에 따르는 열매로서의 기쁨과 보람, 가치와 의미는 그에 비할 바가 아니었기 때문이었다. 둘째 이유는 성도들의 동역, 역량, 힘이다. 복지재단 외에 교회 내적 사역의 부르심도 적지 않다. 이들은 복지재단을 통해 하나님이 저들에게 주신 물질, 재능, 시간, 힘 등을 발견하고 발휘한다. 그 안에서 하나님의 사랑하는 영혼이 소생하고 주께로 돌아오고, 회복하며 재도약하는 것을 보게 되는 영광과 기쁨을 누린다. 주의 일에 헌신하는 사람들만이 보고 누리게 되는 하늘의 영광이다.

3. 교회의 섬김을 아는 지역사회

이미 제법 오래되었지만 2011년 지역사회봉사원 10주년을 계기로 봉사원의 사역을 진단, 평가하기 위한 지역조사, 연구를 한 바 있다. 이 조사에서 지역 주민들(904명 중) 72.4%가 장유대성교회의 복지사업을 알고 있었으며, 만약에 교회에 나가게 된다면 장유대성교회를 나갈 생각이 있다고 대답한 주민은 76.4%였다. 그리고 자원봉사자들 중에서 99.2%가 봉사원 프로그램을 통해 전도의 접촉점이 생성된다고 대답하였다. 또한 성도들은 장유대성교회의 출석 이유로 '담임 목사님의 말씀이 좋아서'를 압도적으로 많이 꼽았고 그에 이어 교회가 '지역민을 위한 복지프로그램이 다양해서'라고 대답하였다.

'요람에서 무덤까지'보다 앞선 생명이 태 안에 있을 때부터 시작되는 임산부학교부터 청춘(노인)대학까지 지역민들 가운데 장유대성복지재단의 촘촘한 복지 네트(그물망)에 걸리지 않을 사람은 없다. 영유아, 아동, 여성, 이주민, 장애인, 노인 등 사회복지 대상자, 이용자들을 위한 사업이 구축되어 있다. 평생교육 프로그램, 노인 무료급식, 결식학생급식비 지원, 장학사업, 아동과 노인을 위한 시설사업 등 그 내용에 있어서도 사회복지사업법의 내용에 충실하게 서 있다. 종합사회복지관도, 시와 행정도, 교육청도 해내지 못할 일들을 해 내고 있다고 사회복지 유관기관 실무자와 행정 기관들이 서로 이야기한다.

그렇다면 주민은? 장유에서 택시를 타거나 혹은 전도를 해 보면 잘 알게 된다. 택시 기사분들 중에 장유대성교회의 바자회를 통한 급식비 지원, 어르신 무료급식 지원차량인 '사랑해 빨간밥차'를 모르는 이가 없을 것이다. 이는 장유대성교회를 택시 타고 방문하신 분이 들려준 이야기다. 교회가 전도를 하면 지역주민은 호의적으로 대응한다. 이미 복지재단의 섬기는 봉사자들을 통해 많은 사랑을 받아 본 경험이 있기 때문이다. 지역민을 향한 복지재단의 사역은 한국 교회의 긍정적 이미지 제고와 마음을 움직이고 영혼이 감동되는 선교에 있어서만큼은 계속해서 성공 중이다.

4. 섬김의 리더십과 교회의 소명

성경에서 말하고자 하는 리더십은 섬김의 리더십이다. 예수님께서 보여 주신 '섬김'은 예수님의 행적을 따르고자 하는 그리스도인들에게 표본이다. 예수님은 하나님의 아들로서의 신적 권위를 내려놓고 사람의 아들로, 사람의 몸을 입고서 하나님께는 순종하는 선한 청지기, 사람에게는 자신의 몸을 굽혀 발을 닦는 종이 되셨다. 청지기와 종으로서의 삶을 지향하는 그리스도인의 모든 선한 행위는 부르신 이를 향한 '사랑'에 근거한다. 결국, 사랑이 없으면 우리를 불사르게 내어 줄지라도 아무 유익이 없다.

그러나 섬김이 사랑의 행위에 근거하여 개인적으로 내면화되고 또 행위로 표출되어도 그것은 하나님을 향한 단독자로서의 면대면, 일대일의 관계 안에 서일 뿐이다. 이제 교회는 섬김의 리더십으로 하나님 나라의 현재적 도래를 꿈꾸며 보다 견고한 공동체적 응집력과 조직력으로 지역사회의 복음적 변혁을 시도해야 한다. 교회는 삼위의 하나님이 공동체적으로 역사하듯이 교회공동체의 일원인 성도 역시 공동체적으로 섬기고 사랑한다. 여기에 반드시 필요한 요건이 '섬김의 리더십'이다.

장유대성복지재단 20여 개의 단위 사업에는 부르심에 순종한 리더들이 있다. 위원장과 프로그램 총무, 주방팀장이다. 연초에 교회와 복지재단이 기도하며 이들 섬김의 리더들을 세운다. 간절히 기도하는 것은 이들을 교회나 재단이 아닌 하나님이 불러 소명을 주십사 하는 기도이다. 하나님의 부르심이라 믿고 순종한 리더는 자발적으로 '착하고 충성된' 종이 된다. 이들 리더에게 부여된 짐(burden)은 어느 경우에는 주중에 거의 매일 나와야 하는 일이고 짐이다. 분명히 힘이 들고 불평과 원망이 있을 법한데 감사와 기쁨이 앞선다. 하늘의 기쁨이다. 우리 주님을 본 삼아 주님이 가신 십자가의 길을, 섬김으로 종이 되어 그저 묵묵히 가는 것이다. 세속도시 한복판, 세상이 한국 교

회 공동체에게 듣고 싶어 하는 말은 바로 이것일 것이다. "나는 행함으로 내 믿음을 네게 보이리라"(약 2 : 18). 바로 교회 공동체의 선한 행위, '섬김의 리더십'이다.

* 사회복지법인 장유대성복지재단 소개

장유대성복지재단의 미션(mission)은 지역을 섬기기 위해 활짝 열린 복지재단이며 비전(vision)은 'DREAM'을 지향, 지원, 지속하는 복지재단이다. 풀어 설명하면 'D'-Dialogue를 통해 세대 간, 계층 간의 대화와 소통을 지향하며 'R'-Relationship, 가족, 이웃, 마을의 회복된 관계, 공동체를 지향한다. 'E'-Energy는 아동, 청소년의 에너지, 활기와 활력을, 'A'-Anti-aging으로 어르신의 젊음 유지, 노화 예방을 지원한다. 마지막으로 'M'-Mission으로 기독교 정신의 사랑과 나눔, 감동적 서비스의 사명을 지속한다. 이러한 재단의 미션과 비전은 재단의 모든 사역의 실천 현장에서 실제화, 구체화하여 자리매김하고 있다.

· **아동가족복지 사업**

아동가족복지 사업으로는 꿈샘지역아동센터, 행복한세상나들이 아기학교, 임산부학교, 다문화가정 아미고스 : 홈런 키즈 & 맘, 장애아동과 함께하는 어깨동무학교, 꿈 담은 장학사업, 결식학생 급식비 지원사업, 꿈지원자원봉사

센터 등 1개의 시설과 7개의 프로그램이 있다. 이 중에서 결식학생 급식비 지원을 소개하고자 한다. 경남 지역에는 중등학생도 아직 무상지원이 되지 않고 있다. 장유 지역 전체 중·고등 14학교, 각 학교당 10명씩 결식학생급식을 지원해 온 지 올해로 15년이 되었다. 매해 지원 총 예산은 7,300만 원이다. 15년째 그 누적액은 6억을 넘어섰다. 그 재원은 가을에 열리는 '사랑나눔바자회'를 통해서 마련된다. 양일간 진행되는 바자회 수익금은 4,500만 원 가량이고 나머지는 재단의 기업과 개인 후원자들을 통해 충원된다. 바자회가 진행되는 십수 년 동안 그 수익금이 교회 내적 필요를 충족하는 데 쓰인 적이 없다. 어떤 형식으로든 지역사회에 전액을 흘려보냈다. 성도들은 이 일이 참으로 방대하고 버거울 것임에 틀림없다. 그러나 타자를 위한 십자가를 지신 예수님, 그 십자가는 자신을 위한 십자가가 아니지 않았는가. 그 십자가 사건이, 사랑의 빚을 진 성도들에게 언제나 깃발이 된다. 힘들어도 결국은 함께, 주님과 함께 이루어 낸다.

· 노인복지 사업

노인복지 사업으로는 청춘(노인)대학, 사랑해 빨간밥차, 청토밥차, 사랑의 도시락, 시니어아카데미센터 등 1개의 시설과 4개의 프로그램이 있다. 사랑의 도시락은 매주 토요일, 취약계층의 노인과 장애인들에게 도시락을 배달한다. 토요일 봉사자 수급은 현대사회에 매우 어려운 과업이다. 그럼에도 성도들과 지역 단체, 가족봉사단, 자원봉사 학생들이 지원하여 아침 일찍 조리팀이 만든 사랑의 도시락을 들고 50여 가정으로 각각 출동한다. 이것이 예수님이 베푼 오병이어 기적 사건이다. 한 사람의 후원, 한 사람의 수고의 조각들이 모여 조직화되고 마을이 더불어 행복을 나눈다.

2011년 서울사회복지공동모금회로부터 '사랑해 빨간밥차'를 기탁받았다. 공원에서 주 3회, 어르신들을 위한 주방 장비가 장착된 특수차량에서 따뜻한 밥과 반찬을 제공한다. 한 주 식사 인원은 700여 명에 이르며 봉사자는 120여 명이 함께한다. 곱게 화장하고 햇빛 아래 앉으신 어르신들은 봉사자들에게 환한 미소로 말씀하신다. "장유대성교회 때문에 우리 노인들, 장유에서 너무 행복해. 고마워, 미안해." 봉사자들은 배식 전 늘 함께 기도한다. 봉사자들은 이 어르신들을 내 부모같이 섬기며 종국에는 하늘나라에서 주님의 품에 안기기를 간구한다. 지역복지를 통해 교회 모든 시설이 개방된다. 도서관, 카페, 실내 놀이터는 그야말로 아이들과 지역민의 놀이터이고 사랑방이다. 시설도 언제나 지역민 우선으로 프로그램에 따라 제공한다.

세상이 교회를 걱정하고 있다. 한국 교회, 이 후기세속사회 속에서 어떻게 교회의 본질인 거룩성을 회복할까? 예수님의 성육신 앞에 다시 서서 강도 만난 이웃을 찾아 길을 떠날 차례다.

사례 1-2) # 창동염광교회 사역 소개

1. 지역사회와 분리될 수 없는 교회

염광교회는 설립 초기부터 지역의 가난하고 소외된 이웃을 향한 긍휼과 사랑의 정신을 가지고 지역사회에 대한 성육신적 섬김을 추구했다. 초대 최기석 목사는 장애인들이 많은 지역적 특색에 주목해 장애인 부서를 설립하고 특화 발전시킴으로써 지역사회에 대한 디아코니아적 소명을 실천했다. 2대 목사인 황성은 목사 부임 이후 이는 더욱 계승 발전되었고, 최근 들어 구청으로부터 장애인종합복지관을 수탁하고 교회적으로 협력하는 열매로 구체화되었다. 염광교회는 교회와 지역사회는 분리될 수 없다고 생각한다. 건강한 교회는 반드시 지역사회를 섬겨야 하고, 지역사회의 모든 부문에 그리스도교적 가치를 구현하는 일을 감당해야 한다고 생각한다.

섬김이 없는 선교는 지역민들에게 맹목적이고 공허하게 다가온다. 후기세속화사회를 살아가는 시민들은 교회에 일반 NGO 단체보다 높은 수준의 도덕성과 투명성을 요구하고 있다. 지역사회에 대한 교회의 섬김은 주민들뿐만 아니라 이 사실을 접하는 모든 사람들에게 교회의 건강성을 증명해 주는 중요한 척도로 작용함을 잘 알기 때문에, 지역사회와 더욱 유기적인 관계를 맺고, 실질적인 섬김을 할 수 있는 방안들을 모색하고 실천하고자 노력하고 있다. 창동염광교회는 지역사회를 섬기는 복음의 공동체가 되는 부분에 중요한 신학적 비전(theological vision)을 가지고 있다.

2. 교회에서의 삶과 세상에서의 삶의 일치

담임인 황성은 목사는 "기독교의 진수와 복음의 통전성"을 매우 중요한 가치로 삼고 있다. 담임목사의 이러한 신학적 비전은 예배에 대한 강조와 교회에서의 삶과 세상에서의 삶의 일치성을 강조함으로 교인들이 신실하게 살아갈 것을 강조한다. 염광교회에서 예배는 그 어떤 것보다 중요한 가치이자 규범(Axiom)으로 제시된다. 매 주일 예배에서 얻는 초월적인 하나님의 은혜에 대한 감격은 후기세속사회를 살아가는 성도들에게 하나님 나라의 실재를 일깨우고, 힘들지만 다시 복음의 정신을 붙들고 살아가기 위해 결단하는 원동력이 되고 있다. 또한, 염광교회는 예배와 삶이 분리되지 않기 위해 세상의 흐름을 읽고 소통하는 데도 많은 노력을 기울이고 있고, 이런 관심은 실제 목회에서도 구체적으로 나타나고 있다. 목회자 납세문제의 민감성을 자각하고 벌써 몇 년 전부터 이미 모든 목회자가 납세를 시작한 것, 교회 재정의 투명성을 요구하는 시대적 분위기에 발맞춰 복식부기 시스템을 도입하여 재정적 투명성을 제고하고, 외부 회계감사를 자청해서 받으며, 교회 홈페이지에 재정을 자발적으로 공개하여 모든 성도가 자유롭게 열람할 수 있게 하는 것, 3040세대의 교회에 대한 반감이 커지는 위기를 감지하고 그에 대한 대책을 모색하여 부부셀 중심의 젊은이 교구를 출범하고, 그들의 가장 큰 관심 사항인 자녀교육 부분을 집중적으로 살핀 점 등의 실천은 이런 그의 목회 방향성을 잘 보여 주고 있다.

염광교회의 교인들은 교회가 이처럼 한발 앞서 건강성을 유지하고, 자신들의 필요에 민감하게 대응해 주는 것을 피부로 체감하면서 높은 신뢰를 바탕으로 자부심과 만족감을 누리고 있다. 교회에 대한 신뢰와 자부심은 이 공동체의 모든 구성원들이 작지 않은 규모임에도 불구하고 하나로 연합하고 이것이 우리의 가치이자 비전이라는 한 몸 공동체적 특성을 유지하는 데 큰 역할을 하고 있다.

3. 지역사회의 친근한 이웃으로서의 교회

염광교회와 지역사회의 관계성은 굉장히 좋은 편이다. 새가족들을 면담해 보면 대부분의 새가족이 염광교회로 오게 된 계기로 꼽는 이유는 첫째, 담임목사님의 설교가 좋아서이고, 두 번째가 주변 사람들의 권유이다. 주변 사람들이란 염광교회 교인이 아닌 말 그대로 주변 사람이다. 상당수의 새가족이 염광교회 교인이 아닌 다른 사람들에게 쌍문동에서 교회를 찾는다면 무조건 염광교회로 가라는 권유를 받고 오고 있다. 염광교회는 담임목사의 방침에 따라 방송이나 언론매체를 통한 광고를 거의 하지 않고 있다. 그럼에도 불구하고 수많은 새가족이 입소문을 통해서 교회를 소개받고 꾸준히 유입되고 있다. 염광교회 주변의 상가들이나 주민들도 대부분 같은 반응을 보이고 있다. 황성은 목사는 그럼에도 불구하고 지역사회와의 대화와 섬김의 관계망을 더욱 넓혀 가고 있다. 하나는 2018년부터 시작된 사랑의 반찬을 통해 지역의 어려운 이웃에게 반찬 배달을 하고 있는 것과 또 하나는 추수감사절을 비롯한 각종 절기 행사 때 교인들을 지역상권에 유입시켜서 매출을 증대할 수 있는 방안을 구상하는 것이다. 이러한 대화와 섬김의 노력을 통해 이 지역의 사람들은 염광교회를 사회와 떨어져 자기들만의 세상에 빠져 있는 낯선 타자가 아닌 친근한 이웃이자 든든한 형님으로 생각하고 동행하고 있다.

4. 장애인과 함께하기에 더욱 행복한 교회

창동염광교회 교인들은 "우리 교회는 장애인과 함께하기에 더욱 행복한 교회"라고 말한다. 장애를 가진 교우들이 불편함 없이 함께 예배드릴 수 있는 교회, 장애를 가진 이들과 그 가족들의 다양한 삶의 과제들을 함께 나눌 수 있는 교회, 장애인과 함께함의 기쁨을 체험하고 나눌 수 있는 교회라는 것이 자랑스럽다고 말한다. 이와 같은 창동염광교회가 신실하게 섬기고 있는 장애인 복지선교사역은 다음과 같다.

1) 장애인은 있지만 장애는 없는 교회

창동염광교회는 "장애를 가진 이들이 편리하면 모든 교우들이 편리하다."라는 보편적 디자인(Universal Design)의 관점에서, 장애를 가진 이들이 최소한의 제한만 받으며 예배와 신앙생활을 할 수 있는 환경을 만들고자 노력하고 있다. 물리적 환경뿐만 아니라 중증장애를 가진 이들을 위한 이동지원 서비스, 청각장애인을 위한 수화통역 서비스 등을 통하여 장애인들의 교회생활을 지원하고 있다. 또한, 장애로 인해 예배와 신앙생활에 있어서 보다 많은 지원이 필요한 이들을 위한 예배공동체를 만들어 신앙생활을 지원하고 있다.

장애인들을 위한 특별한 예배공동체에는 예배와 교육 활동에 있어서 세심한 배려와 지원이 필요한 발달장애인들(지적장애와 자폐성 장애를 가진 이들)의 예배공동체인 "사랑부"와 수어(手語)를 사용하는 청각장애인들의 예배공동체인 "농인부"가 있다. 현재

"사랑부"는 각각의 생활연령과 활동특성에 따라 '어린이 · 청소년 · 청년 · 장년 사랑부'와 청년부와 통합예배를 드리는 '비전 사랑부'를 포함하여 총 5개의 발달장애인 예배공동체가 있으며, 250여 명의 발달장애인 성도들과 250여 명의 봉사자들이 그들과 함께하고 있다. "농인부"는 '학생 · 성인' 농인부(2개의 농인부 예배공동체)로 나뉘어 활동하고 있으며, 현재 40여 명의 농인(청각장애인)들과 수화가 가능한 40여 명의 봉사자들이 함께하고 있다.

창동염광교회는 "예수님과 함께 · 장애인과 함께"라는 슬로건으로 장애를 가진 이들을 예수님의 이름으로 환영하고 함께하기 위해 다양한 노력을 해 나가고 있다. 이러한 창동염광교회가 지역사회에 보여 주고 싶은 교회의 모습은 바로 "장애인은 있지만, 장애는 없는 교회"의 모습이다.

2) 장애인복지선교센터 "피어라희망센터"

"피어라희망센터"는 중증 발달장애인들과 함께 희망을 만들어 가기 위해 창동염광교회가 설립한 장애인복지선교센터의 이름이다. "피어라희망센터"의 사업은 크게 3가지 사업이 있다. 첫 번째, '장애인복지사업'으로 성인 중증발달장애인을 대상으로 낮 시간 동안 재활 및 복지서비스를 제공하는 장애인주간보호시설 "피어라희망센터"를 운영하고 있다. 2008년 설립된 "피어라희망센터"는 현재 20명의 중증 발달장애인들에게 전문적이고 다양한 복지서비스를 제공하고 있다. 두 번째, 성인 발달장애인들의 일자리를 만들어 가는 '장애인 직업재활사업'으로, 장애인 고용을 위한 "피어라희망 협동조합"을 설립하여 운영하고 있다. 2013년

설립된 "피어라희망 협동조합"은 현재 "피어라희망 카페&베이커리"(교회 내)와 "피어라희망 농장&가게"(교회 앞 별도건물) 2곳의 사업장을 운영하고 있으며, 현재 19명의 중증 발달장애인을 근로자로 고용하여 자립을 돕고 있다. 세 번째, 지역의 발달장애인들이 다양한 문화적 체험을 할 수 있도록 지원하는 '장애인 교육·문화사업'으로 "아자 장애인 교육·문화센터"를 운영하고 있다. 2003년 시작된 "아자 장애인 교육·문화센터"는 현재 매주 토요일, 150여명의 지역 발달장애인들에게 다양한 여가·문화활동을 지원하고 있다.

3) 조금 더 지역 속으로 : "도봉장애인종합복지관" 수탁운영

지역의 발달장애인들의 다양한 복지욕구를 파악하여 지속적으로 섬기는 창동염광교회의 장애인 복지선교 사역은 장애인복지기관이 부족하여 다른 자치구의 서비스를 이용하는 도봉구 지역의 많은 장애인들과 지역 자치구 담당자들에게 신뢰감을 주게 되었다. 그 결과 2016년 12월, 치열한 경쟁을 뚫고 도봉구로부터 구립 "도봉장애인종합복지관"의 수탁운영자로 선정되었다.

도봉구와의 협약을 거쳐, 2017년 9월부터 "도봉장애인종합복지관"의 수탁운영주체교회(운영법인으로 교단법인인 한국장로교복지재단과 협력)로 참여하여 지역의 장애인들을 섬기는 장애인 복지사역을 보다 적극적으로 전개해 나가고 있다. 창동염광교회는 장애인복지관 사역을 통해 지역 속으로 더 깊이 나아가 지역 장애인들의 든든한 이웃으로, 장애인과 함께 희망을 만들어 가는 일에 계속해서 최선을 다하고 있다.

창동염광교회는 '예배를 생명처럼 여기고, 예배에 목숨을 걸라'는 담임목사의

요청에 신실하게 반응하고, 그러한 은혜의 체험을 일상의 삶 가운데 나누는 모습을 보여 준다. 즉, 신실하게 교회와 교인들이 처한 환경에서 최선을 다해서 일상을 복음대로 살기 위해 노력하고 있다. 이러한 노력들로 자연스럽게 교회가 속한 도봉구에서 모두가 칭찬하는, 지역사회를 섬기는 복음의 공동체가 되어 가고 있는 것이다.

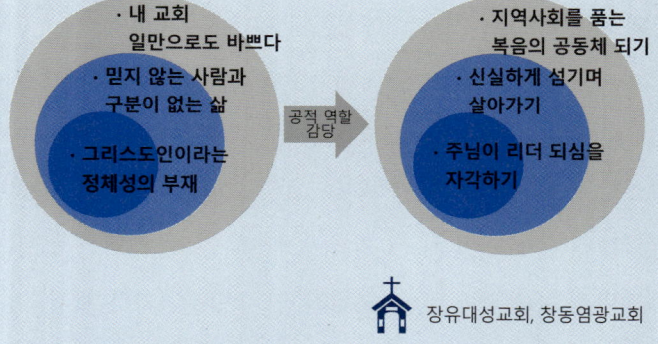

후기세속사회
나를 넘고 내 교회를 넘는, 섬김의 리더십

장유대성교회, 창동염광교회

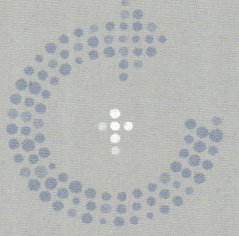

Leadership Reset

3장

포스트모던 사회
vs.
관계적 리더십
(Relational Leadership)

1. 여전히 옛날에 머물러 있는 교회

　세대갈등은 동서고금을 막론하고 존재한다. 수천 년 전 메소포타미아 수메르 점토판에도, 이집트 피라미드의 벽화에도 요즘 젊은이들은 버릇이 없다는 푸념이 기록되어 있을 정도다. 그렇다면 포스트모던 사회 속 '버릇없는 젊은이들'은 한국 교회를 어떻게 바라보고 있을까?

　한마디로 말하자면 교회 안에 청년이 없다. 2016년 대한예수교장로회(통합) 교단 내 청년 출석 인원은 6만여 명으로 전체 교인 수 대비 2.19%에 불과하며, 이와 맞먹는 4만 5천여 명이 재적에는 있으나 출석하지는 않는 채로 교회 밖에서 방황하고 있다. 아예 청년부가 없는 교회도 6,600여 개(76%)나

된다. 교회 넷이 있으면 그중 셋은 청년부가 없다는 뜻이다.[1] 종교가 없는 청년이 기독교로 개종할 가능성도 그리 높지 않다. 거의 70%에 달하는 청년 비종교인들 중 개신교에 호감을 둔 비율은 고작 11%로 나타나며, 불교(34%)는 물론이고 천주교(18%)에 비해서도 호감을 받지 못하고 있다.[2]

최근 "청년의 교회와 종교에 관한 의식 설문조사"에서 청년들은 한국 교회의 가장 큰 문제점으로 "예배, 설교 분위기와 비민주적인 의사구조"(19.6%), "발전적이지 않은 목회자"(18.5%), "재정, 특정한 항목 중심의 지출"(11.5%)을 꼽았다.[3] 청년들이 교회를 답답하게 느끼고 있는 것이다. 이는 그들이 교회를 떠나는 이유가 주로 "얽매이기 싫어서"(29.9%), "시간이 없어서"(27.4%)라는 것에서도 알 수 있다.

이러한 문제들을 비단 청년들만 느끼는 것은 아니다. 일반 성도들 역시 2015년 "한국 기독교 선정 10대 이슈 및 사회의식조사"에서 목회자들이 시급히 개선해야 할 윤리문제로 "독단적이고 권위주의적인 교회운영"(37.9%), "불투명한 재정사용"(35.8%), "담임목사 대물림"(12.7%)을 이야기하고 있다.[4] 세대 공통으로 목회자의 독단적 교회 운영과 성도의 개입이 어려운 비민주적 의사소통 구조를 문제로 보는 것이다. 이는 개별 교회가 아닌, 한국 교회 문화 혹은 한국 사회 문화 자체의 특성에서 기인하는 문제라 보아야 할 것이다.

한국 사회의 문화는 '수직적 집단주의'(vertical collectivism) 문화이다.[5] '수직적'이라 함은 사람들이 다른 사람들과 지위 면에서 구별되어야 한다고 믿는 것을 의미하며,[6] '집단주의'는 개인들이 긴밀히 연결되어 있어 상호의존적인 사회 패턴을 의미한다.[7] 이러한 문화에서 사람들은 유명하게 되길 소망하고, 좀 더 높은 지위를 얻기 위해 노력한다. 동시에 다른 사람들과 함께 추구해야 할 공동의 목표를 강조하며, 상호의존적인 모습을 보인다.

　이는 지속적으로 한국 사회에 영향을 끼쳐 왔던 유교정치문화와 권위주의의 영향이 크다.[8] 권위주의란 "모든 인간관계를 상하(上下), 귀천(貴賤)으로 차등화시켜서 지배, 복종의 관계로 정형화시키고 상위자의 자의적 지배와 하위자의 무비판적 복종을 요구하거나 수용하는 성향"이다.[9] 유교의 정치문화는 이론적으로는 군자가 갖추어야 할 덕목과 사회의 질서와 조화를 도모하는 참된 가치를 지니고 있지만, 실제적으로는 지배계층의 목적을 달성하기 위한 도구로 이용되면서 왜곡 해석되어 성립된 권위에 대한 복종을 아랫사람에게 강요하는 권위주의의 모습으로 변모되어 갔다.[10]

　모든 종교와 문화는 사회문화적 환경의 변화로 말미암아 강화되기도 하고 소멸되기도 한다. 유교 문화의 권위주의는 근대화를 거쳐서 현대화에 이르는 과정에서 정치적, 경제적 환경에 영향을 끼쳤고, 군사독제체제 속에서 더욱 더 구체적으로 강화되었다. 명령과 복종으로 특징지어지는 군사독재의 권위주의는 아랫사람이 윗사람에게 부여된 권위에 대하여 의문시하는 것이 허용되지 않는 일방적인 복종을 강조했다.[11] 이러한 문화에서 사람들은 나이, 연공서열, 그 집단에 대한 공헌도에 따라 결정된 계급과 지위를 중요하게 생각하기 때문에 이에 따른 차별적이고 차등적인 취급을 당연한 것으로 여긴다.

　그러나 사회 구성원의 세대가 바뀜에 따라 문화 또한 바뀌고 있다. 권위에 대한 비판의식이 매우 강하게 부각되고 있는 지금의 젊은 세대를 가리켜 '신세대', 'N세대',[12] 나아가 '디지털 네이티브'라 부른다. 기성세대는 권위 있는 사람의 말을 듣고 복종하는 것에 익숙한 반면, 젊은 세대는 양방향 커뮤니케이션에 능하며 함께 대화에 참여하고 토론하는 것을 선호한다.[13] 이러한 젊은 세대의 소통방식이 어느 정도 주류로 자리 잡은 듯해도, 여전히 한국 사회

에는 지위에 따른 차등 취급이 존재한다.[14]

수직적 집단주의적인 한국 사회 문화는 한국 교회에도 영향을 끼쳤다. 한국 선교 초창기의 교단들 중 주류를 이루었던 장로교가 한국 사회의 유교권위주의와 만나면서 성경이 하나님 말씀이라는 흔들리지 않는 사상이 자리 잡았다. 또한 장로 교단의 영향력으로 교회정치 면에서 대의제가 정착되어 교회 질서 유지에 상당히 기여했다. 그러나 교회 내의 리더십과 연관해 볼 때는 장로교와 유교의 연합이 한국 교회에 남겨 준 숙제가 많다.

대부분의 한국 교회에서 평신도들은 자신들의 의견을 피력할 만한 적당한 장치가 없다. 왜냐하면 교회의 정책에 관련된 일들은 평신도들의 의견을 충분히 반영하지 못한 채 당회나 기획위원회에서 모두 결정되기 때문이다. 교회의 정책이 결정되면 평신도들의 삶에 지대한 영향을 끼침에도 불구하고, 그들은 교회의 정책에 대해서 자신들의 의견을 개진할 통로를 가지고 있지 못하다. 불평등과 차별, 소통의 부재 등은 청년들로 하여금 교회를 떠나게 하고 있다.

1) 개인 내면 차원 : 존재보다 권위가 우선

권위에 대한 복종을 강조하는 리더십은 산업화와 현대화를 거치고 군사문화와 만나면서 더욱 강력한 카리스마적 리더십을 만들어 냈고, 한국 교회에도 영향을 미쳤다. 많은 한국 크리스천들에게 카리스마적 리더십은 부정적 의미를 갖는데, 역사 속 한국 교회나 한국 정치를 이끌었던 카리스마적 리더들의 권위주의적 특성 때문이다. 권위주의는 성별, 연령, 계층, 지위에 따라서 윗사람은 권위의 주체인 상의 위치에 자리하고, 아랫사람은 복종의 대상인 하의 위치에 서도록 하는 리더십을 강화시켰다. 특히 이미 성립된 권위가 강할 때 아랫사람들이 심적으로 평안을 느끼는 '카리스마적 권위에 대한 기댐 현상'이 두드러진다. 이러한 현상은 리더에게도 문제이지만 그와 같은 리더를 따르는 구성원들의 정체성에도 영향을 미친다. 한국 교회에서 성도들이 리더의 카리스마적 권위를 기대하고 따르기 시작하면 크리스천으로서의 정체성보다는 지배하는 자와 복종하는 자라는 유교적 정체성에 함몰된 삶을 살 수밖에 없을 것이다.

이러한 패턴을 따라 한국 크리스천 리더들은 강한 권위주의적 리더십 전통들을 발전시켜 왔다.[15] 지위와 신분에 따른 복종을 강조하는 유교적 권위는 본인 스스로를 가장 중요한 교회 리더로 인식하는 한국의 목사와 장로에게 많은 영향을 끼쳤다. 권위에 대한 복종을 강조하는 리더십은 목표설정이나 의사결정 과정에 다른 사람을 참여시키는 리더십이 아니다. 다른 사람과 더불어 일하고 있지만, 자신의 지위를 이용하여 그들의 참여 없이 독자적으로 의사 결정하길 선호하는 모습이 강하다.[16] 그런 모습이 한국 교회 안의 독특한 권위에 대한 복종의 모습을 만들어 냈고, 그 영향이 아직까지 미치고 있다.

2) 일대일 관계 차원 : 소통보다 지위가 우선

한국 교회 안에는 지위에 따른 불평등과 차별을 인정하는 리더십의 모습이 두드러진다. 한국 사람들은 사회적 지위가 자신의 사회적, 정치적, 경제적 힘을 갖기 위한 중요한 통로가 됨을 알고 있다.[17] 많은 한국의 집사와 권사들은 장로의 지위를 얻기 위해 노력하고, 많은 한국의 목사들 또한 노회나 총회에서 주요한 지위를 차지하기 위해 노력한다. 이는 주어진 책임의 무게를 감당하기 위한 모습도 있지만, 오늘날의 명예욕과 맥락이 맞닿아 있고 지위에 따른 리더십을 추구하는 현상이라 일컬을 수 있다.

기독교가 한국에 전해졌을 때 장로제도라는 것은 한국 사회에 낯선 개념이 아니었고, 이미 있던 유교의 문화, 사회적 구조로 인하여 한국 사회에 가장 잘 받아들여졌다.[18] 또한 사람들은 교회의 리더십이란 지혜가 있고 삶의 연륜이 있는 남자 어른들의 몫이라고 생각했다. 한국 교회 선교 초기에 장로제도는 교회 질서를 유지하는 데 기여했다. 또한 교회가 어려움을 겪을 때 장로들 및 목회자들의 헌신과 결단으로 교회를 지켜 온 것도 사실이다. 그러나 장로교의 체제는 교회의 영적 수준이 성경에 근접하면 할수록 최고의 체제가 되지만, 성경에서 멀어지면서 지위에 대한 차등성을 강조하는 불합리한 체제로 변해 왔다. 한국 교회는 장로와 같은 최고 직분의 평신도로 구성된 당회나 기획위원회가 거의 절대적인 권한을 가지고 있다. 장로체제 교회가 대의제를 너무 강조한 나머지, 지위에 따른 차등성이 동반된 권위주의나 비민주적 의사결정이라는 부정적 측면이 생겨난 것이다.

김동호 목사는 한국의 교회가 장로 시스템에 관하여 실수한 두 가지로 목사와 장로가 직임에 따른 명확한 일의 한계에 대해서 모른다는 것과 당회에 모든 권한이 몰려 있다는 것을 지적한다.[19] 그는 한국의 장로교회가 각 계층과 세대를 대표하는 당회가 아니라 일체의 권한을 모두 가진 전제정치라 일컫는다.[20] 케빈 포드(Kevin Graham Ford)는 그의 리서치를 통해서 건강하지 못한 교회의 교인은 11%만이 교회의 사역에 참여하고 있는 반면, 건강한 교회는 교인의 93%가 교회의 사역에 참여하고 있음을 발견했다.[21] 어떤 사람이 조직에 남아 있을지 떠날지를 결정하게 되는 가장 중요한 요소가 월급, 상여금이 아닌 직속 상사라는 결과도 있다.[22] 그것은 종교기관까지 확대해 봐도 비슷한 결과로 나타났다.[23] 이러한 윗사람과 소통하기 힘든 권위주의적이고 비민주적인 모습들로 인한 답답함에 많은 젊은이들이 교회를 떠나고 있다. 엄

밀히 말하면 젊은이들은 교회가 아니라 교회의 리더들로부터 떠나고 있다.

3) 공동체 차원 : 위임보다 지시가 우선

유교에서 부모와 자녀의 관계는 사회 모든 관계의 근간을 이루고 있다. 효(孝)라는 개념은 가정을 모본 삼아 이 사회 안에 있는 어른들과 그리고 또 다른 권위들에게까지 확장되어 갔다. 이러한 효에서 비롯된 가치관은 한국유교의 계층구조를 이루는 핵심이기도 했다.[24] 한국 교회에서 장로의 모습은 유교적 개념의 나이 많은 어른과 연관이 있다.

또한 유교적 전통에서 관계는 그 사람이 가진 지위와 연관이 많다. 그 지위라는 것은 임금과 신하, 아버지와 아들, 형과 동생, 남편과 아내 등 모두 계층적 패턴과 순서를 가지고 있는 모습을 띠고 있다. 그 때문에 유교에서 효에 대한 강조는 부모와 어른에 대한 절대적인 복종을 사회적 의미와 미덕으로 강조하는 것과 연관을 갖게 되었다. 유교문화와 전통은 모든 사회를 위한 계층적 시스템의 중요한 근간이 되어 버렸다.

이러한 사회문화의 영향이 한국 교회 내에 명확한 계층적 리더십을 나타내도록 했다. 계층적 리더십에서는 명령과 태도가 중요하게 여겨진다. 계층구조적 원리에 의해서, 당회가 결정을 내리면 그 결정이 제직회를 통해 성도들에게 알려진다. 개별 교회 안에서 행사되는 권위구조는 합리적이라기보다는 당회에 모든 힘이 집중된 모습을 보인다. 따라서 아래쪽에서 이뤄지는 대화가 위로 전달되기보다는, 항상 위에서 결정된 내용이 아래로 전달되는 하향전달식 지시만 존재하게 된다. 그 결과, 젊은 세대나 여성, 신앙 연조가 짧은 성도들의 의견이나 입장은 반영되지 않게 되어 리더와 구성원 간의 대화 결핍 내지는 힘과 권위에 의한 일방적 무시를 경험하게 되는 결과를 초래하게 되었다. 이러한 계층적 리더십 안에서 동등한 열린 대화에 참여하기란 쉽지 않은 일이다.

그런데 동등한 열린 대화가 없을 때 조직에서는 필연적으로 오해와 실수가 나타날 수밖에 없다.[25] 예를 들면 젊은 세대는 중앙집권적인 리더들로 인한 불만을 토로하고, 그에 따른 힘의 다툼이 생긴다. 젊은 세대는 위계서열적 기성세대의 의견을 '불필요하고 강압적'이라 받아들이며, 기성세대는 젊은 세대에게 힘을 넘겨주었을 때 '자신들이 교회의 중요한 결정에 어떻게 영향을 미칠 수 있을까?'를 염려한다. 당연히 비효율적인 대화가 많이 생기고, 서로 간의 견제로 말미암아 신뢰가 상실된다. 그렇게 되면 상호 신뢰가 없으니 감당할 일에 대해서 팀워크를 가지고 서로 위임하며 일을 처리해 나가는 모습이 사라지게 된다.

근대 사상 속에서 인권이 신장되고 생활환경도 개선되었지만, 부작용도 있었다. 개별 인간이 체계를 지탱하고 확산시키기 위한 도구로 전락하고 만 것이다. 이성 중심의 개인주의가 합리성에 기반을 둔 권위주의 체계 내에 편입되게 됨으로써, 권위주의적 계급체계와 효율성의 추구가 근대를 대표하는 가치가 되어 버렸고 우리 사회에 깊은 영향을 미쳐 왔다. 그러나 이제는 보편적 진리와 거대 담론을 거부하는 포스트모던 정신이 사회와 문화 곳곳에 자리 잡고 있으며, 그동안 서구 세계를 지배했던 기독교 가치와 체계는 더 이상 큰 영향을 미치지 못하는 현실 가운데 서 있다.

한국의 청년들은 가정에서는 부모님과 함께 전근대적인 가치관을 따라 살고, 학교에서는 근대와 포스트모던이 혼합된 교육을 받는다. 그리고 또 교회에 와서는 전근대적이고 근대적인 가치를 가진 신앙교육을 받다가, 밖에 나가서는 친구를 만나고 매체와 메시지가 혼합된[26] 미디어를 경험하면서 포스트모던 문화를 자연스럽게 즐긴다. 이러한 현실 속에서 젊은 세대가 교회 문화와 일상생활 속 문화의 간극을 느끼는 것은 당연하다. 문제는 교회 내에 전근대적 가치관을 지닌 어른들의 숫자는 많지만, 젊은 세대처럼 포스트모던의 문화와 함께 호흡하는 이들이 많지 않다는 것이다.

앞으로 한국 교회는 근대 사상이 내포하는 긍정적인 가치를 유지하면서도 근대의 기형적 발전으로 인해 초래된 부산물들, 즉 효율성과 권위주의적 체계를 유지한다는 명목으로 개인의 자유와 권리를 억압했던 체제를 어떻게 바꿔 나갈 것인지를 고민해야 할 것이다. 한국 사회와 교회에서 근대적 교회에 행복해 했던 세대는 이미 기성세대가 되었고, 포스트모던 세대들은 조직화된 교회를 자기들의 영적 탐구에 부적절한 것으로 여겨 교회를 떠나고 있다. 포스트모던 세대는 제도에 더 이상 확고한 지지를 보내지 않는다.[27] 근대의 영향하에서 그 사회문화적 틀을 형성한 기성교회가 교회의 본질을 회복하고 포스트모던 세대들과 어떻게 연계성을 가져가며 설득력 있는 교회를 준비해 나갈 것인가가 숙제이다.

2. 교인과 동행하는, 관계적 리더십(Relational Leadership)

이번 장에서는 포스트모던 시대에 있는 교회의 어려움을 해결하기 위해서, 예수님의 자기 인식과 사명을 통해 하나님 나라를 이룰 수 있는 리더십의 원칙을 찾아보고자 한다. 리더십은 인도하기를 갈망하는 사람과 인도를 따르기로 선택하는 사람 간의 관계다.[28] 성경에 나타난 예수 그리스도의 외적인 모습뿐만이 아니라 예수님 내면의 정체성에 대한 핵심요소, 일상의 제자들과 맺는 삶 가운데의 필수적인 요소, 그리고 예수 그리스도께서 공동체에 두고 있는 핵심가치를 살펴봄으로 포스트모던 시대의 교회를 변화시키기 위해서 교회의 리더들뿐 아니라 공동체의 구성원들이 훈련하고 준비해야 할 리더십의 핵심요소를 알아보고자 한다.

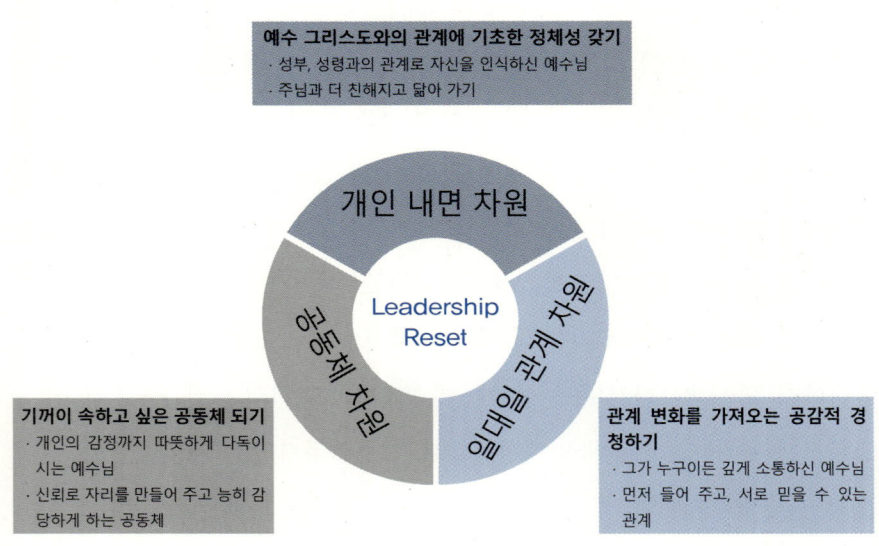

교인과 동행하는 **관계적 리더십**

1) 개인 내면 차원 : 예수 그리스도와의 관계에 기초한 정체성 갖기

핵심 특성 : 성부, 성령과의 관계로 자신을 인식하신 예수님

성육신하여 이 땅에 오신 예수님의 공생애는 세례로부터 비롯되었다. "하나님의 아들 예수 그리스도의 복음"(막 1 : 1)을 시작하면서 마가는 예수님의 세례를 복음의 첫 번째 사건으로 둔다. 요셉과 마리아의 아들이자 목수(요 6 : 42, 막 6 : 3)였던 예수님은 본디 하나님의 아들이셨지만, 성령이 예수님께 임하고

"내 사랑하는 아들이요 내 기뻐하는 자"(막 1 : 11, 마 3 : 17, 눅 3 : 22)라는 성부의 음성이 하늘로부터 나와, 그가 하나님의 아들임을 확인해 주셨다.[29]

세례 사건 이후 예수님은 기회 있을 때마다 제자와 무리에게, 제사장과 바리새인들에게까지 자신이 누구인지 명확히 선포하셨다. "나는 생명의 떡이다"(요 6 : 35), "나는 세상의 빛이다"(요 8 : 12), "나는 양의 문이다"(요 10 : 7, 9), "나는 선한 목자다"(요 10 : 11, 14), "나는 부활이요 생명이다"(요 11 : 25), "내가 곧 길이요 진리요 생명이다"(요 14 : 6), "나는 참 포도나무다"(요 15 : 1)와 같은 자기 선언은 출애굽기에서 하나님이 모세에게 자신을 드러내실 때 사용하신 "나는 나다"(출 3 : 14)라는 말씀과 긴밀한 유사성을 갖고 있으며,[30] 성부 하나님과의 관계를 내포하고 있다. 예수님은 아버지께서 하늘로부터 주시는 참 떡이고(요 6 : 32), 아버지께로 가는 길이며(요 14 : 6), 농부인 아버지의 포도나무다(요 15 : 1). 성부 하나님과의 친밀한 관계로부터 기인하는 예수님의 담대한 자기 선언은 그가 하나님의 아들임을 다시금 드러낸다.

중요한 것은 예수님의 이러한 자기 선언이 성부와의 관계만이 아니라 그를 따르는 이들과의 관계도 포함하고 있다는 것이다. 떡은 세상에 생명을 주는 것이고(요 6 : 33), 빛으로 인해 예수님을 따르는 이가 어둠에 다니지 아니하고 생명의 빛을 얻으며(요 8 : 12), 양의 문을 통해 구원을 얻게 된다(요 10 : 9). 목자는 양을 알고 양을 위하여 기꺼이 목숨을 버리며(요 10 : 14 - 15), 살아서 예수님을 믿는 자는 영원히 죽지 않는다(요 11 : 26). 가지가 포도나무에 거하여 열매를 맺게 되는 것(요 15 : 5)과 같은 이치다.

이 둘은 예수님께서 나사렛 회당에서 읽으신 이사야의 글을 통해 연결된다. "주의 성령이 내게 임하셨으니 이는 가난한 자에게 복음을 전하게 하시려고 내게 기름을 부으시고 나를 보내사 포로 된 자에게 자유를, 눈 먼 자에게 다시 보게 함을 전파하며 눌린 자를 자유롭게 하고 주의 은혜의 해를 전파하게 하려 하심이라 하였더라"(눅 4 : 18 – 19).

예수님은 하나님과 끊어진 이 땅의 백성들에게 복음을 전하고 주의 은혜를 전파하는 것이 성부, 성령 하나님으로부터 보냄 받은 자기의 사명임을 잘 알고 계셨다. 이 사명은 하나님을 영화롭게 하는 일(요 17 : 4)이자 세상 중에서 그분께 주신 이들에게 하나님의 이름을 나타내는 일(요 17 : 6)이었다.

성부와의 관계, 따르는 이들과의 관계를 통하여 예수님은 자기를 인식하셨고 메시야로서의 사명을 다지셨다. 그리스도인은 어떻게 자기를 인식해야 할까? 예수님께서 그러하셨듯 하나님과의 관계로부터 시작해야 할 것이다. 우리가 가지고 있는 신앙은 하나님과의 관계 속에 있는 개인의 가치와 신념, 그리고 헌신과 관계된 인격을 형성하게 하고, 그 인격은 그 사람의 행동으로 나타나게 된다.

말릴린 브루어와 웬디 가드너(Marilynn B. Brewer and Wendi Gardner)는 자기 자신의 가치에 대한 인식은 보통 관계선상에 있는 다른 사람들의 반응 속에 나타나는 자아(reflected–self)의 모습에 의존한다고 주장한다.[31] 즉, 팔로워들은 리더가 인식하는 자신의 모습을 통해서, 그리고 리더와의 관계 속에서 자신과 정체성을 규정해 나간다는 것이다. 즉, 우리의 리더 되시는 주님이 인식하시는 우리 자신의 모습 속에서 우리의 정체성이 나오게 된다. 또한, 교회 내에서 리더 되는 이들이 팔로워를 어떻게 인식하느냐에 따라 팔로워의 자기 인식이 달라지는 것이다. 그렇기에 리더는 조직과 다른 사람들의 변화를 돕기 전에 자신의 개인적인 변화를 먼저 경험해야 한다. 리더 자신이 정체성을 올바로 세우고 그에 따른 깊은 변화가 있어야 한국 교회에서 리더십이 제대로 발휘될 수 있을 것이다.

  한국은 자아가 계층적으로 이해되는 수직적 집단주의 문화 속에 있다. 이러한 문화 속에서는 리더 스스로 팔로워들을 볼 때 자신은 위에 군림하는 리더로, 팔로워들은 자신의 말에 따라야 하는 부하의 개념으로 이해할 수밖에 없게 된다. 이는 자연적으로 교회 안에 차가운 분위기를 형성하며, 계층적 교회 질서에 복종해야 하는 문화를 만들어 낸다. 결국 조직의 비전을 위해 리더와 팔로워 모두의 희생을 강요하는 리더십으로 자리매김하게 될 것이다. 이러한 리더들에게는 섬김의 리더십도 리더들이 조직의 비전을 위해서 팔로워들에게 굴종을 강요하는 수단으로 사용될 수 있으므로 리더나 구성원 모두 예수님과의 관계에 기초한 분명한 정체성이 있어야 한다. 예수님이 우리에게 모범을 보여 주신 리더십은 순전한 인격과 충성된 마음과 섬김의 정신에 입각한 리더십이다.[32] 따라서 우리에게 필요한 것은 '종으로서의 리더'가 아니라 '리더로서의 종'이다. 다시 말해, 한국 교회에 필요한 교회 리더와 구성원들의 모습은 '종의 정체성을 가진 리더'로 살아가는 것이다.

  우리가 주의 제자로 부르심을 받았다는 것은 곧 종으로 부르심을 받았다는 것이다. 따라서 참 섬김은 주님께 복종하기를 좋아하고, 사랑으로 사람들을 섬기기를 원하는 모습으로 나타나야 한다. 여기서 굴종과 순종의 차이가 나타난다. 굴종은 '속박, 노예상태, 억지로 하는 수고'로서 이용당하기 쉬우며 마지못해 행하는 노역이라면, 섬김은 '기꺼운 마음, 선택, 공감, 자발적 헌신'에 바탕을 두고 다른 사람들의 필요를 채워 주는 행동이라고 할 수 있다.[33] 한국 교회는 한 명의 영웅적 리더가 필요한 것이 아니라, 굴종이 아닌 진정한 섬김의 기쁨을 누리는 삶을 사는, 그래서 이 땅을 살아도 하나님 나라를 경험하는 교인들이 필요하다. 따라서 한국 교회는 그리스도와의 관계에 기초한 정체성 재정립 작업이 교회 구성원들, 즉 리더와 팔로워 모두에게 일어날 수 있도록 도와야 할 것이다.

행동 특성 : 주님과 더 친해지고 닮아 가기

디지털 네이티브의 특징 중 하나는 자신의 정체성 갈구이다. 그들은 "자신은 누구이고, 자신의 정체성은 무엇인가?"라는 질문에 대한 답을 찾길 원하지만 결국은 뾰족한 답을 찾지 못한 채 찾으려고 노력하는 한 방황하게 된다.[34] 개인의 정체성은 개인의 결정에 영향을 끼치고, 또한 자신의 행동에 동기를 부여하기도 한다. 따라서 디지털 네이티브에게 적합한 리더십의 모습은 그들에게 올바른 정체성을 갖게 해 주는 것에서부터 시작해야 할 것이다.

기독교인의 정체성은 각자의 자존감(self-esteem)과 연관이 있다.[35] 유진 피터슨(Eugene H. Peterson)의 주장처럼, 우리가 믿고 따르기로 결정한 하나님이 우리의 가치를 형성하고 우리의 행동을 결정한다.[36] 우리 삶의 근거가 하나님께 있음을 발견하고, 그와 같은 사랑의 관계 안에서 하나님의 인정을 받게 된 사람은 자신의 참된 정체성을 획득하며 삶의 안전과 의미를 발견하게 된다.[37] 그리스도인의 신앙정체성과 그들이 하는 일과의 상관관계를 조사한 조셉 마시아리엘로(Joseph A. Maciariello)의 연구에서, 하나님에 대한 직원들의 신앙정체성이 좋을수록 고객들에 대한 서비스 수준이 높았다.[38] 포드(Ford) 역시 건강한 교회의 교인들은 문화와 사역에 대해 그리스도인으로서의 지속적인 정체성이 분명히 있는 데 반해 건강하지 못한 교회는 개인의 정체성이 부족함을 지적하고 있다.[39]

디지털 네이티브가 갈구하는 나 자신의 정체성에 대한 답을 어떻게 해 줄 수 있을 것인가? 그것은 다름 아닌 복음과 신앙의 정체성을 더욱더 확실하게 강조함으로 그들이 예수 그리스도와의 친밀감을 회복할 수 있도록 도와주는 리더십이어야 한다. 예수님과의 "역동적인 친구 관계"를 추구하며 영적으로 성장해 갈 때, 성령의 능력을 통해 점차 그분의 형상을 닮게 될 것이다(고후 3 : 18). 예수님을 닮아 가는 것은 그분과 매일 동행하는 삶을 의미한다. 기도, 성경읽기, 묵상, 침묵, 예배 같은 영적인 훈련을 통해 주님과 동행하면서 성령의 능력과 도우심을 의지해야 한다. 리더십은 따름(following)에서 시작되며 이것은 또한 성경적 리더십의 핵심이기도 하다.[40] 건강하게 성장하면서 젊은이들이 교회로 돌아오는 미국의 여러 선교적 교회 가운데 나타나는 특징은 바로 복음에 굳건히 서 있다는 것이다. 교인들 한 사람, 한 사람이 예수 그리스도의 복음이 나에게 어떤 의미인지 명확하게 인식하고, 그 복음대로 살려고 노력한다는 것이다.[41]

예수 그리스도와의 친밀감을 회복함으로 디지털 네이티브의 정체성 욕구가 채워진다면 그들은 또한 하나님을 사랑하게 됨으로 감성적 평안함을 누릴 수 있을 것이다. 그로 말미암아 하나님이 허락하신 적절한 시간에 모든 것이 합력하여 선을 이루는(롬 8 : 28) 최선의 능력을 발휘하게 될 것이다. 그러한 리더십을 경험한 사람들은 자신들이 최고의 능력을 발휘할 수 있는 가장 혁신적인 공간에 있는 듯한 느낌을 받게 될 것이다.[42] 2008년도에 이 시대의 탁월한 리더를 선정했던 U. S. News & World Report는 탁월한 리더에 대해서 "위대한 것을 성취하기 위해서 협력하여 일하는 사람들에게 동기를 부여하는 사람"이라고 정의하고 있다.[43] 자신의 분명한 정체성으로 인하여 정서적 평안함을 경험한 리더들은 낡은 모습을 고집하는 리더들에 비해 훨씬 가치 지향적이고 유연하며, 어깨에 힘이 들어가 있지 않고 개방적이며 솔직하다. 특히 가장 중요한 그것은 그들이 공감대를 형성할 수 있다는 것이다.[44] 탁월함을 나타내는 공동체와 팀은 문제점들을 항상 확인할 수 있고, 서로 개방적인 모습을 나타내며, 위험을 기꺼이 수용하고 부족한 점을 보완할 수 있게 된다.[45]

예수님께서 성육신하여 죽기까지 복종하신 것(빌 2 : 8)은 성부 하나님과의 지극히 친밀한 교제가 지속되었기 때문에 가능하였다는 것을 기억할 필요가 있다. 예수님은 잡히시기 직전 마음이 심히 고민되어 겟세마네에서 땀이 핏방울같이 되기까지 기도하신 후, 마침내 성부의 잔을 받아 그분의 사명을 완수하셨다. 사도 바울 역시 다메섹 도상에서 그리스도를 만난 후, 주 예수께 받은 사명을 위해 목숨 걸고 달려갔다(행 20 : 24).

포스트모던 시대에는 창조적 과정이나 관계 자체가 결과나 목적만큼 중요하게 여겨진다. 전통적으로 하나님의 나라는 한 번에 주어지는 선물로 여겨져 왔다. 그러나 성경은 과정으로서의 하나님 나라를 말한다. 데이빗 보쉬(David J. Bosch)는 선교의 중요성을 강조하면서 복음 전파가 선교의 핵심이 되고, 심장이 되며, 중심이 됨을 강조한다.[46] 하지만 심지어 복음의 제시도 결과나 목적보다는 과정에 더욱 관심을 쏟을 필요가 있다. 교회가 그리스도를 영접하기로 하는 결정뿐 아니라 예수님을 닮아 가는 과정에도 관심을 집중한다면 더욱 건강해질 것이다.[47]

2) 일대일 관계 차원 : 관계 변화를 가져오는 공감적 경청하기

핵심 특성 : 그가 누구이든 깊게 소통하신 예수님

존 코터(John Kotter)는 조직 변화를 위해서 반복적이고 신뢰할 만한 대화가 중요하다고 강조한다.[48] 대화는 사람들로 하여금 의미를 창출하게 하고, 그렇게 될 때 조직 안에 의미가 만들어진다. 효과적인 대화는 개인 간의 관계를 발전시키고, 보다 생산적인 활동을 하도록 함으로 리더에게 중요한 매개체로 사용될 수 있다. 그러나 한국 문화 속에서 소통과 대화를 어렵게 하는 두 가지 큰 장애물이 있다.

첫 번째는 세대 차이에 따른 소통의 어려움이다. 그것을 단적으로 보여 주는 것이 조금 지난 미국의 예이지만 2012년 *Forbes*가 각 세대별 소통 방식의 특성을 소개한 기사이다. 60대 이상은 "만나서 이야기하세.", 50대(베이비부머세대)는 "전화해."라고 하는 반면, 30대 중반~40대 초반(X세대)은 "이메일로 보내요.", 20대 후반~30대 초반(Y세대)은 "문자해.", 20대 초중반(디지털네이티브 세대)은 "SNS에서 보자."는 식으로, 세대마다 기본적인 소통 방식에 대한 이해가 다르다.[49]

두 번째는 한국 교회의 수직적 집단주의 문화다. 지위와 직분은 한국 교회 안에서 대화에 중요한 영향을 끼친다. 낮은 지위에 있는 사람들이 높은 위치에 있는 리더들에 대하여 의문시한다거나 세상을 바라보는 새로운 방법을 제시한다는 것은 불가능하기 때문에 젊은 세대들에게는 교회의 활동과 관련하여 자신들의 의견을 피력할 만한 통로가 없다. 자기 생각과 느낌에 대한 직접적인 표현은 대립과 반대로 오해되어 어른 세대와 젊은 세대 가운데 심각한 벽을 만들게 되고, 그것을 공동체의 모든 구성원들이 알게 될 것이다.

문제가 있음에도 대화가 열려 있지 않을 때 젊은 세대는 상처를 받게 되고, 그러한 환경에서는 세대 간 신뢰를 찾아보기가 힘들다. 이렇게 되면 아무리 자신의 정체성을 제대로 가져간다 해도 어려움이 생긴다. 젊은 세대들이 어른들의 의견을 놓고 논쟁할 수 있는 개방적인 분위기가 중요하다. 그때 비로소 의견이 달라도 반대하는 것이 두렵거나 수줍지 않을 수 있을 것이다. 그래서 한국 교회에서는 반드시 열린 대화와 공감적 경청을 통해 깊게 소통하는 모습이 필요하다.

리더는 영향을 끼치는 사람이고 팔로워는 그 영향을 받아들이기로 선택한 사람이므로 팔로워의 선택이 중요하다. 만약 팔로워가 리더의 영향을 받아들이지 않기로 선택한다면 리더는 팔로워를 이끌 수 없게 된다. 팔로워들은 언제나 선택할 수 있는 권리가 있고, 리더십은 항상 팔로워의 선택에 의존할 수밖에 없다. 과거 35년 동안 팔로워십(followership)에 관한 생각들이 변하기 시작했고, 최근의 리더십 이론가들은 팔로워 없는 리더는 존재하지 못한다는 사실을 깨닫기 시작했다.[50] 현대의 리더십 이론가들은 리더십을 리더들이 배워야 할 특징적인 것들에 초점을 맞추기보다는 "리더와 팔로워 간의 관계에서 나오는 하나의 과정"으로 정의하기 시작했다.[51] 즉, 팔로워는 단지 리더를 따르는 사람 이상이다. 리더십은 리더의 영향을 받아들이기로 결정한 팔로워의 결정에 의해서 행사되기 때문이다. 팔로워들은 영웅적인 리더가 아니라, 인격적이고 진실하고 믿을 수 있을 만한 리더를 따른다.[52]

예수님의 경청과 깊은 소통은 지위를 막론하지 않으셨고, 한 사람 혹은 그가 속한 공동체를 어떻게 바꾸는지 보여 주신다. 시각장애를 가진 바디매오가 주의 자비를 구할 때 주위 사람들이 잠잠하라 꾸짖었음에도 예수님은 그를 불러 말하게 하시고 그의 요청을 들어주셨다. 그리고 눈이 열린 바디매오는 자기 길을 가는 대신 예수님을 따르는 자가 되었다(막 10 : 46-52). 예수님은 사마리아 수가 성에서 만난 여인을 그녀가 사마리아인이라고 피하는 대신 그녀에게 말을 거시고, 그녀가 묻는 질문에 일일이 대답하셨다. 그로 인해 수가 성 여인은 물동이를 버려두고 동네로 들어가 사람들에게 그리스도를 전하고, 동네 사람들이 예수님께 나아오게 하였다(요 4 : 6-30). 또한 예수님은 바리새인 니고데모의 아둔한 질문도 물리치지 않으시고 오히려 복음을 가르치는 기회로 삼으셨으며(요 3 : 1-21), 이 니고데모는 장차 예수님의 시신을 수습하는 데 중요한 역할을 하였다(요 19 : 39).

팔로워와의 관계를 중시하는 리더십의 모습은 리더 개인이 모든 일을 처리하기보다는 위임하는 방식으로 자연스럽게 나타난다. 포드(Ford)는 건강한 교회의 사역에서 서로 위임하는 리더십이 존재하는 반면, 건강하지 못한 교회는 계층적이고 위계질서적인 리더십이 나타났음을 강조한다.[53]

만약 한국 교회의 변화를 연구한다면 담임목사와 장로로 일컬어지는 교회 리더뿐 아니라 평신도인 팔로워들의 의견과 생각 또한 동일하게 중요하게 생각해야 할 것이다. 경청함으로 신뢰도가 높은 조직의 경우, 부모와 자식 간의 유대 관계처럼 의무감, 사랑, 의미, 사명(mission), 그리고 소명(calling)과 같은 요인들에 의해 동기부여가 된다.[54] 교회의 구성원들이 공동체의 사명을 이야기하고 리더와 팔로워들이 그 사명을 달성하기 위해 헌신할 때 자연스럽게 신뢰는 성장할 것이다.[55] 계층적인 구조 속에서 리더와 팔로워라는 관계로 맺어진 한국 교회는 쉽게 들을 수 없는 팔로워들의 목소리를 경청함으로 리더십에 대한 그들의 목소리를 청종해야 할 필요가 있다. 그러기 위해서는 먼저 앞에서 섬기고 이끄는 리더의 겸손이 필요하다.

베넷 심스(Bennett J. Sims)는 세계가 경쟁적인 힘의 구조에서 공동체와 협력의 구조로 바뀌어 가고 있음을 강조하고 있다.[56] 팔로워와의 대화에 초점을 맞추고 구성원의 개인적이고 감성적인 부분까지도 중시하는 리더십이 앞으로 점점 더 중요해질 것이다. 기능적인 부분에만 초점을 맞춰 왔던 낡은 형태의 리더십은 오늘날 점점 그 설 자리를 잃고 있다. 자신이 가진 지위의 힘으로만 조직을 이끌려고 하는 리더십의 틀이 무너져 가면서, 권력이 아닌 팔로워와의 관계를 조정하는 탁월한 섬김의 능력으로 조직을 이끌어 가는 우수한 리더들에 대한 요청이 늘어나고 있다.[57] 따라서 리더와 팔로워의 양방향 영향관계까지 고려한 리더십에 대한 새로운 시각이 요청된다.

행동 특성 : 먼저 들어 주고, 서로 믿을 수 있는 관계

디지털 네이티브는 정체성 외에도 커뮤니케이션, 즉 대화를 갈구한다. 그와 같은 욕구는 검색엔진과 다양한 SNS를 통해 빠른 시간 안에 자료를 수집하거나 확산시키고, 친구들과 언제 어디서든 소통하는 모습으로 나타난다. 스마트폰 사용이 일상이 된 지금 인터넷과 IT기술은 특별한 기술이 아니라 생활의 한 부분이 된 지 오래다. 그런데 이렇게 IT에 친숙한 신세대에게 교회는 권위에 대한 복종을 강조하는 카리스마적 리더십, 중앙집권화된 계층적 리더십, 그리고 불평등을 인정하는 지위에 따른 리더십으로 대응하고 있다.[58]

지배와 복종을 강조하는 카리스마 리더십은 구성원들로 하여금 변화와 자유에 매우 저항하고, 체제유지에 치중하게 만든다. 따라서 개인의 의지나 창의성이 억눌리게 되고, 자유롭고 역동적인 사회를 창조하는 풍토와는 대조적인 모습을 띤다.[59] 또한 계층적 리더십은 모든 관계들이 성별, 연령, 계층, 지위에 따라서 계층적으로 이뤄진다고 본다. 이러한 수직관계는 상과 하라는 이분화된 관계에 의해 아랫사람이 윗사람에게 철저히 순응하고 복종하는 특성을 보인다.[60] 디지털 네이티브는 활발한 피드백 교환을 통해 자신의 부족한 점을 개선하거나 성과를 인정받기를 선호하는데, 이러한 문화 속에서 그들에게는 교회의 리더십 위치에 있는 어른 세대와 쉽게 대화에 참여할 수 있는 기회조차 주어지지 않는다.

이런 상황 속에서 이전의 리더십과는 다른 리더십의 모습이 요청되고 있다. 바바라 켈러만(Barbara Kellerman)은 리더가 팔로워에게 중요한 정도보다 팔로워가 리더에게 중요한 정도가 훨씬 더 큼을 강조하고 있다.[61] 이 시대가 요구하는 리더십이란 팔로워의 적극적이고 자발적인 협조를 얻어내는 능력이다.[62] 팔로워들이 리더를 보면서 '저 사람이 과연 내가 따라갈 만한 가치가 있는 사람인지'를 판단한 후 팔로워들이 리더에게 리더십을 선물로 준다.

대화를 갈구하는 디지털 네이티브를 맞이할 기성세대에게 필요한 것은 상대를 인정하고 대화하려는 자세이며, 이를 위해서는 먼저 섬기고자 하는 자연스러운 마음이 있어야만 한다. 이러한 특징을 가진 리더십을 섬김의 리더십(Servant leadership)이라 할 수 있으며 삼위일체 하나님의 모습에서 그 원형을 찾을 수 있다. 성부, 성자, 성령의 삼위가 항상 상호 관계적이며 영원한 연합 안에 존재한다는 사실은 늘 포용적이고, 친밀하고 상호 연합적이며, 차이를 받아들이는 삼위일체적 논리를 보여 준다. 이러한 연합의 모습은 사랑과 섬김의 마음으로 하나 됨과 연합을 갈망하는 소리에 귀를 기울여야 가능한 일이다. 삼위일체 하나님을 관계적인 관점으로 봐서 하나님의 형상이 우리들 사이에 있다고 볼 때, 우리는 스스로 누구도 판단할 수 없으며 아무리 작고 미천한 사람의 말일지라도 경청하는 입장을 취해야만 한다.[63]

주님의 성품을 닮기로 결단한 그리스도인들에게 요청되는 삶의 모습은 말 없이 귀를 기울이는 섬김(공감적 경청)의 모습이다. 하나님에 대한 사랑이 하나님 말씀을 듣는 것으로 시작하는 것과 같이, 힘없는 자들에 대한 섬김은 그들의 말을 들어주는 것으로 시작될 것이다. 이러한 진정으로 들어주는 경청의 모습이 있을 때, 우리는 사랑 안에서 서로에게 예수님에 대한 진실, 즉 복음을 말할 수 있을 것(Speaking the truth in love)이다. 바울은 사랑 안에서 서로에게 복음을 말할 수 있을 때, 우리가 그리스도에게 이르기까지 성장할 수 있다고 강조한다(엡 4 : 15). 소마교회(SOMA church)를 처음 시작했던 제프 벤더스텔트(Jeff Vanderstelt)는 복음이 이렇게 유창하게 공동체에서 나누어질 수 있을 때, 우리가 우상이 아닌 예수님께 소망을 두게 되고, 복음으로 변화되는 경험을 함으로 교회공동체의 문화가 바뀌는 경험을 할 것이라고 주장한다.[64] 따라서 그는 문화를 변화시키고 싶으면 언어를 변화시키고 재정립할 것을 주장하는데 그러기 위해서 필요한 것은 서로의 삶에 복음을 선포하는 것을 들어줄 공동체가 있어야 한다.[65] 그는 복음이 영혼을 구원하는 능력뿐 아니라 일상을 변화시킬 수 있는 하나님의 능력이 됨을 주장하면서, 일상의 전 영역에 적용되어야 할 진정한 좋은 소식이기 때문에 복음에 유창해질 것(Gospel fluency)을 강조한다. 그러기 위해서 복음을 매일의 삶에 적용시켜야 하고, 서로의 삶에 복음을 선포하는 공동체에 속해 있어야 한다.

디트리히 본회퍼(Dietrich Bonhoeffer)는 성도들의 들어주는 사역이 "하나님께서 우리들에게 위탁하신 사역"이라고 주장한다.[66] 본회퍼는 서로 함께 거하기 위해서 필요한 것은 공감적 경청(empathic listening)이며, '듣는 것이 말하는 것보다 훨씬 더 좋은 섬김'이라 말하고 있다. 형제의 말에 귀를 기울여 주는 것이 형제를 위해 실천하는 하나님의 사역이라는 것이다.[67] 하나님의 사랑을 가장 잘 전달하고, 타인에 대한 관심을 가장 잘 나타낼 수 있는 방법이 바로 말없이 귀를 기울이는 섬김이다. 공감적 경청에서 중요한 것은 우리 자신의 선입견과 목적과 관심을 내려놓은 채 그저 듣는 것이고, 그런 다음 상대방의 경험과 그들의 해석 속으로 들어갈 수 있도록 우리 자신을 여는 것이 중요하다.

섬김의 리더십은 무엇보다 "경청"(listening)이 가장 중요한 요소이다.[68] 섬김의 리더십을 주장한 그린리프(Robert K. Greenleaf)는 "오직 진정한 섬김의 리더만이 먼저 듣는 자세(by listening first)를 통해 어떠한 문제에 응답한다."라고 주장하면서 경청의 중요성을 강조하고 있다.[69] 제임스 헌터(James Hunter) 또한, 어렵고 힘들지만 팔로워에 대한 공감적 경청의 중요성을 특별히 강조하고 있다.[70] 이와 같이 '먼저 경청하는'(listen first) 리더십의 모습은 리더로 하여금 보다 나은 조직의 문화를 위해서 진정한 동기부여가 무엇이고, 팔로워의 필요가 무엇인지를 깨닫게 해 줄 것이다.

공동체 내에서의 섬김은 먼저 신뢰(Trust)를 요구한다.[71] 신뢰는 디지털 네이티브들이 공동체에서 꼭 필요하다고 생각하는 요소이며,[72] 또한 팀 성공의 가장 중요한 요소이다.[73] 진정한 힘은 책략이나 기술을 통해서 만들어지는 것이 아니라 신뢰에서 나오고, 그 신뢰는 자연스럽게 힘의 분배라는 위임으로 나타나게 된다.[74] 리더가 팔로워를 신뢰할 때 팔로워는 리더를 위한 일들에 헌신할 수 있게 된다. 팔로워가 리더를 신뢰할 때, 비로소 리더가 진실된 소리를 듣기 원치 않을 때조차도 진실을 말할 수 있는 용기가 생길 수 있다. 어떤 관계든 건강하게 유지되려면 정직하고 열린 대화가 있어야 한다.[75] 리더가 된 기성세대가 새로운 구성원으로 함께하게 된 다음 세대에 대하여 경청을 통한 대화로 신뢰를 회복할 때 비로소 서로에게 효과적인 파트너와 리더가 될 수 있다. 따라서 디지털 네이티브에게 맞는 리더십의 모습은 공감적 경청과 신뢰를 바탕으로 구성원들의 개인적 성장을 돕고, 그들의 가능성을 개발할 수 있도록 격려와 확증을 주는 리더십의 모습이어야 할 것이다.

공감하는 마음으로 들어주는 사람들과 신뢰할 수 있는 공동체는 자연스럽게 연결된다. 공감적 경청은 사람 사이에 가장 좋은 신뢰를 만들어 낼 수 있는 대화의 방법이다. 브레네 브라운(Brené Brown)은 오랜 연구를 통해 공감 어린 마음으로 들어주는 사람이 있을 때 두려움과 분노를 가져오는 수치심이 살아남지 못하게 된다고 결론내렸다.[76] 연약함까지 나눌 수 있는 대화를 통해서 각 개인의 의미가 창출되고, 그렇게 될 때 그 공동체의 의미가 만들어지게 된다.[77] 신뢰가 바탕이 된 문화 가운데에서, 구성원들은 자신의 성장과 다른 사람들의 성장에 관심을 가지게 된다. 이러한 특징들은 개인의 자아 정체성에 긍정적이고 리더와 구성원들 사이의 긍정적인 섬김의 관계를 더욱 더 강화해 준다.

한국 교회가 추구해야 할 공동체의 모습은 공감어린 마음으로 들어주는 사람과 자기 이야기를 나눌 수 있는 신뢰가 기반이 된 공동체이다.[78] 신뢰는 전폭적인 믿음이다. 이 신뢰가 있을 때 언제 어디서나 기대 이상의 놀라운 결과들을 보게 된다. 경청과 신뢰가 기반이 된 공동체가 되기 위해서, 목회자와 교회 리더들은 교인들의 존경을 받을 수 있어야 하고 리더들은 교인들을 신뢰할 수 있어야 한다. 그러려면 담임목사의 영성, 인성, 역량이 존경받을 만하고, 그 사역을 감당하길 원하는 교인들도 그 일에 합당한 인성, 역량, 권한이 있어야 할 것이다.[79]

3) 공동체 차원 : 기꺼이 속하고 싶은 공동체 되기

핵심 특성 : 개인의 감정까지 따뜻하게 다독이시는 예수님

리더십 연구에서 심리학자들은 개인의 성격과 연관된 리더의 행동에 초점을 맞추어 왔고, 사회심리학자들은 리더십에서 개인 간의, 혹은 그룹 간의 상호관계성에 초점을 맞춰 조직의 환경이 리더의 행동에 어떻게 영향을 끼치는지에 대하여 연구해 왔다. 백여 년 가까운 리더십 연구의 대부분이 한두 가지 리더십 요소에 초점을 맞춘 연구를 해 왔을 뿐, 환경적 요인까지 고려한 통합적인 리더십에 대한 접근이 용이하지 않았다.

환경은 조직 문화와 긴밀한 연관성을 가지며, 리더가 어떻게 조직에 영향을 끼치는지까지도 결정한다. 한국 교회와 같이 비교적 번영되고 성숙한 조직에서는 리더가 문화변화에 영향을 끼치기보다는 기존 문화로부터 받는 영향이 크기에, 리더가 조직의 변화를 꾀하기는 어렵다. 조직 구성원이 공유하는 많은 신념과 가정은 암묵적이고 무의식적인데, 그러한 문화적 가정이 과거를 정당화시키고 사람들이 이에 긍지를 가지고 있기 때문이다. 조직의 생존을 위협하는 중요한 위기가 없다면 조직 문화에 급격한 변화가 일어나지 않을 것이고, 위기가 있다 하더라도 리더가 현재의 조직문화를 이해하고 성공적으로 변화를 이끌어 내기 위해서는 상당한 통찰과 기술이 필요하다. 때문에 옳고 그름을 가려내고 조직의 실상을 파악하는 것은 리더로서 해야 할 가장 중요한 과제다.[80]

최근 연구에 의하면 효과적인 리더십은 능력보다는 긍정적인 느낌과 감정을 불러일으키는 것임을 나타내고 있다.[81] 대니얼 골만(Daniel Goleman)과 그 친구들은 리더십의 주요한 일이 우리 자신과 다른 사람들의 감정을 잘 보살피는 것이라고 주장한다.[82] 그들은 고위직의 리더들 중 뛰어난 능력을 가진 사람들을 특징짓는 것의 85%는 기술적이고 인지적인 능력들이 아닌 감성적 능력이었다고 강조하고 있다.[83] 코터와 코헨(Kotter and Cohen) 또한 구성원의 행동의 변화를 꾀하는 방법에 있어서 생각과 감정 모두 중요하지만 핵심은 생각보다는 감정에 놓여 있음을 주장한다. 보고-느끼고-변화하는 흐름이 분석하고-생각하고-변화하는 것보다 더 힘이 있다는 것이다.[84] 게리 해멀(Gary Hamel)은 최근의 글을 통해서 진정한 변혁은 머리가 아니라 가슴에서부터 시작됨을 다시 한 번 강조하고 있다.[85] 세계적 미래학자인 다니엘 핑크(Daniel H. Pink)는 *Drive*라는 그의 저서에서 당근과 채찍을 기반으로 한 동기부여의 방법은 창의성 말살, 선행 감소, 중독성 유발, 성과 감소 등의 문제점이 있다고 지적하면서 사람들을 제도에 의해서 움직이기보다는 스스로 행동하게끔 하는 내적 동기부여에 초점을 맞춰야 한다고 주장한다. 즉, 사람들의 마음과 감정을 다루는 것이 필요하다는 것이다.[86]

따라서 한국 교회의 리더들은 포스트모던 세상 속에 있는 사람들과 근대적 교회에 있는 성도들의 삶에서 쉽게 드러나지 않는 차원들인 환경과 감성에 주의를 기울여야 한다. 교인들이 맡겨진 사역을 감당할 때 긍정적인 마음과 에너지로 그 일들을 감당하는지, 아니면 감정도 부정적이고 에너지도 떨어져 가는 탈진상태인지 살필 필요가 있다.

예수께서 부활하시고 제자들을 찾아가신 것은 목표를 잃어버리고 실의에 빠진 제자들을 격려하고 새로운 사명을 부여하기 위함(마 28 : 16 – 20)이었다. 예수님을 세 번 부인했고 예수님의 죽음 이후에는 갈릴리로 돌아가 다시 어부가 된 베드로에게, 예수님은 부활한 모습으로 나타나 손수 상을 차려 주시고, 그의 감정을 위로해 주신 후에야 그에게 그분의 양을 먹이고 치라 말씀하셨다(요 21 : 1 – 17). 그리고 이 시간을 통해 베드로는 초기 예루살렘 교회의 대표 지도자가 되었으며, 마침내 죽음으로 하나님께 영광 돌리게(요 21 : 19) 되었다.

한때는 탁월함이 초점이 된 적이 있었다. 하지만 세상은 이제 교회가 탁월한 프로그램을 제공해 준다고 해도 쉽게 움직이지 않을 것이다. 탁월함을 강조하는 세상에 몰입하다 보면, 쉽게 잊어버리는 것이 '진실함'이다. 진실함이 무너진 상태에서 탁월함만이 강조된 모습은 공동체로 이루어진 사회를 위험하게 만들 수 있는 요소이다. 그래서 우리는 진실함을 잃어버리지 않기 위해서 노력해야 한다. 세상 사람들도 교회에 기대하는 것이 있는데, 그것은 바로 큰 힘, 큰 건물, 큰 교회가 아니라, '진실함'이다.[87] 신뢰도가 낮은 조직일수록 목표를 추구하는 과정에서 힘 내지는 권력이 핵심적 기능을 수행하는 반면, 신뢰도가 높은 조직에서는 권력이 구성원들에게 효율적으로 분배되고 공동의 사명을 추구하는 데 사용된다.[88] 한국 교회에 필요한 모습은 교회의 리더가 남에게 완벽한 모습을 보이며 남을 이끄는 영웅이 되려고 하기보다는 자아를 성찰하고 자신의 생각과 감정과 경험을 공유함으로써 다른 사람들과 진실함에 바탕을 둔 밀접한 관계를 형성하는 것이 중요한 시대가 되었다. 교회가 아닌 일반기업에서도 신뢰와 진실함이 더 중요하게 여겨지는 시대이다. 짐 콜린스(Jim Collins)는 '카리스마를 갖춘 CEO의 이미지에 홀린' 기업의 임원들에 대해 안타까움을 표현하면서 이런 경향이 '회사의 장기적인 건전성에 매우 해롭다'는 결론을 내렸다.[89]

교회가 익숙하지 않은 사람들에게 메시지를 억지로 맞추려고 노력하기보다는 그들의 경험을 깊이 살펴보고, 생각과 감정을 공유하려는 노력이 필요하다. 변화하는 환경에 맞춰서 우리의 경험도 변해 가듯이, 거룩한 메시지는 붙잡되 급속하게 변하는 문명의 전환시대에 사람들의 경험에 성육신하는 진정성과 진실함이 필요하다.

닐스 플레깅(Niels Pflaeging)의 말처럼 예전에는 남을 이끄는 사람이 리더였다면, 이제는 사람들이 모이게 하는 사람이 리더이다.[90] 나 중심적으로 사람들에게 영향력을 발휘하는 것이 아니라, 사람들이 모여서 협업하고 서로의 생각을 발전시킬 수 있도록 진심으로 서로를 위하는 마음을 갖게끔 하는 것이 앞으로 한국 교회 공동체에 필요한 리더십이다.

한국 교회가 전방위적인 차원에서 그와 같은 감성 지능을 갖춘 리더십을 이끌어 낼 환경과 여건을 만들고, 이러한 리더십을 갖춘 리더들이 실상을 정확히 바라보게 되면 교회는 변할 수 있다. 교회의 리더들이 성도들과 공감대를 형성하며 맡은 바 사명에 열정을 가지고, 이러한 열정이 성도들에게 생기를 불어 넣는다면, 한국 교회는 위계적이고 수직적인 공간에서 보다 유연하고 생기가 넘치며 혁신적인 섬김의 공간이 될 수 있을 것이다.

행동 특성 : 신뢰로 자리를 만들어 주고 능히 감당하게 하는 공동체

현재 한국의 교회는 대사회적 신뢰도 추락, 교회 성장의 정체, 신앙정체성과 연관된 성도들의 도덕지수 하락 등으로 교회 리더십과 문화가 변화를 요청받는 상황 가운데 있다. 이런 상황 속에서 디지털 네이티브의 또 다른 특징이 바로 공동체를 갈망하는 모습이다. 포스트모던 사회를 살아가는 이들은 교회라는 전체 조직체보다는 '내가 속한' 공동체를 향한 열망이 있다. 교회 안에 소그룹 운동이 강해지고, 교회도 '조직'이 아니라 '공동체'로 변모하는 경향을 보여 주고 있다. 이 상황에서 가장 적합한 리더십의 모습은 무엇인가?

현재의 조직문화를 이해하고 그에 적절하게 대응하기 위해서는 상당한 통찰과 기술이 필요하다. 조직의 감성적 현실과 규범을 파악하고 나서, 그 공동체가 진실하고 투명하고 성실할 뿐 아니라 공적 영성까지 감당할 수 있도록 이끄는 문화를 체계적으로 만들어 내야 할 것이다. 그러한 관점에서 건강한 교회공동체를 만들기 위해서 먼저 필요한 모습은 다름 아닌 '위임'하는 문화이다. 에디 깁스(Eddie Gibbs)는 위임이란 "기본적으로 자신이 가진 힘을 양보하는 것이고, 다른 사람들을 가치 있게 여기는 것이며, 다른 이들의 기회 앞에 놓인 장애물을 없애 주는 것"임을 의미한다고 주장한다.[91]

IBM 연구소는 64개국 1,700여 명의 경영진 대상 연구에서 탁월한 기업 성과를 위한 3대 필수 요소 중 하나로 '직원들에 대한 권한 위임'을 제시했다.[92] 하지만 여전히 실제 조직 내에서의 권한 위임은 미흡한 수준이다. 권한 위임이 잘 안 되는 이유는 세 가지다. 권한 위임에 따른 자신의 권한이 축소될까 걱정하는 불안, 내가 맡겨 준 일을 할 수 있는 능력을 갖추고 있는지 믿지 못하는 불신, 권한 위임을 위한 커뮤니케이션 과정에서 어려움에 봉착하는 불통이다.

막스 베버(Max Weber)는 조직이 존속하는 한 관료제 조직은 사라지지 않을 것이라고 말하였다.[93] 한국 교회도 마찬가지로 위계적 피라미드 조직형태를 갖추어서 시스템에 의해 처리하는 효율성을 추구하고 있다. 이러한 조직은 위에 있는 사람의 잘못된 의사결정을 막을 수 없고, 직급이 낮은 사람들의 권한까지 뺏을 수 있기 때문에, 젊은 세대가 마음껏 꿈꾸고 기여할 수 있는 기회를 제한할 수 있다. 권한 위임이 잘되지 않는 조직은 다음과 같은 부작용이 생긴다. 첫째, 권한을 위임받아 능력을 발휘하고 싶어 하는 아랫사람들은 사기와 업무 의욕이 저하되고, 둘째, 권한을 위임받고 싶지만 스스로 역량이 부족하다고 느끼는 직원들은 현재 상황에 안주하는 경향을 보이고, 셋째, 권한 없이 지시 받은 대로 일하고 결과에 대해 책임지지 않는 것이 오히려 편하다는 사람들이 많아진다.

예수님께서 보여 주신 공동체적 차원의 리더십 행동적 특성은 권한 위임을 통한 종말론적 비전을 이루는 공동체를 만드는 것이다. 예수님께서는 이 땅에 계실 때도, 하늘로 부활 승천하신 이후에도 계속해서 책임과 권위를 제자들과 나누셨다.[94] 누가는 "예수께서 열두 제자를 불러 모으사 모든 귀신을 제어하며 병을 고치는 능력과 권위를 주시고 하나님의 나라를 전파하며 앓는 자를 고치게 하려고 내보내시며"(눅 9:1-2)라고 기록하고 있다.

예수님께서는 1) 주님의 이름의 권세와 2) 주님의 임재의 권능(the power

of his presence)을 통해 그의 제자들에게 무엇을 위임해 주셨는지를 보여 주셨다. 예수님께서는 하나님 나라의 일을 위해 제자들에게 주님과 동일한 힘을 주셨으며, 하나님 나라 선포의 책임을 그들과 나누셨다. 부활하신 후에는 제자들에게 성령을 부어 주심으로 그들로 하여금 주님의 일들을 그들 자신의 일처럼 여기고 섬길 수 있도록 권한을 부여하셨다. 공동체에서 권위와 그에 따른 책임감을 나누게 될 때, 비로소 믿음의 공동체가 하나님께서 맡겨 주신 소명을 이룰 수 있게 된다.

톰 라이트(Nicholas Thomas Wright)는 하나님께서 세상을 운영하기 위해 하나님의 형상을 지닌 인간에게 하나님과 예수님의 권위를 위임하심으로 세상에 하나님의 주권적 통치를 반사하게 하신다고 본다.[95] 따라서 성경적 섬김의 리더들은 주님이 주신 비전을 이루기 위해서 그들이 이끄는 형제자매들과 함께 그 책임과 권위를 나누어 가진다(행 6:1-6, 눅 9:1-2). 진 윌키스(C. Gene Wilkes)는 팀 리더십 또는 공동체 리더십이야말로 성경적 리더십의 "가장 고결한 표현"이라고 정의하고 있다.[96] 미로슬라브 볼프(Miroslav Volf) 또한 교회가 "대칭적이고 탈중심적인 권력의 분배와 자유롭게 긍정된 상호 작용을 통해서 특징지어질수록" 삼위일체의 교제에 맞는 모습을 보여 주는 것이라고 주장하면서, 교회는 모든 구성원들이 자신이 가진 은사를 사용할 수 있도록 해 주어야 한다고 말한다.[97]

권한 위임은 권한 분배가 아니라, 권한을 위임하면 할수록 리더와 팔로워 모두의 권한이 확장되는 것이다. 교인들에게 권한을 위임했을 때 결과가 실망스러울 수도 있다. 하지만 열린 대화와 공감적 경청을 통해 깊게 소통하며 보다 나은 개선방안을 도출함으로, 교인들이 소명에 따라 사역을 감당하며 높은 성취감을 느낄 수 있도록 도와줘야 할 것이다. 그렇게 하기 위해서 교회의 리더들이 자신들의 힘을 포기하고 구성원들을 더 신뢰하며 그 힘을 나눠 준다면 더 건강한 공동체와 조직을 만들 수 있을 것이다. 권한 위임에 대해 고민하는 리더들은 보스턴 필하모닉 지휘자 벤 젠더의 말에 귀 기울일 필요가 있다. "오케스트라를 지휘하는 지휘자 자신은 정작 아무 소리도 내지 않습니다. 그는 다른 이들이 얼마나 소리를 잘 내는가에 따라 능력을 평가받습니다. 다른 이들 속에 잠자고 있는 가능성을 깨워서 꽃피게 해 주는 것이 바로 리더십 아니겠습니까?"

권한을 위임한다는 말의 의미는 조직 구성원들에게 위탁한 가치를 훼손할 권리를 준다는 것이 아니다. 분명한 가치와 임무가 명시되지 않은 권한 위임 조직은 혼란과 파국을 맞게 된다.[98] 랜돌프와 블랜차드(Alan Randolph and Ken Blanchard)는 위임의 문화를 이루는 세 가지 요소를 주장한다. 그 첫째는 다른 이들과 정확한 정보(information)를 더 많이 공유하는 것이고, 둘째는 명확하게 규정된 가이드라인(guidelines)을 만드는 것이고, 셋째는 잘 훈련된 자율(self-managed)에 의해 움직이는 팀을 만드는 것이다.[99] 지시와 통제에 익숙한 구성원들은 리더의 입만 바라보는 경우가 많다. 반면 구성원들에게 명확한 책임 부여와 모니터링 기능이 있는 권한 위임이라면 구성원들이 스스로 고민하고 적극적으로 일하고 창의적으로 사역을 감당할 수 있다. 기성세대는 젊은 세대와 더 많은 정보를 공유하고, 그들에 대한 기대를 명확히 하고, 그들에게 자율권을 주는 모습이 필요하다는 것이다.

상호 신뢰의 관계 수준이 높으면 높을수록 더 많은 위임이 가능해질 수 있다.[100] 신뢰를 통한 위임은 조직의 변화와 모험을 가능하게 할 뿐 아니라 구성원 개개인의 능력에도 영향을 미치게 된다.[101] 위임이란 리더가 팔로워의 필요에 관심을 가지고 팔로워 자신의 비전을 성취할 수 있도록 돕고자 할 때 가능하다. 개인의 내적인 정체성과 가치관에 따른 변화는 외적인 행동들로 나타나고 그것이 조직의 변화를 꾀할 수 있도록 해 준다. 기성세대의 리더들이 젊은 세대를 신뢰하고 믿음으로 위임할 때, 외적으로 보이는 리더들의 위임 행동은 내면적으로 동기부여된 구성원들에게 모델 역할을 하며, 구성원들이 무엇을 성취하는지에 직접적으로 영향을 끼치게 될 것이다.[102]

위임할 줄 아는 리더는 변화를 위한 환경을 창출하고 다른 이들에게 이러한 가치를 전달한다. 이는 능력에 관한 부분이기보다는 긍정적인 느낌과 감정을 불러일으키는 것이다. 골먼은 관계적이고 감성적인 부분들이 조직의 목적과 비전들보다 중요하며, 우리가 다른 사람들에게 조직과 비전을 통해서 영향력을 끼치는 것보다 그 사람과의 관계와 인격을 통해서 영향을 끼치는 것이 두 배 이상의 효과가 있다고 말한다.[103]

히스 형제(Chip Heath and Dan Heath) 역시 감정의 중요성을 강조한다. 행동방식에 변화를 원한다면 변화하고자 하는 그 사람의 상황을 바꾸어 주어야 하며, 동시에 감정과 감성에 해당하는 가슴과, 이성에 해당하는 머리에도 영향을 미쳐야 한다. 우리의 감성적 측면이 코끼리라면, 우리의 이성적 측면은 거기에 올라탄 기수이다. 우리는 이성과 감성, 그리고 환경이 모두 영향을 받을 때 변할 수 있다.[104] 기수에게 방향을 제시하고(명확한 방향을 제시하고), 코끼리에게 동기를 부여하며(사람들의 감성적 측면을 개입시키고) 지도를 구체화해야(상황을 구체화해야) 한다.

기성세대가 젊은 세대에게 위임을 훈련시켜 줌으로 그들에게 동기를 부여하고 감정의 변화를 이끌어 낼 것이다. 감정의 변화는 행동의 변화를 이끌고, 행동의 변화를 통해 젊은 세대들이 어려움을 극복하고 변화의 단계를 헤쳐 나갈 수 있을 것이다. 또한 그 리더는 구성원들에게 힘과 영향력을 더 갖게 되는 '힘의 패러독스'를 경험하게 될 것이다.[105] 디지털 네이티브가 리더십의 위임을 경험해 나가기 시작할 때, 비로소 그들이 장차 한국 교회의 리더가 될 수 있을 것이다.

리더십은 조직과 그 조직의 구성원 전체를 통해서 '만들어져' 가는 것이다. 번스(John S. Burns)는 리더십이라는 것이 협업으로 이뤄지는 활동이고, 성직자 위주가 아니라 위아래가 없는 활동의 형태로 발휘될 것이라고 주장한다.[106] 따라서 기독교 리더십을 통해 공동체가 더욱더 번영되게 해야 하고, 더 나아가 그 조직이 하나님 나라의 의무를 더 잘 감당하도록 해야 한다.[107]

예수님은 다른 이들이 자신과 동일한 방법으로 이끌 수 있도록 권한을 부여함으로 하나님 나라를 향한 임무를 이룰 수 있는 공동체를 만드셨다. 예수님께서 "열두 제자를 부르사 둘씩 둘씩 보내신"(막 6 : 7) 사실에 주목해야 할 것이다. 우리는 둘씩 보냄을 받았음을 자주 잊게 된다. 우리는 우리 자신만의 힘으로는 복음을 감당할 수 없기에 공동체로 부름받았다.[108] 예수님께서 복음 전파를 위해 제자들을 둘씩 보내셨을 때, 그들은 예수님께서 하시던 능력의 일들을 감당할 수 있었다(막 6 : 7, 마 10장). 최근의 리더십 연구가들은 "예수님께서 다른 이에게 권한을 부여하는 데 열중하셨던 것"은 카리스마의 부재를 가리키는 것이 아니라, 신뢰를 쌓고 은사대로 사역하게 하시기 위함이었다는 것을 강조한다.[109] 예수님께서는 한 분이셨지만 그는 그가 사역팀으로 보낸 제자들을 통해 자신의 사역, 하나님 나라를 확장시키셨다.

예수님은 다락방에서 제자들의 발을 씻은 후 그들에게 자기를 본받아 따르라고 초청했다. "주이며 선생인 내가 너희의 발을 씻어 주었으니, 너희도 서로 남의 발을 씻어 주어야 한다. 내가 너희에게 한 것과 같이 너희도 이렇게 하라고, 내가 본을 보여 준 것이다"(요 13 : 14 – 15). 예수님은 제자들에게 각자 자기의 대야를 들고 그 운동에 참여하라고 초청한다.[110] 예수님께서 제자들이 함께 참여하길 바라셨던 예수님의 가르침과 사역 전체를 꿰뚫고 흐르는 것은 하나님 나라이다.[111] 그런데 그 하나님 나라는 섬김으로써 이기고 내어 줌으로써 승리를 거두는 거꾸로 된 나라였다. 결국 권한의 위임은 놀라운 발전과 새로운 발견을 가져올 수 있는데, 조직의 구성원들로 하여금 발전할 수 있도록 하고, 그들의 새로운 권한과 능력으로 공동의 목표를 이루어 가는 데 함께 도울 수 있게 한다.[112]

4) 결론 및 요약

포스트모던의 특징인 목적지보다는 여정이라는 개념은 이 시대의 정신을 충실히 반영하고 있다.[113] 한국 교회가 건강하게 일관성을 유지하기 위해서는 가야 할 여정이 많이 남아 있다. 기성세대에 초점이 맞추어져 있는 한국 교회가 디지털세대를 제대로 맞이하기 위해서는 새로운 리더십을 갖추어야 할 것이다.

사회와 교회의 바뀐 세대와 문화는 다른 유형의 리더십을 요구한다. 개방, 공유, 참여라는 디지털문화를 살아가고 있는 디지털 네이티브의 특징은 자신의 정체성, 커뮤니케이션, 공동체를 갈구하는 모습이다. 그렇기 때문에 디지털 네이티브에 맞는 리더십은 자신의 정체성을 확인하는 데 도움이 되면서도 상호 간의 소통을 도와주며, 공동체에 생명력을 불어 넣어 줄 수 있어야 한다.

우리는 예수님의 모습 속에서 하나님의 권위와 섬기고자 하는 종의 의지를 동시에 발견할 수 있다. 포드(Ford)는 예수님께서 "여전히 리더십은 섬김에서 비롯된다는 중심원칙을 지키시면서, 지켜야 할 세부사항과 함께 명령을 주심"에 주목했다.[114] 예수님께서는 그의 제자들에게 하나님의 사랑을 사람들에게 전하는 책임을 나누어 주었다. 하지만 예수님께서는 그 책임뿐만 아니라 권한도 함께 나누어 주셨다. 예수님께서는 세상을 향한 임무를 수행할 수 있도록 제자들을 준비시키셨고 모든 사람들로 제자를 삼을 수 있도록 하셨다. 예수님께서는 그 하나님 아버지께서 주신 사명의 청지기로 남으셨지만,[115] 다른 이들에게 자신의 권위를 나눔으로 그들로 하여금 계속해서 하나님의 일을 할 수 있도록 했다.

조직이 커지면 커질수록 탑리더는 작은 일을 함으로 주위에 있는 리더들로 하여금 더 큰 일들을 감당하게 할 수 있다. 만약 우리가 '맡겨진 일'을 팔로워에게 위임해 주면 팔로워들을 세워 갈 수 있겠지만, 만약 우리가 조직의 비전을 위해서 리더가 가진 '권한'을 위임해 주면 팔로워들이 탁월한 리더로 성장할 수 있을 것이다. 교회가 젊은이들에게 책임을 부여하고 권한을 나누어 가짐으로써, 그들로 하여금 교회의 일에 주인의식을 갖고 교회의 큰 비전을 위해 헌신하도록 도울 수 있다.

진 윌키스(C. Gene Wilkes)가 제안하는 '젊은이들을 세우는 다섯 단계'를 눈여겨볼 필요가 있다.

젊은이들의 삶에 진정성 있게 다가가며, 각자의 일상에서 분투하고 있는 그들을 격려하자. 그들이 교회 안에서 대화에 참여할 자격과 권한을 주자. 그들이 필요로 하는 것을 그저 들어주며 공감하자. 그렇게 쌓은 신뢰를 기반으로 그들이 은사를 사용하여 주어진 일을 감당할 수 있도록 훈련시키자. 당장의 결과가 만족스럽지 못할지라도 그들을 믿고 기다리며 지속적으로 기도해 주자.

이 다섯 단계를 통해 리더로서 우리의 책임과 권한을 팔로워들과 나눌 수

있을 것이다.[116)]

이러한 접근은 젊은 세대들의 의견과 목소리가 반영될 수 있다는 점에서 그들과도 공감할 수 있으며, 또한 복음이 문화적 제약을 뛰어넘을 수 있음을 보여 줄 수 있을 것이다.

사례 2-1) # 새들백교회 온라인 캠퍼스 소그룹 (Online Campus Small Group) 사역 소개

1. 커뮤니티 사역 중 온라인 사역은?

케빈(Kevin Jaehwan Lee) 목사는 새들백교회의 온라인 캠퍼스 소그룹(online campus small group) 사역자로 2017년 3월에 임명되어 섬기고 있다. 새들백교회의 온라인 커뮤니티 사역에 대한 개요를 케빈 목사를 통해서 들어보았다. 온라인 캠퍼스 사역은 풀타임 사역자인 제이 크란다(Jay Kranda) 목사와 케빈 목사가 섬기고 있다.[117]

2. 인터넷 캠퍼스 사역의 역사

새들백교회의 인터넷 캠퍼스사역은 2009년에 처음으로 시작했다. 사역의 처음 형태는 예배를 다른 교회들처럼 스트리밍함으로 중계하는 형태를 띠었다. 새들백교회 교인들 중에서 예배를 드릴 수 없는 사람을 위해서 스트리밍 서비스를 시작하였는데, 지금 한국 교회의 온라인 사역과 비슷했다. 즉, 녹화된 예배를 스트리밍 서비스해 주었다. 하지만 교회도 그 온라인 사역을 시작했을 때 조심스럽게 접근하였다. 왜냐하면 이것을 통해서 온라인에만 머물고 지역 교회를 오지 않을 것 같다는 두려움이 있었기 때문이다. 그래서 교

회 멤버들에게만 접근 코드를 주고 그 코드가 있는 사람만 웹사이트에 들어와서 설교를 들었다. 우리가 보통 알고 있는 새들백교회는 레이크 포레스트(Lake Forest) 캠퍼스라고 알려진 곳인데 그곳에서 처음 그 사역이 시작되었다. 온라인 사역은 처음에는 레이크 포레스트 지역의 교인들을 위한 서비스로 시작하였다. 하지만 9년이 지난 지금은 온라인 캠퍼스도 성장했고, 지역 캠퍼스(regional church)도 20개가 됨으로써, 사람들이 '지역 교회를 찾지 않을 것이다'라는 의혹이 해소되었다. 한국에서 그 사역을 문의하는 대부분의 교회들이 그 걱정을 제일 많이 한다고 한다.

3. 온라인 캠퍼스 사역의 개척자

미국에서 온라인 캠퍼스 교회의 개척자는 라이프처치(Life Church)이다. 라이프처치는 오클라호마에 있다. 크레이크 그로쉘(Craig Groeschel) 목사가 담임으로 있는 이 교회는 새들백 교회와 시작은 비슷하지만 온라인 사역팀이 잘 갖춰져 있다. 이 교회도 마찬가지로 처음 사역을 시작했을 때부터 온라인과 지역 캠퍼스 둘 모두 성장하였다. 지금은 온라인 캠퍼스 사역을 담당하는 전임 사역자가 10명이 넘는다. 이 교회는 미국의 지역 교회들이 요청할 때 교회의 플랫폼(church online platform)도 만들어 제공해 주고 있다. 또한 성경 앱(Bible App)을 만들어서 배포까지 할 정도의 사역 역량을 가지고 있는 교회로서 그 부서는 하나의 독립된 기관으로 분리되어 교회를 섬기고 있다. 이 교회는 담임 목회자가 설교를 할 때 온라인교회의 교인들을 생각하면서 설교를 한다. 대부분의 교회 목회자들은 회중을 보면서 설교를 하지만, 그로쉘 목사의 설교 영상을 보면 회중을 바라보면서 설교하는 비율이 50%, 카메라를 바라보면서 설교하는 비율이 50%가 된다.

4. 새들백교회가 온라인 소그룹을 하게 된 계기

새들백 교회는 예배실황의 생중계 서비스인 라이브 스트리밍(live streaming)을 2011년부터 시작했고, 2013년부터 '온라인 캠퍼스'(online campus)라고 이름이 바뀌었다. 그 시기에 온라인 스몰 그룹(Small group)을 200여 개 만들었다. 또한 온라인 예배 시 라이브 스트리밍에 채팅(online chat)을 할 수 있는 기능이 있는데, 쉽게 생각하면 '예배 중에 수다를 떤다'라고 볼 수 있지만, 그러한 나눔을 통해서 공동체를 형성할 수 있도록 돕고 있다. 왜냐하면 라이브 스트리밍 때 할 수 있는 채팅을 통해서 평신도 사역자들(volunteer)이 새 가족을 환영하는 사역이 되고 있는 것이다. 그렇게 해서 새로운 공동체를 형성해 나가도록 독려한다. 또한 새들백교회는 리스펀스 카드(response card)가 있다. 그것은 새들백 지역 교회에 오면 주보와 함께 받는 것이다. 항상 말씀을 듣고 예배를 드리면 그다음 액션 스텝(action step)을 할 수 있게 해 주는 것이다. 이 예배를 드리고 '예수님을 영접했다. 세례를 원한다. 소그룹에 소속되길 원한다.' 등 본인들이 원하는 다음 단계의 일들이 있고, 그중에 선택할 수 있도록 도와주는 것이 리스펀스 카드다. 그 시스템을 온라인 캠퍼스에도 적용하였다. 2018년 현재 온라인 캠퍼스 화면을 보면 상단에는 'one family, many locations'라는 온라인 캠퍼스의 비전이 있고 왼쪽 하단에는 '리스펀드'(Respond)라는 레이아웃이 있다.[118] 그것을 클릭하면 8가지의 액션 스텝이 있는데, 그것을 클릭해서 제출(submit)할 때마다 담당 교역자들에게 연결되어 있기 때문에 그 내용을 알게 된다. 즉, 온라인 캠퍼스 전체 담당인 크랜다(Jay Kranda) 목사와 케빈(Kevin Lee) 목사가 알고 목회적 돌봄을 할 수 있도록 되어 있다. 그 8가지의 답변을 두 사역자가 똑같이 받으나 답변의 종류에 따라 사역을 나눠서 감당한다.

5. 새들백교회 온라인 캠퍼스의 사역

● 온라인에서 오프라인으로(online to offline)

2014년에 새들백교회의 온라인 소그룹이 미국 전역에서 시작되었다. 새들백교회가 속한 남가주 지역 이외에도 미 전역에서 온라인 캠퍼스에 접속하는 성도들 수가 늘어나기 시작했다. 그리고 그 온라인 그룹이 홈 그룹(home group)이라는 오프라인상의 소그룹으로 발전되기 시작하였다. 지금은 온라인 소그룹보다 홈 소그룹이 더 커져 있는 상태다. 2017년 3월 온라인 캠퍼스의 예배자 통계를 보면 29,955명의 예배 참가자 중에 24,711명이 30분 이상 예배를 참석한 사람의 숫자로 대략 2만5천 명의 온라인 캠퍼스 교인들이 있다고 생각한다. 새들백교회에서는 예배에 온라인으로 접속해서 30분 이상 머문 사람만 예배 참석자로 간주하고 그에 따른 통계를 내고 있다. 그리고 그중 3,338명이 '예수 그리스도를 내 구주로 받아들인다'고 고백한 사람의 숫자이다.

처음 온라인 사역을 할 때인 2012년에 교회 멤버들에게 온라인으로 소그룹을 해도 된다고 길을 열어 주었을 때 새들백 교회의 온라인 캠퍼스는 200개의 소그룹으로 시작하였지만, 2017년 3월에는 1,823개가 되었고, 2017년 중반기에 교회 내의 소그룹 캠페인 후 온라인 소그룹의 숫자는 2,550개가 되었다. 3,000개 소그룹이 메인 캠퍼스에 해당하는 레이크 포레스트 새들백교회의 오프라인에서 모이는 소그룹(home group)의 숫자이다. 온라인 캠퍼스의 교인 숫자는 새들백 전체 숫자의 26%이고, 이 온라인 캠퍼스의 소그룹 숫자가 전국의 20개 캠퍼스 중 메인 캠퍼스인 레이크 포레스트의 소그룹 숫자 다음으로 많은 상태이다. 그런데 눈여겨볼 현상은 그 그룹들의 숫자(2,550개의 온라인 소그룹) 중 오프라인상의 홈 그룹이 된 비율이 63%이고, 온라인 소그룹 비율이 37%라는 것이다.

● 'body of Christ'라는 신학적 비전

이렇게 많이 온라인 소그룹이 오프라인 소그룹으로 모이게 된 것은 새들백 온라인 캠퍼스의 'body of Christ'를 지향하는 신학적 비전(theological vision) 때문이다. 전 세계적으로 각 지역의 인터내셔널(international) 소그룹이나 남가주 밖(outside of California)에서 모이는 온라인 소그룹 모두에게 동일하게 디지털 자료들(digital material)을 제공해 주고, 될 수 있으면 오프라인상에서 만날 수 있도록 독려해 준다. 교회에서는 정책적으로 6개월에 한 번 또는 1년에 한 번 이상 만나라고 적극 추천하고 있다. 그러한 독려로 인하여 오프라인상에서 만났던 온라인 소그룹 교인들이 홈 소그룹의 형태로 바뀐 그룹의 수가 더 늘어 가고 있다. 뉴욕에서 만나고, 외국에서 만

나고…… 오프라인상에서 만나라고 교회도 적극 권유하지만, 사실 교인들이 더 좋아한다는 것을 알게 되었다. '온라인 투 오프라인'. 온라인으로 들어오지만 오프라인에서 만나라는 사역 철학이 교회의 철학을 넘어 교인들의 실질적인 요구가 되었다.

● 미션과 아웃리치

새들백의 온라인 캠퍼스를 방문하는 숫자는 725,501명(visitors)이고 그 중에서 예배에 참석하는 숫자는 221,234명(unique visitors)으로 나타나고 있다. 지역별로 보면 미국을 제외한 전 세계적으로 19%, 남가주 지역에서 38%, 그 외의 미국 전역에서 43%의 사람들이 접속을 하는 것으로 나타났다. 인터넷에서 새들백을 검색해서 새들백교회를 찾아보는 사람들은 124만 명 정도로 14%를 차지하고 있고, 온라인 캠퍼스를 찾는 비율은 1,187,136명으로 13.4%를 차지하고 있다. 이것은 메인 채플이 있는 레이크 포레스트 교회의 홈페이지를 찾는 숫자가 4%에 불과한 것과 비교했을 때 상당한 수치를 보이고 있다. 온라인 캠퍼스의 교인의 숫자가 2010년도 2,500명 정도에서 2017년 현재는 20,000명의 교인이 등록되어 있다. 그 20,000명이라는 숫자는 방문자들 중에 30분 이상의 예배를 함께(play)하는 사람들의 숫자로서 그만큼 사람들이 온라인 예배를 예배로 생각하고 드리는 사람들이 많다는 의미이기도 하다.

그리고 세계 지도상에서 소그룹이 있는 곳을 살펴보면 한국에서도 온라인 스몰 그룹(small group)이 시작된 것을 알 수 있다. 또한 유럽 등 전 세계와 러시아에서도 시작되었다. 온라인 캠퍼스 사역을 가장 주목해서 봐야 할 곳은 중동 지역이다. 굉장히 많은 숫자의 사람들이 중동 지역에서 리스펀드

(respond) 카드를 제출하고 있다는 것이다. 새들백교회는 그들을 귀하게 여기고 사역을 감당함으로 서로가 안전하다고 느끼게 될 때 오프라인의 홈 그룹으로 모일 수 있도록 도와주고 있다.

● 교회 개척

온라인 캠퍼스의 소그룹은 미국 중동부에 많이 위치하고 있다. 대표적인 곳으로는 LA 190개, 뉴욕 223개, 휴스턴 135개, 마이애미 103개의 소그룹이 있다. 온라인 캠퍼스를 통해서 각 지역에 몇 개의 소그룹이 있는지 알게 되고, 그에 따라서 교회 개척팀과 함께 교회 개척 사역(church planting)을 계획할 때 상호 협조를 하게 된다. 교회 개척팀이 홈 그룹이 몇 개가 있는지 파악한 후 교회 개척의 계획을 세우고, 그 홈 그룹의 멤버들에게 리치아웃을 한다. 그리고 그곳에 지역 캠퍼스를 만들고 그곳에 있는 소그룹 멤버들을 초청하고, 새로운 지역 캠퍼스와 연결될 수 있도록 돕고, 그들을 그곳 지역 캠퍼스의 멤버가 되게 한다. 교회 개척 자체를 그곳에 이미 어느 정도의 기존 교인들이 있는 상황에서 진행하게 되는 것이다. 지역 캠퍼스에서 하는 새들백교회의 다이아몬드 훈련과정을 온라인 캠퍼스에서도 똑같이 하고 있다. 온라인 캠퍼스에서 리더들은 'zoom call'을 통해서 그 사역을 감당하고 있다.

새들백교회의 온라인 캠퍼스 사역은 한국 교회 선교사역에 대해서 또 다른 혜안을 주고 있다. 165만 명이 넘는 '가나안 교인'들에 대한 대안을 이 사역에서 찾을 수도 있을 것이다. 온라인 캠퍼스 사역은 지역적으로 떨어져 있는 교인들을 섬길 수 있을 뿐만 아니라 하나의 관계로 묶어 주고, 그리스도와 친밀감을 가질 수 있도록 온라인을 통해서 양육하고 다른 지체들과 연결할 수 있도록 도와주고 있다. 나아가 서로가 안전하다고 느낄 때 오프라인에서 만나고 교제함으로 실제 지역 소그룹으로 발전할 수 있게 독려하며, 교인들 역시 이를 좋아하고 있음이 나타났다. 이 사역을 감당하는 각 지역의 평신도들에게 필요한 부분을 철저히 위임함으로 관계적 리더십의 특징인 경청, 신뢰, 위임의 모습을 보여 주고 있다.

사례 2-2) **주사랑교회 사역 소개**

　주사랑교회는 2001년 3월 25일 파주시 금촌동에 세워진 대한예수교장로회(통합)에 속한 교회로 "하나님을 위한 교회, 세상을 위한 교회"를 비전으로 하여 교인 모두가 행복한 교인으로 살아갈 것을 내세우고 있다. 주사랑교회의 교적부 통계에 따르면 교인의 70%가 20~40대 연령이며, 20세 이상 성인 교인 3,500명 중 2,300명의 나이가 20~49세 사이에 있다. 20세 이하도 1,800명 정도로 젊은 세대가 주류인 교회이다. 새 교우의 대부분이 예수를 처음 영접한 새 신자들이고, 대부분의 구성원이 젊은이들로 구성되어 있다.

1. 따뜻함을 경험할 수 있는 양육 시스템

　주사랑교회는 교육부에서 청장년에 이르기까지 복음대로 신실하게 살아갈 수 있도록 돕는 일관성 있는 교육목표와 양육 시스템을 실행하고 있다. 새 가족 양육반을 시작으로 양육학교, 중보기도학교, 제자학교, 제자대학 등 신앙을 성장시킬 수 있는 훈련 프로그램들이 잘 준비되어 있다. 각종 훈련들은 개인의 신앙 성장을 위해서뿐만 아니라 교회의 비전을 일관성 있게 추구하는 일꾼을 세우는 분명한 목표를 제시하고 있다. 주사랑교회의 모든 새 신자는 3개월의 양육과정을 거친다. 타 교회의 수평 이동으로 오게 된 교인이라 할

지라도 초신자와 마찬가지로 양육을 받는다. 이 시간을 통해 따뜻한 환대와 사랑의 섬김을 새 신자들이 경험하게 되고 복음의 핵심과 신앙을 가르침으로 교회에 잘 정착할 수 있도록 돕고 있다. 새 가족으로 등록했던 이가 섬김을 통해 새 가족 수료식을 거쳐 양육반, 제자대학 수료식에서 간증을 하고 복음 중심적인 가치관으로 변화되어 이전과는 완전히 다른 삶을 멋지게 살아가는 모습을 보는 것은 일상의 기적이 되고 있다. 이렇게 충분한 사랑과 섬김을 받은 새 신자들은 교회의 중요한 평신도 사역자가 된다. 양육을 통해 잘 훈련된 평신도 사역자들은 교회 안에서 셀 리더로, 각 팀의 팀장으로, 교사로, 교회뿐 아니라 지역사회 곳곳에서 헌신과 섬김의 본을 보이고 있다.

주사랑교회는 주일예배만큼이나 셀 가족 모임을 중요하게 여긴다. 새 가족 정착비율이 높은 것도 셀 모임 때문이다. 1주일에 한 번 모이는 셀 모임은 가정을 오픈하는 것이 원칙이며  말씀의 은혜를 나누고 함께 기도제목으로 간구할 때 구체적인 하나님 사랑과 기도 응답의 간증거리가 풍성해진다. 셀 편성은 나이, 신앙연수, 지역, 직장, 성격 등 여러 가지를 고려하여 가장 적합한 셀모임에 참여할 수 있도록 돕는다. 한번 셀이 정해지면 바꾸는 것이 용이하지 않다고 생각하기에 처음에 셀 편성을 할 때 신중하게 하고 중간에라도 셀을 바꾸고 싶다고 할 때는 유연하게 안내를 해 주고 있다. 특별히 남성분들이 교회에 잘 정착할 수 있도록 남성 셀의 형성에 고심하였고, 그 결과 교인들의 셀이 무척 활성화되어 있다. 일단 새 가족이 셀에 들어오면 가족 구성원이 갓 태어난 아기를 중심으로 움직이듯이 새 가족을 지극정성으로 돌보아 주는데 이는 기존 교회의 경직되고 권위주의적인 체제에 염증을 느낀 사람들에게 '교회란 이렇게 따뜻하고 부드러운 수평적인 공동체구나.'라는 생각을 갖게 한다.

2. 은사에 따른 팀 사역

주사랑교회는 양육반을 수료하면 자신의 달란트에 따라 팀 사역에 신청하고 봉사할 수 있다. 교회에서는 팀장을 2, 3년에 한 번씩 교체하고 있으며 오랫동안 터줏대감식으로 팀을 좌지우지하며 텃세를 심하게 부리는 팀원들이 생기지 않도록 신경을 쓴다. 교회의 사역팀장들은 대부분 40대가 섬기고 있다. 이제 교회에 갓 정착하여 양육훈련을 받은 분들이 팀 사역에 투입될 때 충분히 자신의 역량을 발휘하도록 기존 팀원들이 최대한 잘 돕고 칭찬하고 격려하는 분위기는 늘 팀 사역 최고의 시너지를 발생시키고 있다. 주사랑교회의 리더는 그 어느 교회보다 충성심이 높은 편인데 그것은 주님과의 친밀한 관계성을 배우는 체계적인 훈련으로 가능해진다. 뿐만 아니라 확실한 비전 제시와 더불어 그 비전을 구현해 내는 사역의 장을 보장해 줌으로써, 셀 리더는 개인의 삶의 영역이 힘든 상황과 환경임에도 불구하고 헌신하면서 새 힘을 얻고 있다. 교회의 신학적 비전(theological vision)을 자신의 비전으로 체득화한 리더들이 훈련과 사역을 통해 세워지면서 교회는 섬김이 충만한 곳으로 변화된다. 이러한 리더의 헌신은 교회공동체로부터 받은 사랑의 섬김을 다시 사랑으로 흘려보내는 자발적인 헌신으로 나타나 교회 내에서 좋은 롤모델이 될 뿐만 아니라 교인들 서로에게 영향을 끼치는 선순환의 모습으로 나타나게 된다.

3. 주사랑교회의 리더십

● 겸손과 공감적 소통

관계적 리더십의 관점에서 봤을 때 리더는 조직과 다른 사람의 변화를 돕기 전에 자신의 개인적 변화를 이끌어 내야 한다. 주사랑교회 부교역자 중 한 명은 담임목회자를 "인격적 신앙의 롤모델"이라고 표현한다. 순전한 인격과 따뜻한 성품, 믿음과 행동이 일치하는 삶의 모습이 주변 사람들에게 깊은 감화를 주고 있는 것이다. 담임목사가 먼저 말씀에 순종하고 예수 그리스도의 성숙한 인격으로 닮아 간다는 것이다. 담임목사를 통해 믿는 자는 "어떤 존재인가"에 대한 해답을 찾을 수 있게 도와주고, 삶으로 그 은혜와 믿음을 보여 주는 겸손한 리더이기도 하다. 이는 탁월한 말씀 선포자이기만 한 것이 아니라 담임목사가 먼저 그리스도인으로서 순전한 인격을 가지고 하나님의 말씀에 순종하고 섬기는 모습을 보여 주는 성숙한 인격의 리더십을 가지고 있음을 알 수 있다.

지배와 복종을 강요하는 리더십이 아니라 공감적 소통을 통해 그 비전이 아무리 옳은 일이어도 구성원들의 뜻이 하나로 모아질 때까지 서두르지 않는다. 일체감이 생기기 전까지는 독단적으로 일을 처리하지 않고 경청하고 인내하고 소통한다. 비록 더딜지라도 우리가 같은 배를 탔다는 "하나의 비전"을 모든 교인들이 공유할 때까지 기다리는 것이다. 특히, 주사랑교회는 셀 모임을 활성화시킴으로써 '열린 대화'를 통한 깊은 공감적 관계를 형성해 나가고 있다. 권위주의적 체제가 아닌 수평적인 분위기 속에서 신앙을 나누고 자신의 의견을 공감받고 피력할 수 있는 신뢰의 분위기 속에서 온 교인들은 같은 뜻을 품고 공동체의 비전과 가치를 더욱 추구하게 된다.

● 잘 정착된 위임문화

최정도 목사는 탑 리더십의 권한이 축소될까 염려하는 견제의 차원으로서의 위임이 아니라 주님이 주신 비전을 이루기 위해 철저히 자신이 가진 힘을 양도하고 있으며, 부교역자들을 가치 있게 여기며, 책임과 권한을 나누는 공동체 리더십을 지향하고 있다. 무엇을 하든지 혼자 사역을 주도해 가는 것이 아니라, 평신도들의 헌신을 이끌어 내는 데 중점을 두고 있다. 한 사람의 지도자에 집중되어 있는 사역이 아니라 예수 그리스도께서 제자들에게 자신의 사역을 위임하셨듯이, 각 성도들로 하여금 자신의 은사에 맞는 사역을 하도록 독려하고 있다.

특히 철저한 양육과 제자 훈련을 통해 세운 평신도 셀 리더에게 자신의 권한을 과감히 위임하여, 셀 리더가 작은 목회자로서 셀을 이끌어 가도록 훈련시키고 있다. 셀 리더와 청년 셀 리더를 포함해서 사역팀장에게 교회의 항존직자보다 더 큰 사역의 장과 권한이 주어진다는 점이 주사랑교회의 탁월한 부분이다. 또한 교역자들도 평신도 사역자들이 비전을 향해 잘 달려가도록 돕는 자가 되어 권한을 위임하고자 노력한다. 물론, 교인들에게 권한을 위임했을 때, 결과가 만족스럽지 않을 때도 있지만 성장을 위해서는 반드시 기다림이 필요하다는 생각을 가지고 '열린 대화'와 '공감적 경청'을 통해 더 좋은 개선방안을 도출해 내고 있다. 이같이 교회 안에 잘 정착된 위임 문화는 구성원들로 하여금 책임의식과 사명감을 고취시켜 열정적이고 창의적인 사역을 이끌어 내는 역동적이고 건강한 공동체를 이끌어 내고 있다.

포스트모던사회

교인과 동행하는, 관계적 리더십

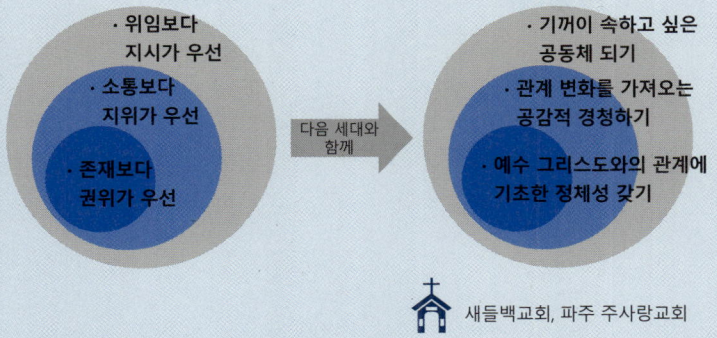

새들백교회, 파주 주사랑교회

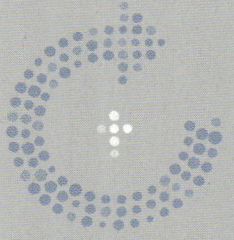

Leadership Reset

4장

다문화사회
vs.
포용의 리더십
(Embrace Leadership)

1. 가깝지만 먼 우리

 한국 사회는 다문화 '초기진입기'를 넘어서 '확산기'를 향해 가고 있는 다문화 사회이다.[1] 한국 사회의 체류 외국인은 2017년 12월 말 통계로 보면 전체 인구의 4% 수준인 2,180,498명이다.[2] 한국 사회는 체류 외국인이 100만 명을 넘어선 2007년 이후 최근 5년간 매년 9.2%가 증가하여 9년 만인 2016년 200만 명을 돌파하였고, 이 추세대로라면 2021년에는 체류 외국인이 300만 명을 넘어서 전체 인구의 5.8%가 될 것으로 예상된다.[3] 전체 결혼 중 국제결혼이 차지하는 비중은 7.3%이고,[4] 다문화 가족은 2016년 기준 316,000가구, 가구원 96만 명으로 전체 가구대비 1.6%를 차지한다. 결혼이민자 및 귀화자는 319,000명, 18세 이하 자녀는 201,000명, 배우자 등 기타 가구원이 440,000명이다.[5] 앞으로 한국 사회의 중심을 이룰 20~30대들이 다문화가정 자녀들, 외국인근로자, 결혼이주여성, 외국인 유학생 그리고 탈북민인 새터민까지 한국 사회의 곳곳을 터전 삼아 살아가고 있는 다문화인들과 함께 살아가는 것은 당연한 일일 것이다.

다문화란 "다인종, 다민족으로 구성된 사회와 국가에서 문화의 중심이 되는 주류문화에 대한 하위 개념으로서 위계관계 혹은 다양성의 존중을 내포하는 개념"이다.[6] 한국 사회에 여러 문화와 인종이 있다는 현상 기술적 측면에서 본다면 한국 사회는 분명히 다문화사회이다. 그러나 다문화사회를 "문화 다양성이 존중되어 여러 문화가 공존하고 상생하는 사회"라는 의미로 사용한다면 한국 사회가 다문화사회에 도달했다고 말하기는 쉽지 않다.[7] 현재 한국 사회에서 사용되는 '다문화'는 다양한 문화(multi-culture)라는 의미보다는 기존의 한국 문화와는 다른 문화(different culture)라는 의미가 지배적인 것처럼 보인다.[8] 때문에 한국 사회에서 '다문화'라는 개념 자체에 대한 인식도 정리되지 않은 듯한 인상이 깊다.[9]

전 세계 외국인 거주자를 지원하는 단체 'Internations'가 지난해에 발간한 보고서 "Expat Insider 2017"에 따르면, 한국은 조사대상국 총 65개국 가운데 외국인 거주자에게 살기 좋은 나라 '31위'로 꼽혔다. 주목할 만한 것은 '환대 분위기'(현지 문화에 적응이 쉽다, 59위)와 '문화 친화도'(현지 문화를 고향 문화처럼 느낀다, 62위)가 최하위권이라는 점이다.[10] 부정하기 어려운 다문화 환경 가운데 살아가지만 우리 정서는 타문화에 대한 친밀도가 낮은 편이다. 한국 사회는 개방, 참여, 공유를 철학으로 하는 새로운 시대로 변화해 가고 있지만 다문화사회에 대한 우리의 인식은 사회변화 속도를 따라가지 못하고 있다.

2006년 이후 중앙정부는 다양한 법령과 제도, 재정지원을 통한 시책안을 만들면서 다양한 다문화 정책을 추진해 왔으나, 지나치게 많은 제도와 프로그램이 양산되어 효율성이 떨어진다는 문제점이 있었다.[11] 더 안타까운 것은 우리나라보다 긴 이민 역사를 가지고, 다문화사회에 대한 더 깊은 인식을 가진 서구에서도 성공적인 다문화 정책이 쉽지 않음을 고백하고 있다.[12] 다문화 정책에 대한 여러 연구들은 중앙정부 주도형 탑다운(top-down) 방식보다는 필요에 따른 지역 거버넌스형 바텀업(bottom-up) 다문화 정책이 지자체, 지역사회, 시민단체의 주도하에 추진되어야 할 필요성을 지적하고 있다.[13] 따라서 이 시대 다문화가정을 위한 사역에는 '지역' 교회의 역할 또한 요구된다고 할 수 있겠다.

안타까운 것은, 한국 교회가 다문화가정을 바라보는 시각 역시 한국 사회와 많이 다르지 않다는 점이다. 문화적 이질감에 대한 배타성, 권위주의적이고 순혈주의적 한국 문화에 대한 함몰 현상, 그리고 다문화가정과 교류가 거의 없는 모습이 한국 교회의 현실이다.[14]

1) 개인 내면 차원 : 다름에 대한 불관용성

한국 사회는 '우리는 하나'라는 순혈주의를 뿌리로 두고 있는 단일민족주의에 기초한 단일문화 중심의 교육적 배경 속에서 자라 왔다. 순혈주의는 다양성 속에 있는 하나 됨(unity)이나 하나 됨 안에 있는 다양성보다는 획일성(uniformity)을 추구하는 경향이 있다. 이는 이질성에 대한 배타성과 소수자에 대한 불관용성으로 이어지기 쉽다.

지역 교회를 대상으로 다문화사회 속 교회의 역할에 대해 설문 연구한 결과, 52.1%의 응답자가 우리 민족이 단일민족이라고 인식하고 있었다.[15] 한국에 거주하는 외국인 비율이 4%대에 이르고 있지만, 그와 상관없이 나는 한민족이라고 스스로를 규정하는 것이다.

단일민족주의는 다원성과의 차이보다는 단일성과의 동질성에 더 가치를 두기 때문에, 자기 민족성을 중심규범으로 삼아 다른 민족적 배경을 가진 사람들을 주변화시킴으로 소외를 만들어 낸다. 따라서 타문화 및 다문화인에 대한 편견과 부정적 선입견이 상대적으로 강한 반면, 문화적 다양성을 이해하고 존중하는 다문화적 인성은 부족하다.[16] 다문화가정을 일선에서 섬기는 (사)안산이주민센터 대표 박천응은 다문화가정이 겪는 대표적인 여러 어려움 중에서 '편견과 선입견'을 최우선으로 들고 있으며,[17] 이는 결혼이주자에 대해 비호의적인 태도의 이유를 물었을 때도 나타난다. 응답자의 38.3%가 "문화적 이질감" 때문에 결혼이주자에게 호의적이지 않다고 대답한 것이다. 거부감은 자연스럽게 "안 좋은 편견"(21.7%)으로 나타나므로, 이를 합하면 60%에 이르는 비율이 나와 다른 민족적 존재를 받아들이고 싶지 않은 것이다.

한국 교회 성도들이 결혼이주자에 대한 문화적 이질감 때문에 그들을 수용하고 포용하는 데 어려움을 겪는다는 것은 개방성에 대한 훈련 부족이라 여겨진다. 개방성이 부족하다는 것은 서로 다름에 대한 인정과 포용함이 적어진다는 의미이다. 이런 차이[18]를 인정하지 못하면 개인에 대한 범주화[19]를 통해 고정관념[20]을 형성하고, 특정 집단에 대해 합리적 이유 없이 한쪽으로 치우친 견해를 가지는 편견[21]을 형성하게 되며 그러한 모습은 자연스럽게 차별로 이어질 수밖에 없게 된다. 배타적 사회 분위기에서의 편견과 차별은 개인 고유의 다름을 인정받거나 존중받지 못한 채 차가운 시선 속에서 살아가야 하는 또 다른 고통을 낳는다.

유엔인종차별철폐위원회(CERD)는 2007년 8월 한국 관련 보고서에서 '순수혈통', '혼혈'과 같은 용어와 그에 담겨 있을 수 있는 인종적 우월성의 관념이 한국 사회에 여전히 널리 퍼져 있으며, 한국이 민족 단일성을 강조하는 것은 그 영토 내에 사는 서로 다른 민족이나 국가 간의 이해와 관용, 우의 증진에 장애가 될 수 있다고 우려하였다. 단일민족과 순혈주의 이념에 뿌리박은 자민족중심주의, 인종차별주의, 문화우월주의는 다문화가정들이 서러운 타국 땅에서 소수자로 무시당하고 배척당하는 느낌을 경험하게 한다. 바꾸어 말하면 단일민족을 강조하는 한 한국은 다문화사회에 적합한 사회 감성을 가질 수 없을 것이다.

제대로 된 다문화사회라면 자신이 속한 문화에 대한 긍정적인 정체성 확립을 기초로 서로 다른 집단의 문화가 동등한 것으로 인식하는 지식, 태도, 가치를 가지고 있어야 할 것이다. 동시에 자신의 문화와 다른 문화에 대한 편견을 없애고, 다양한 문화집단의 사람들과 상호 이해 및 평등 관계를 중요시하는 사회 분위기가 형성되어 있어야 한다.

2) 일대일 관계 차원 : 권위적인 '우리'주의 문화

단일민족주의 문화 외에 한국에 깊이 자리하고 있는 문화는 권위주의를 근간으로 하는 수직적 집단주의 문화이다. 수직적 집단주의 문화에서는 자신을 집단의 일부로 보는 문화적 특징을 가지고 있기 때문에 사람들은 집단 안의 통합과 집단의 목적을 위해서라면 개인의 목적을 쉽게 희생한다. 또한 나이, 연공서열, 집단에 대한 공헌도에 따라 결정된 계급과 지위에 따른 차별적이고 차등적인 취급을 당연한 것으로 여긴다.[22]

수직적 집단주의 문화와 단일민족주의 문화가 결합하면 '우리주의'가 된다. 우리는 "자기와 타인(들)이 공통성이나 관계 유사성의 인식을 통해 상호 동질감을 경험함으로써 형성되는 사회인지적 집단정체"로, '우리'라는 정체성 의식은 곧 동질성 의식이라고 할 수 있다.[23] 그러나 여기에는 우리주의의 두 얼굴이 존재하고 있다.

서로가 서로를 사랑하고 하나로 여기는 가족의식이 우리주의의 모습이기도 하지만, 우리주의가 왜곡되기 시작하면 지역을 운운하며 지역주의를 조장한다거나, 혈연이나 연고 등으로 울타리 안의 사람들을 무조건 치켜세우고, 반대로 바깥에 있는 사람들을 소외시키는 안타까운 현상이 나타난다.[24] 심지어 '우리'에 포함되지 못한 사람들에게 강한 배타성을 행사한다. 즉, '우리'의 순수성을 더럽히는 '이질적인 사람'으로 인식될 경우 '우리의식'이 작용하는 배타성과 차별은 더욱 심각해지고, 이는 외국인 이주 노동자나 다문화가정을 차별하는 심리적 근원으로 작용하게 된다.

국제결혼 이주여성들의 모습을 살펴보면, 한국인 남편들로부터 무시와 인격모독을 당할 뿐만 아니라 모국의 문화와 언어를 가르치지 못하게 강요당하는 경우가 자주 일어난다.[25] 실제로 다문화가정의 한국인 배우자들이 언어 소통과 생활양식의 차이로 인해 이혼을 심각하게 고려하는 경향이 많은 것으로 나타나고 있다.[26] 노동이나 결혼 등으로 타 문화권에서 이주해 온 사람들에게 한국의 음식, 언어, 예절만을 강요하는 것은 타 문화권에서의 유입이 현 세계관에 대한 위기와 도전이라는 동일성의 논리가 깔려 있다.[27] 이는 다문화가정 학생의 학교 괴롭힘 피해가 일반 학생에 비해 훨씬 많으며, 특히 그 괴롭힘이 관계적 괴롭힘이라는 데서도 나타난다.[28]

역사적으로 살펴보면, 유럽의 식민주의자들이 중남미나 아프리카 피지배인들을 대하는 태도는 흔히 둘 중 하나였다. 그들을 "가르치고 개화시켜" 나처럼 인간이 되게 하든지, 아니면 인간이 아닌 사물로 분류하여 사고팔 수 있는 노예로 만들어 버리는 것이었다.[29] 나와 다르다는 이유로 인간으로서 생존할 권리조차 박탈해 버린 것이다. 다양성이 아닌 획일성이 지배하는 사회는 주류의 폭력이 난무하는 사회일 수밖에 없다.

통합이란 사람들이 하나의 팀과 같이 하나의 사회를 느끼며 사회 내부적으로 '우리'와 같은 감정적인 결합이 일어나도록 하는 것이다.[30] 그러나 하나 되는 감정적인 결합이 타자에 대한 폭력으로 행사될 수 있는 위험성을 극복하기 위해서는 우리 모두가 주는 자이며 동시에 받는 자로서 서로가 성령의 역사에 기여한다는 자세가 필요하다.

3) 공동체 차원 : 다문화가정과 교류 부족

새로운 문화에 대한 인식과 태도는 타 문화에 대한 경험 정도에 의해 영향을 받으며, 직접경험뿐 아니라 간접경험에 의해서도 타 문화에 대한 고정관념을 감소시키는 등 문화적 능력을 높일 수 있다. 또한 사회구성원이 경험하는 거주지에 따른 다문화적 요소 접촉의 차이는 비형식적 다문화경험을 통한 다문화교육 경험을 제공하게 되어 다문화교육 활성화의 필요성 인식에 영향을 미치는 것으로 나타난다.[31] 곧 다문화가정과의 교류 경험이 있는 사람의 경우 다문화 인식과 태도가 그렇지 않은 사람보다 훨씬 긍정적일 것이다. 실제로 다문화 접촉경험이 많은 집단일수록 다문화수용성 점수가 높은 것으로 나타났다.[32]

하지만 성도들이 다문화가정을 직접 만나 본 경험이 있는지 설문했을 때 절반 가량이 만나 보지 못하였다고 응답하였으며, 20대의 경우 77%나 되었다.[33] 제한적 삶의 경험으로 인해 주변에 다문화가정을 접할 기회가 없을 수도 있겠지만, 심리적 거리감으로 인해 다문화가정을 접할 기회 자체를 피할 가능성도 배제할 수 없다. 다른 연령대보다도 교회의 20대 청년들은 다문화 가족을 함께 공동체를 이루면서 살아가야 할 구성원으로 생각하고 그들과 교제하면서 지내야 한다. 그럴 수 있는 기회조차 없다는 것은 한국 교회가 감당해야 할 과제로 남는다.

2. 다문화 가정과 함께하는, 포용의 리더십(Embrace Leadership)

세상은 우리가 전하는 내용뿐만 아니라 하나님의 백성이라고 주장하는 우리의 삶 자체를 주목하면서 우리가 어떤 종류의 사람인지에 관심을 두고 있다. 마찬가지로 세상은 지역사회에 속한 교회의 존재와 이웃과의 관계 속에서 살아가는 그리스도인의 삶 자체에 주목한다. 한국의 목회현장을 살펴볼 때 가장 필요한 것은 개교회의 부흥 성장이 아니라 세상과 사회 속에서 교회가 소금과 빛의 역할을 감당하는 것이다. 다문화사회를 맞이하는 한국 사회와 교회는 이주 노동자와 국제결혼 이주여성 그리고 다문화가정을 어떤 시각으로 바라보고 공존할 것인지 준비해야 할 시점에 와 있다. 이제 한국 교회는 '왜 이 도시, 이 농촌에 우리 교회가 세워졌고 보냄을 받았는지?'에 대해 묻고 그 이유를 발견할 수 있어야 한다.

리더십 이론가들이 리더십을 말할 때 수많은 정의가 있지만 빠지지 않는 핵심 단어는 '영향력'(influence)이다.[34] 다수자인 교인들이 스스로에게, 소수자인 다문화가정에게, 소수자와 다수자가 함께하는 공동체에 미치는 영향력은 무엇이 되어야 할 것인가? 다문화가정을 섬기고 그들을 포용하고 존중할 수 있으며, 궁극적으로 하나님 나라를 이 땅에 실현할 수 있는 영향력이어야 할 것이다.

이번 장에서는 다문화사회 속 교회의 어려움을 해결하기 위해서, 예수님의 가르침과 사역을 통해 하나님 나라를 이룰 수 있는 리더십의 핵심가치를 찾아보고자 한다. 다문화가정에 대한 편견을 없앨 수 있도록 기독교인의 정체성에 영향을 줄 수 있는 개인 내면 차원, 언어와 문화 장벽 같은 어려움을 도와줄 수 있는 일대일 관계 차원, 그리고 소수자와 다수자가 함께하는 제3의 공동체 형성을 위해 다문화가정을 사랑으로 포용할 수 있는 공동체 차원의 리더십을 살펴볼 것이다. 그리고 각 차원의 리더십을 핵심가치가 담겨 있는 '핵심 특성'과 행동해야 하는 '행동 특성'으로 나눠서 설명할 것이다.[35]

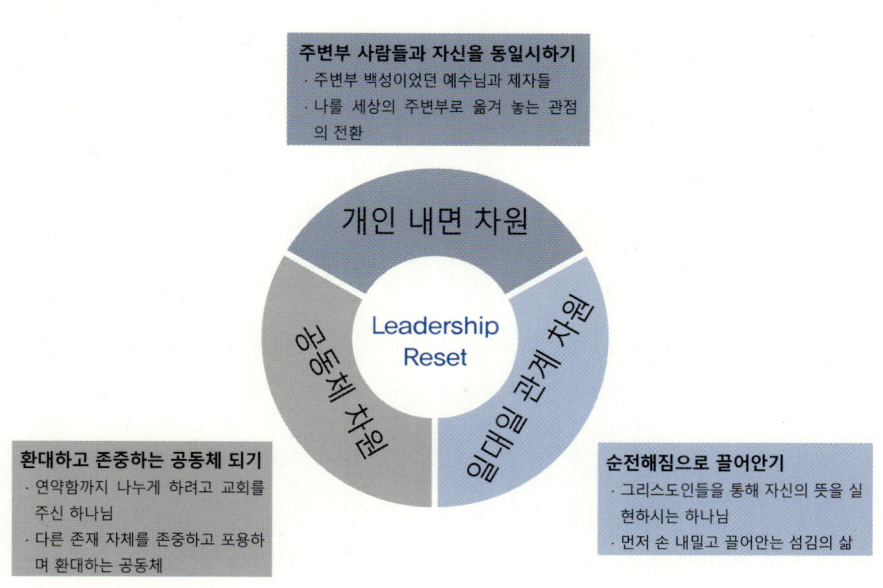

다문화 가정과 함께하는 포용의 리더십

1) 개인 내면 차원 : 주변부 사람들과 자신을 동일시하기

핵심 특성 : 주변부 백성이었던 예수님과 제자들

리더십 이론가들은 보통 리더와 팔로워의 정체성을 명료화하는 것이 리더십 형성에 있어서 가장 중요한 역할을 한다는 것에 동의한다.[36] 편견은 차이를 포용하지 못하는 마음과 연관되어 있기 때문에, 교인들의 정체성을 명료화하는 것은 신앙인의 신앙인 됨의 출발점일 뿐 아니라 다문화가정에 대한 사회적 편견을 줄여 주는 시작점이 될 것이다. '스스로를 누구라고 인식하는가'와 연관된 이러한 이해는 하나님께서 주신 소명을 이해하고 분별하는 문제와도 연관되어 있으며,[37] 이는 결국 우리가 따라야 할 예수 그리스도를 어떠한 분으로 보는가의 문제이다. 그리스도인의 일차적인 소명은 예수 그리스도를 따르는 자가 되는 것이기 때문이다.[38]

예수님께서 제자들에게 "너희는 나를 누구라 하느냐?"라고 물으셨을 때, 베드로가 "주는 그리스도시요 살아 계신 하나님의 아들"(마 16 : 15 – 16)이라고 대답한다. 예수님은 베드로를 칭찬하시면서 이제 예루살렘으로 올라가서 장로들과 대제사장들과 서기관들에게 고난을 받고 죽임을 당한 뒤 제삼 일에 살아날 것을 말씀하셨고, 그리하지 마시라고 대답한 베드로에게 "사탄아, 내 뒤로 물러가라."고 말씀하셨다. 여기서 베드로가 오해한 것은 무엇인가?

이정용은 "하나님의 아들이 되는 것은 중심성의 중심에 머무는 대신, 주변성 중의 주변에서 모든 종의 종이 되는 것을 의미"한다고 설명한다.[39] 즉, 많은 제자들과 세상은 예수 그리스도를 중심 중의 중심으로 여기며, 그를 따름으로써 세상을 지배하는 중심 권력의 일부가 되기를 바랐다.[40] 그러나 예수 그리스도를 따르거나 제자가 되는 것은 하나님의 주변부 백성이 되는 것이다. 예수님은 주변적 존재로서 주변부 사람들과 자신을 동일시했기 때문이다.

예수님은 '자기를 비워 종의 형체를 가지사…… 자기를 낮추고 죽기까지 복종해 십자가에 못 박혀 죽으셨다'(빌 2 : 6-8). 이처럼 자기를 비우는 과정이 바로 성육신의 핵심이다. 예수님의 삶은 주변성의 삶이었다. 예수님의 어린 시절은 권력으로부터 정치적으로 주변화되었고, 이국 땅에 살면서 문화적으로 주변화되었다. 예수님의 공적 사역도 주변부 삶의 특성을 잘 나타내고 있다. 예수님은 집 없는 이들과 함께 살았고, 중심부 사람들을 외면한 적은 없었지만 주로 주변부 사람들과 어울렸다. 하나님 나라 운동도 중심부인 다윗 왕의 영광이 있는 예루살렘이 아니라 고통받는 종의 수치가 있는 주변부인 갈릴리에서 하셨다.[41]

예수님의 제자들도 주변부 사람들이었다. 자신들이 살고 있는 세계에서 소외되어 있는 외부인이고 주변인이었다. 이정용의 표현처럼 "하나님은 중심을 찾는 사람들에게는 중심이 아니지만, 주변을 찾는 자들에게는 중심이다."[42] 예수 그리스도가 주변부 사람을 앞서 이끄시는, 스스로 자신을 비운 하나님이시라면, 예수 그리스도를 따르는 우리는 하나님의 새로운 주변부 백성으로 불려야 한다. 예수 그리스도를 따르는 자들이 가져야 할 진정한 제자도의 모습과 가치는 한민족 중심이 아닌 '주변부 백성'이라는 정체성에서 시작되어야 할 것이다.

행동 특성 : 나를 세상의 주변부로 옮겨 놓는 관점의 전환

리차드 니버(H. Richard Niebuhr)의 정의에 따르면, 기독교인이 된다는 말의 의미는 개인의 견해와 '관점'(perspective)[43]의 변화를 내포한다. 니버는 하나님과 인간과의 관계가 하나님의 주권에 달려 있다고 주장하며, 그렇게 바라보는 것이 또한 크리스천 관점의 시작임을 강조한다.[44] 블랜차드(Blanchard)와 하지(Hodges)도 "하나님을 기쁘게 하고자 하는 삶의 결단의 자연스런 결과는 리더의 관점 변화로 나타난다."고 주장한다.[45]

진정한 변화는 삶의 관점을 중심 중의 중심에서 주변 중의 주변으로 전환하여, 새로운 주변부 사람의 관점으로 세상을 보고 살아갈 때 가능하다. 주변성이 제자도는 아니지만 주변성과 제자도는 나눌 수 없고 주변성은 제자도의 조건이다.[46] 하나님은 항상 어리석고 약하고 비천한 사람이나(고전 1:27-28) 가난하지만 믿음에서 부요한 사람들을 택하셨다(약 2:5).

주변부적 사유는 다문화시대 그리스도인의 삶에 큰 의미를 갖는다. 예수 그리스도를 통해 하나님의 자녀 된 우리의 정체성은, 다문화가정에 비교해 보았을 때 다수자이지만, 여전히 '주변부 백성'으로 살아가는 것이라고 할 수 있다. 성육신하신 주변부 하나님의 본질은 십자가로 상징되는 고통당하는 사랑이고, 우리는 십자가를 지고 가는 사람들이기 때문이다. 따라서 우리의 정체성을 주변성에서 찾는 관점의 변화와 재정의가 이뤄지지 않고는, 이 땅에 하나님의 나라를 이루기 어려울 것이다. 다문화가정을 대하는 그리스도인들의 관점이 바뀌어야 그들의 삶이 바뀌고, 그 삶이 바뀔 때 교회가 변화하고, 교회가 변화할 때 교회의 문화가 바뀔 수 있다.[47]

다수자인 교인들이 이 땅을 살아갈 때 필요한 다문화가정을 위한 리더십은 교인들의 정체성과 연관된 주변인 된 백성의 리더십이다. 이 땅에 살고 있지만 신앙생활 하는 교인들이 먼저 주변인 된 하나님의 백성으로서, 자신의 삶을 통해 살아 계신 하나님이 나타나야 함을 인식하는 셀프리더십의 모습이 필요하다. 기독교인들이 먼저 사회적 편견을 가지고 다문화가정을 대했던 모습들을 벗어 버린다면, 그때 비로소 다 같이 이 땅의 주변인으로 부름받은 평등하고 서로 연결된 존재임을 확인할 수 있을 것이다.

세상의 구원을 위해 십자가를 지신 예수 그리스도처럼, 주변부 백성 된 교인들은 고난을 감수하면서 세상의 구원을 위해 자신을 희생하게 된다. 보쉬(David J. Bosch)는 나그네와 같은 순례하는 백성들은 이 땅에 고정된 집이 없기 때문에 이 세상이 임시거처(παροικία, paroikia)이고, 그것은 이 세상의 종말을 향해 영원히 건축되고 있는 중이라는 것을 강조한다.[48] 그러므로 교인의 정체성은 저 세상이 아니라 이 세상이며, 이 세상에 어떤 목적과 어떤 모습으로 존재해야 하는지 고민하는 삶이 주변부 백성 된 교인들의 관심이 되어야 한다. 교인들은 세상 속에 있지만 자기 자신만을 위하지 않고, 세상 속에서 살아가지만 하나님께 속한 백성으로서의 분명한 축을 옮기는 정체성과 삶의 변화가 있어야 하는 것이다.

이러한 부분을 깨닫기 시작할 때 다문화가정에 대해서 배제가 아닌 포용과 긍정의 관점으로 바라보게 될 것이다. 하나님께서 이 세상에 성육신하심으로 그리스도 안에서 우리를 사랑하시고, 겸손한 자세로 우리와 하나 되기 위해 다가오셨다면 한국 교회 또한 다문화가정과 동일한 사랑을 나누는 공동체가 되어야 할 것이다.

2) 일대일 관계 차원 : 순전해짐으로 끌어안기

핵심 특성 : 그리스도인들을 통해 자신의 뜻을 실현하시는 하나님

다문화가정의 언어장벽과 문화적응의 문제는 다문화가정의 실질적인 필요이기 때문에 많은 사회단체와 정부기관에서도 신경 쓰고 도움을 주고자 노력하는 부분이다. 이러한 문제는 다문화가정이 살아감에 필수적인 부분이지만, 다른 시각으로 본다면 다문화가정과 함께 살고 있는 이웃과 공동체의 나눔과 교류가 있다면 자연스럽게 해결될 수 있는 부분이기도 하다. 다문화가정이 이웃 된 교인들과 생활을 나누고 함께할 때 자연스럽게 언어장벽과 문화적응의 문제도 해결될 수 있을 것이다.

신약성경에 나타나는 그리스도인의 과제는 세상에 살아 계신 하나님을 대표하고, 세상이 살아 계신 하나님을 인정하도록 만드는 것이다.[49] 하나님은 우리를 향한 구원계획을 위해 예수 그리스도를 보내셨고, 예수님은 자신의 제자들을 이 땅 가운데 보내심으로 당신의 미션을 완수하셨다. 하나님은 예수님을 따르는 성령 충만한 사람들을 통해 하나님의 뜻을 실현하신다. 즉, 이웃에 함께하는 주변인 된 신앙인들을 통해서 다문화가정에게 하나님이 알려지게 될 것이고 하나님의 뜻이 실현된다는 것이다. 내가 주변인 된 그리스도인이라는 정체성을 지닌 신앙인이라면 이웃 다문화가정의 언어적, 문화적 어려움에 도움을 주어야겠다는 인식이 있을 것이다.

그리스도인들이 삶에서 살아 계신 하나님을 대표하는 역할을 감당하지 못하는 이유는 무엇일까? 그들의 마음가짐이 준비되지 못한 부분도 있지만, 그들이 보여 주고 있는 모습이 신뢰할 수 없는 모습이기 때문이다. 대인관계 차원에서 가장 중요한 핵심은 신뢰이다. 쿠즈스와 포스너(James M. Kouzes and Barry Z. Posner)는 수많은 연구 결과를 들어 가며 신뢰받는 사람이 되는 것, 즉 성실하고 정직하며 진실된 사람이 되는 것이 효과적인 대인관계 리더십을 위한 필수조건이라 주장한다.[50]

그렇다면 그리스도인들이 신뢰를 잃어 가는 가장 심각한 이유는 무엇일까?

보냄 받은 그리스도인들이 하나님의 메시지 운반자의 사역을 감당하지 못하는 것은 교인들의 도덕적 순전성(moral purity)에 문제가 있기 때문이라는 쇼우(Ryan Shaw)의 지적이 말해 준다.[51] 기윤실의 "2013년 한국 교회의 사회적 신뢰도 여론조사 기초보고서"에 따르면, 한국 교회 신뢰도 제고를 위해서 필요한 사회적 활동으로 '윤리와 도덕 실천운동'(45.4%)과 '봉사 및 구제활동'(36.4%)이 제시되고 있다. 흥미로운 점은 2009년의 같은 조사에서는 '봉사 및 구제활동'(60.3%)에 대한 필요가 '윤리와 도덕 실천운동'(19.9%)보다 더 컸다는 것이다.[52] 이를 해석하자면, 한국사회가 교회에 바라는 것은 단순한 행함 이전에 교회의 삶과 신앙이 하나가 되어 윤리적이고 도덕적인 일상의 모습을 보여 주는 것, 신분에 걸맞은 거룩함을 실제로 나타내는 것이다.

이 땅에서 하나님을 나타내는 사람이 되기 위해서, 교인 된 우리는 주변인 된 백성의 정체성을 가지고 있으면서 실제 생활에서는 거룩해야 한다.[53] 구약에서 거룩의 의미는 이스라엘 사람들이 특별히 종교적이어야 한다는 의미가 아니다. '거룩'이라는 단어(קָדוֹשׁ, qadosh)는 그 중심이 '다르거나 구별된다'는 의미이다. 즉, 이스라엘이 거룩하다는 것은 곧 그들이 열방이 하는 것처럼 하지 않고 야훼께서 하시는 것처럼 따라감으로 열방 중에 독특한 공동체가 되어야 한다는 것이었다.[54] 거룩함은 하나님의 명령으로 이스라엘이 거룩한 백성으로서 그 신분에 걸맞은 거룩함을 매일의 삶에 실제로 나타내라는 의미가 있었다.[55] 또한 신약에서는 예수 그리스도를 따르는 자들이 민족과 땅과 성전의 정체성을 지키려고 매달린 것이 아니라 마음과 삶을 새롭게 함으로 본래의 비전을 되찾아 온 세상을 향하여 예수 그리스도의 거룩한 임재가 그리스도인들의 일상의 삶에 영향을 끼치고 있다는 것을 보여 주는 삶이 거룩함으로 드러났다.[56]

그리스도인들이 거룩하도록 부름받은 곳은 바로 우리들이 서 있는 곳에서 시작되기 때문에, 그 책임의 시작은 우리 자신의 가정과 이웃이어야 한다. 그 이웃에 다문화가정도 포함되어 있는 것이다.

행동 특성 : 먼저 손 내밀고 끌어안는 섬김의 삶

다수자인 그리스도인들의 정체성과 연관하여 필요한 리더십을 '주변부 백성 되기'라고 정의했다. 모든 사람이 하나님의 주변부 백성이 될 때, 모든 사람은 모든 종들의 종인 예수 그리스도 안에서 서로에게 종이 된다(마 20 : 28, 빌 2 : 5 - 11). 주변성의 섬김 지향적 비전이 예수님의 삶과 사명에 나타난 것처럼, 다문화가정과 함께 살아가고 있는 교인 된 우리에게도 나타나야 할 것이다.

존 스토트(John R. W. Stott)는 교회에 이중 정체성(double identity)이 필요하다고 말한다. 교인들은 하나님을 예배하도록 부름 받았을 뿐 아니라, 세상에서 증거하고 섬기도록 다시 보냄 받은 백성이라는 뜻이다.[57] 이 둘은 교회의 전형적인 표지로서 교회는 '거룩한' 동시에 '세속적'이 되라는 하나님의 명령을 받는다. 스토트는 교회가 긴 역사 속에서 거룩하면서 동시에 세속적인 '거룩한 세속성'을 유지해 낸 일이 거의 없음을 지적하면서, 예수 그리스도의 성육신이야말로 '거룩한 세속성'의 완전한 구현이라고 강조한다.[58]

'거룩한 세속성'이란 구원받은 자로 그 신분에 걸맞은 수준의 삶을 살아갈 것을 전제한다.[59] 그러나 교회는 세상에 증거하고 섬기기보다는 동화되거나 세속화되고, 거룩하게 되어야 할 부분에서는 '거룩'이라는 잣대를 가지고 '나는 거룩한 사람들이고 저 사람들은 거룩하지 못한 사람들'로 구별하고 분리함으로 세상에서 물러나 있는 모습을 보여 왔다.

이스라엘 백성을 거룩하게 하신 하나님의 목적은 과연 '갈라 놓음'에만 있었을까? 거룩의 결과를 보여 주는 의미들(קָדֹשׁ, qodesh)은 거룩의 목적이 '구별'뿐만 아니라 '부둥켜안음'임을 보여 준다.[60] 예수님의 거룩은 죄인과 연약한 자들을 끌어안고 그들을 거룩하게 만드는 거룩이다. 예수님이 우리에게 이 세상에서 거룩한 행실을 살도록 명령하신 목적은 구별만이 아니라 예수님 안으로 들어올 수 있는 선교적 다리의 역할로서 그들을 '끌어안음'에 있다. 하나님의 나라는 하나님 창조세계의 다양성이 표출되는 최적의 장이지만, 마틴 루터 킹 주니어(Martin Luther King Jr.) 목사는 아이러니하게도 주일 오전 11시가 세상에서 가장 인종분리가 극대화되는 시간임을 지적한 바 있다.[61] 교인 된 우리가 다른 사람들을 가장 받아들이지 못한다는 것이다.

성육신하신 하나님인 예수 그리스도는 인성과 신성의 결합이다. 즉, 예수 그리스도의 정체성은 하나님 자신과 하나님이 아닌 것의 결합이다. 따라서 성육신이 내포하는 것은 우리 안에 내재하여 있는 낯선 것, 즉 타자성(otherness)을 발견해야 한다는 것이다. 그럴 때 우리에게 낯선 사람으로 다가오는 타자의 다름을 인정하고 공존할 수 있는 능력을 키울 수 있을 것이다. 우리의 거룩한 삶은 이웃과의 관계를 통해 드러나게 되며, 이웃과 함께하는 교인들은 하나님의 사랑을 이웃과 세상에 흘려보내는 통로가 될 것이다. 이웃 사랑은 관념이 아니라 일상에서 살아내야 하는 구체적인 삶이며, 우리 삶의 영적 예배란 하나님의 뜻이 우리의 몸을 입을 때 드러난다(롬 12 : 1).

에디 깁스(Eddie Gibbs)는 신앙인과 교회의 역할에 대해서, 교회가 예전에 가졌던 사회적 지위를 되찾으려고 시도하기보다는 세상으로 재진입하여 낯설고 때로는 적대적으로 느껴질 수 있는 문화적 환경 속에서 소금과 누룩, 그리고 빛의 역할을 감당함으로 포스트모던 문화 안에서 예수의 길을 실천하는 공동체가 되어야 함을 주장한다.[62] 즉, 우리가 거룩해질수록 우리들만의 삶과 공동체에 머무는 것이 아니라 다문화가정의 삶을 끌어안고 섬김으로, 그들을 밝고 따뜻하게 해 주고 새롭게 하며 나아가 그들을 위해 헌신하는 삶을 살 수 있다. 그들을 위해서 헌신하는 삶이 하나님의 뜻을 따라 사는 것이라면 그곳이 하나님 나라가 될 것이다.

하나님 나라는 하나님의 다스림이다(눅 19 : 11-27). 하나님 나라는 하나님의 뜻을 따라 사는 곳이고, 하나님의 꿈을 나의 꿈으로 받아들이고 그 꿈에 동참하려는 자들에게 언제든 열리는 나라이기 때문이다. 하나님 나라를 살고자 하는 거룩한 주변부 백성의 정체성을 가지고 있는 교인들이 대인관계의 차원에서 가져야 할 모습은 끌어안음으로 섬기는 리더십이다. 다문화가정을 섬김에 있어서 다수자인 그리스도인들이 이러한 리더십을 발휘하여 먼저 다가가야 한다. 교회 안에 다문화부서도 생기고, 그에 따라 필요한 프로그램과 도움의 손길이 전해질 수 있는 적합한 시스템들이 생길 때 다문화가정의 실질적 필요들을 채울 수 있을 것이다.

3) 공동체 차원 : 환대하고 존중하는 공동체 되기

미국에 사는 아시아인과 다른 소수민족들은 여러 세대를 거치는 동안 인종 차별주의와 문화적 편견을 겪으며, 더 이상 백인 사회에 동화하는 데 관심을 가지지 않는 대신 그들만의 독특한 자리를 찾음으로 미국 사회가 다양한 민족 집단과 문화집단으로 구성된 사회로 변화하도록 기여하고 있다.[63] 자민족 중심주의 성향이 강한 한국 사회의 모습은 사회적 동화현상을 강제하는 경향이 두드러질 때가 많다. 한국 사회 속의 다문화가정이 미국 사회처럼 아예 구별된 공동체로 존재하는 사회가 될지, 아니면 건강한 제3의 공동체 모습을 가져갈 수 있을지에 교회의 공적인 역할이 크게 대두되고 있다. 따라서 다문화사회에 적합한 교회 리더십은 소수자인 다문화가정의 필요를 채울 수 있고, 다수자인 그리스도인들의 새로운 공동체에 대한 소망도 담을 수 있는 성서적 리더십이어야 할 것이다.

핵심 특성 : 연약함까지 나누게 하려고 교회를 주신 하나님

하나님의 교회가 하나님의 말씀에 순종한다면 하나님의 말씀은 우리를 당연히 사회적 상황 속에서 고통당하는 다문화가정에게로 보내실 것이다.[64] 하나님은 삼위일체의 공동체적 하나님이시고, 관계의 하나님이며 성육하신 하나님으로 성령을 통해 지금도 운행하시는 하나님이시기 때문이다.[65]

에디 깁스는 "만일 주님께서 우리들을 이 밤에 우리의 이웃들로부터 옮겨 놓으신다면, 과연 우리 주변의 공동체는 우리가 그들 가운데 더 이상 존재하지 않는다는 사실을 무엇으로 인식할 수 있겠는가?"라고 묻는다.[66] 지역공동체가 교회를 원하는 이유는 하나로 집약될 수 있는데, 그것은 교회가 베푼 섬김과 사랑을 통해 지역사회가 변하는 경험을 위해서라는 것이다. 교회는 주님의 사명을 위해 세상으로부터 부름을 받고, 동시에 세상을 향해 보냄 받은 공동체로서 우리 자신의 사회와 문화 안에서 맡겨진 사명을 감당해야 한다. 교인들은 자신이 사는 지역을 선교 현장으로 인식하고 하나님의 선교에 참여하도록 부름 받고 파송된 자들로 이해해야 한다.

라이트(Christopher J. H. Wright)의 주장처럼, 우리가 세상에 하나님의 복음을 전하는 수단이 되도록 선택받고 부름받은 백성의 공동체로 교회를 이해한다면 우리 교회가 선교적인 교회[67]가 되는 것 외에 다른 무엇이 될 수가 없을 것이다.[68] 교회 안에서 봉사 잘하는 신앙인을 좋은 교인이라고 지칭하는 교회 중심적인 신앙 패턴을 가져 왔던 한국 교회가, 이제는 어떤 신앙인이 좋은 신앙인이고, 어떤 교회가 좋은 교회인지에 대한 본질적인 물음을 하게 되는 시대에 접어들었다.

다문화 시대에 교회의 역할은 무엇인가? 교회의 공적 역할에 대해서 첫 번째 접근법은 교회가 대안 공동체로서 역할을 하게 해야 한다는 주장, 즉 세상으로부터 뚜렷하게 구분되면서 동시에 증인으로 살아가는 공동체가 되어야 한다는 것이다. 두 번째 접근법은 삼위일체 하나님께서 인간의 문화와 사회에서 활동하신다는 넓은 틀 안에서 교회가 그 하나님 선교의 파트너와 참여자로의 교회의 사명을 발견해야 한다는 것이다.[69] 이 두 가지 흐름 모두 다문화 시대의 사회적 현실에서 어떤 효과가 있을지 철저한 검증이 필요하다.

전자의 접근법은 교회가 하나님 나라를 위한 이 땅의 교두보가 되고 전초기지로서 작용해야 하고 기독교적인 삶의 독특성을 회복함으로 이 세상이 자기 스스로는 이룰 수 없는 대안적인 사회가 되어야 한다고 주장한다.[70] 이러한 접근법은 교회 안 공동체적 제자도의 회복과 실천에는 도움이 될 수 있지만, 교회가 세상에 참여하는 선교적 차원에 대한 설명을 명확히 하지 못하고 있다.[71] 그리스도인들은 세상 속 삶의 현장에서 하나님의 뜻을 실천하고 예수 그리스도의 윤리를 구현해야 하는데, 그 구현되는 삶의 장소가 세속적인 가치에서 분리되어 자신을 계속 유지할 수 있다는 생각은 이상적인 생각이다. 따라서 두 번째 접근법과 같이 삼위일체 하나님께서 이 세상과 문화에 능동적으로 관여하신다는 생각과 더불어 세상을 변혁해야 할 일차적인 책임이 그리스도인들에게 있다는 것을 잊지 말아야 한다. 교회의 진정한 교회 됨의 모습은 "그리스도인들이 인간의 사회, 공동체, 문화 안에서 삼위일체 하나님의 창조하시고, 구속하시고, 화해하시는 활동에 참여하는 것"을 뜻한다.[72]

하나님의 이러한 활동에 참여할 때 지향해야 할 제3의 공동체의 모습은 어떠해야 하는가? 예수님은 제자들과 장차 그들을 통하여 주님을 믿게 될 자들이 하나가 되기를 기도하셨다(요 17 : 20-21). '주 안에서 하나 된 공동체'가 의미하는 것은 무엇일까? 오늘날 우리는 진정한 나눔과 들음의 사역이 존재하는 성숙한 공동체를 점점 발견하기 힘들어진다. 우리는 신앙공동체 속에서 깨어진 상태보다는 온전한 상태로 당당하게 있으려 하기 때문이다.[73] 공동체가 공동의 비전, 공동의 기억, 공동의 의식을 가지는 것도 중요하지만, 더불어 자신의 연약함까지 나눌 수 있는 나눔과 들음의 생활이 필요하다.

안전하지 않은 공동체에서 그리스도인들은 자신에 대해 부분적인 모습만을 드러내고 나머지는 숨기는 경향이 있다. 하지만 래리 크랩(Larry Crabb)은 "깨어진 사람들만이 영적 공동체를 공유"함을 주장한다.[74] 공동체는 자기중심이라는 그늘에서 빠져나와 참된 사랑의 빛 속으로 들어가는 장소이다.[75] 즉, 각 사람이 다른 사람을 있는 그대로 받아들이고 맞이하고 사랑하고자 노력하는 장소인 셈이다. 공동체는 그 자체를 위해 존재하는 것이 아니라 다른 사람들을 위해 존재하는 것이다. 즉, 주 안에서 하나 되는 공동체는 자기의 약함을 스스로 인정하고, 드러내며 부족함을 타인으로 하여금 보충 받으며 그것을 나누는 자리이다.

브라운은 공감 어린 마음으로 들어주는 사람이 있을 때 두려움과 분노를 가져오는 수치심이 살아남지 못하게 됨을 오랜 연구를 통해 확인하였다.[76] 그는 이러한 결과를 바탕으로 "공동체 가운데서 우리 안에 있는 연약함(vulnerability)을 드러내고 알게 하는 것"이 사랑이라 정의하였다.[77] 또한 나우웬은 죽기 3주 전에 "위선에 대한 최상의 치료법은 공동체라는 사실을 배우고 있다. 위선이란 내가 설교한 대로 살지 못해서 생기는 것이 아니라, 내가 말한 대로 살지 못하는 나의 무능함을 고백하지 못해서 생긴다."78)고 말함으로 공동체에 대한 중요한 혜안을 던져 주고 있다.

연약함까지 나눌 수 있는 이러한 역할은 밖으로, 신실함으로 나타나야 한다. 다시 말해, 존재와 행위 모든 면에서 성령의 능력 안에서 그리스도께 신실하려고 힘써야 한다는 것이다. 교회란 복음과 문화가 결합된 것이고, 그리스도인들은 교회 밖의 사람들과 많은 것을 공유하기 때문에 신앙인들의 삶은 사회적 담론에도 영향을 끼치게 되어 있다. 따라서 헌스버거(George R. Hunsberger)는 신앙인과 교회의 정체성은 신실한 삶의 실천으로 나타나야 한다고 주장하면서 공감, 겸손, 정직, 용기와 같은 가치의 중요성을 강조한다.79) 교회 밖의 사람들과 공감하는 태도로 그들과 함께할 것을 당부하고, 또한 겸손한 맘으로 복음의 진리를 전할 것을 이야기한다.80) 그리스도인들이 전하는 복음의 담론이 특수하기 때문에 정직해야 하고, 그리스도인들은 또한 공적 행동에 대해서 용기를 가져야 한다.81) 즉, 자신의 삶을 통해서 사회에서 진리를 주장할 수 있는 기회를 구체화해야 한다는 것이다.

오늘날 한국 교회는 스스로 공동체라고 여기지만, 성경에 나타난 초기 기독교인들이 경험하였던 교회의 공동체적 요소를 점점 상실해 가고 있다. 교회는 구성원들을 예배드리러 '가는 것'에 제한하지 않고, 공동체에 '속해 있는' 존재로 여기며 필요한 것들을 제공해 주는 모습을 가져야 한다.82) 서로의 연약함까지 사랑으로 섬길 수 있는 '제3의 공동체'83)를 이루며 새로운 관점과 방식으로 세상을 바라보고 살아야 할 것이다.

행동 특성 : 다른 존재 자체를 존중하고 포용하며 환대하는 공동체

다문화사회를 맞이하는 한국사회에서 교회의 공적 역할의 신실함을 보여 주고 교회의 교회 됨을 회복하기 위한 모습은 어떻게 나타나야 하는가? 교인들과 다문화가정이 함께 지향해야 할 공동체의 모습은 어떠해야 하는가? 삼위일체 하나님은 개별성이 존중되면서도 환대를 통한 연합과 상호의존의 모습을 보여 주는데, 이것이 각 사람과 모든 공동체를 위한 모형이 될 것이다.[84]

삼위일체 하나님의 관계를 나타내는 페리코레시스, 즉 역동적 순환운동을 통한 세 위격의 상호거주와 침투의 모습은 인간의 상호의존과 관계적 공동체를 위해서 풍부한 유비를 제공해 준다. 교인 한 사람으로 존재한다는 것은 고립된 개체로 존재하는 것이 아니라, 다른 성도를 포함하여 다문화가정과 같은 타인의 삶에 참여하고 나아가 타인에 의해 형성된 정체성을 가지고 살아가는 것을 의미한다. 제3의 공동체는 동화를 지향하는 사회 통합이 아니라, 쌍방향 소통을 지향하는 타문화에 대한 이해 및 상호존중, 상호변화의 관계를 만들어 감으로 상생과 조화의 가능성을 찾아가야 한다. 그렇게 하기 위해서는 교인들과 다문화가정 모두 사회 통합의 대상인 동시에 주체라는 인식의 전환이 필요하다.

그러나 '다문화가정을 대상으로 한 교회 내 프로그램 중에 가장 시급한 것이 무엇인가'라는 질문에 대한 교인들의 대답을 보면 '다문화가정 대상 기독교 신앙교육'(4.25/5)이었다.[85] 즉, 다수자인 교인들이 꿈꾸는 제3의 공동체는 다문화 신앙공동체이며, 기존 교회에 다문화가정이 잘 적응할 수 있도록 기독교 신앙 교육부터 하자는 마음이 있음을 알 수 있다. 이것은 다수자인 교인들 입장에서는 다문화가정에 대한 배려일 수 있으나 소수자인 다문화가정, 더 깊숙이 들어가면 결혼이주여성에게는 자신의 정체성과 가치를 존중받지 못하는 일종의 폭력으로 받아들일 수 있는 부분이다.

미로슬라브 볼프(Miroslav Volf)는 "타자의 자아는 나의 진리보다 중요하다."며, 진리를 위해 기꺼이 나 자신을 부인해야 하지만 나의 진리의 제단에 타자를 희생 제물로 바쳐서는 안 된다고 주장한다.[86] 진리이신 예수님께서 자신의 진리를 깨닫지 못하는 이들을 '설득'하기 위해 폭력을 사용하기를 거부하셨기 때문이다.[87] 한국 교회에서 건강한 다문화 신앙공동체를 형성하기 위해서는 민족적 우월주의를 배격해야 하며, 성서로부터 제시된 '인종적 다양성, 사회적 관용성, 제도적 평등성'을 수용하여 모든 사람에게 그리스도의 복음을 삶에서 함께 나누고 적극적으로 실천할 때 비로소 가능하다.[88] 하나님의 선교는 인종과 문화, 사회, 경제적인 경계를 넘어서는 것이기 때문이다.

한국사회에 필요한 제3의 공동체인 다문화 신앙공동체의 모습은 다수자와 가진 자의 자리에서 기독교 신앙을 강요하거나 거래하려는 고립된 공동체의 모습이 아니다. 오히려 다문화가정을 환대하고 포용하고 존중하는 공동체이다. 여기서 다문화 신앙공동체를 지칭하는 '환대, 포용과 존중'의 의미를 상세히 살펴볼 필요가 있다.

첫째, 환대는 다문화가정에게 무엇인가를 베풀려고 애쓰는 모습이 아니고 성육신하신 하나님이 이 세상에 오셔서 환대에 의존하신 모습을 따르는 것이다. 그러한 모습은 누가복음의 예수님께서 70명의 제자들을 임명하시고 종교적, 문화적 장벽을 넘어 사마리아로 파송하신 부분에서 발견할 수 있다.[89] 예수님은 70명에게 그들의 안녕을 위해 사마리아 마을 주민들의 환대에 의존할 것을 명하셨다.[90] 낯선 자에게 환대를 베푸는 것이 아니고 오히려 연약한 모습으로 낯선 자의 환대를 구해야 한다는 것이다.[91] 즉, 환대의 주체가 역전된 것이다. 우리 섬김의 모습이 다문화가정의 환대에 철저하게 의존해야 한다는 것이다.

둘째, 사회·경제적으로 위의 자리에 위치함으로 다문화가정을 참아 주고 관용(tolerance)하는 모습보다는 그들을 포용(embrace)하고 존중(respect)하는 모습이 필요하다.[92] 포용과 진리와의 관계에 대해서 볼프는 "타자를 포용하려는 의지가 없다면 사람들 사이에 아무런 진리도 존재할 수 없다."고 주장한다.[93] 포용하려는 의지가 없으면 진리가 있을 수 없고 진리에 대한 의지가 없으면 포용이 있을 수 없다는 것이다.[94] 즉, 진리 되신 예수님을 따르는 공동체는 반드시 포용과 존중의 공동체가 되어야 하고, 포용하려는 의지가 있을 때 비로소 진리의 공동체가 될 것이다. 그러한 포용과 존중의 공동체는 또한 주변부 공동체이다. 예수 그리스도께서 최고의 주변부 사람이었고 버림받은 사람, 이방인, 가난한 사람, 세리, 억압받는 사람 등 주변화된 사람들의 친구였기 때문이다.[95]

다문화가정과 함께하는 환대와 존중의 다문화 신앙공동체의 모습을 보임으로, 세상이 사회적 강제력이나 통치행위를 통해서는 결코 이룰 수 없는 삶의 방식을 교회를 통해 보여 줄 필요가 있다. 예수님께서 우리에게 세상의 소금과 빛이 되라고 당부하신 것은 부름 받은 사람들을 향한 것이고, 더 나아가 다른 이들로 우리의 "착한 행실을 보고 하늘에 계신 너희 아버지께 영광을 돌리게"(마 5 : 16) 하는 삶을 살기 원하는 사람들을 향하신 것이다.[96] 이같이 행하는 교인들은 다문화가정과 함께 "하늘에 계신 너희 아버지의" 자녀가 될 수 있을 것이다(마 5 : 45). 그러한 다문화 신앙공동체는 하나님 나라에 대한 예수의 비전이 현실로 바뀌는 통로가 될 것이고, 이때 비로소 교회가 세상 속에서 거룩하고 신실한 대안공동체가 될 것이다.

4) 결론 및 요약

사도 바울은 갈라디아서, 에베소서, 골로새서 서문을 쓸 때, "유대인이나 헬라인이나 종이나 자유인이나 남자나 여자로"⁹⁷⁾ 가르는 것이 없으며 모두가 "미움이란 벽을 허무신"⁹⁸⁾ 그리스도 안에서 하나라고 말한다. 이것은 분명 혁명적인 말이었지만 정치적인 말은 아니었다. 예수님이 가장 많은 시간과 힘을 투자하신 것은 제자들을 세우고 '새로운 공동체'를 강화하는 일이었다. 제자들은 예수님의 말씀에 순종하여 그들의 삶에 새로운 방식을 받아들였을 뿐이지만, 그들의 존재는 사회로서는 견딜 수 없는 것이 되었다. 이러한 형태의 교회는 자동적으로 사회에 도전을 주게 되고 때로는 맞서게 될 것이다.

이것은 오늘날에도 적용되는 것이다. 교회가 교회 되고, 또 그 부르심에 충실하다면 그 존재는 정치, 경제, 종교, 사회 각 분야에 영향을 주게 될 수밖에 없다. 하지만 오늘날 교회가 직면한 가장 큰 위기는 '교회가 세상 속에 있지 않고 교회 안에 세상이 있기 때문'이다. 다문화사회 속에서 교회가 관심을 둬야 하는 일은 어떤 형태와 어떤 목적을 가지고 세상 안에 있어야 하느냐의 문제이다. 결국 교회의 영향력은 교회 좌석의 숫자로 따지는 것이 아니라 그 사회의 길거리에서 사람들이 교회를 어떻게 생각하는지 바로 그곳에서 찾아야 할 것이다. 교회가 기독교 공동체의 독특성을 발전시키는 것도 중요하지만 그와 동시에 지역사회의 어려움과 섬김의 일에 깊이 참여해야 할 것이다. 왜냐하면 바로 그곳이 하나님의 선교적 활동이 이뤄지는 주된 영역이기 때문이다. 다문화사회 속에서 교회는 하나님의 선교에 참여하라는 요청에 신실함으로 대답해야 할 것이다.

우리가 보이지 않는 하나님에 대해 아무리 자랑할지라도, 그 같은 주장을 하지 않는 사람들과의 삶과 비교했을 때 아무런 차이가 없다면 세상은 우리의 주장에 귀를 기울이지 않을 것이다. 한국 교회의 교인들은 지역사회의 중심으로 들어가 다문화가정이 겪는 고통과 어려움의 현장에서 진정한 환대와 존중의 모습으로 함께해야 한다. 그 사역을 위해서 교회의 많은 모임들은 교인들을 준비시키는 하나님 나라의 작업장 기능을 해야 할 것이다.[99] 먼저 자신이 주변인 된 하나님의 백성임을 깨닫고, 삶의 현장에서 윤리적으로 먼저 거룩한 섬김의 삶을 살아가며, 다문화가정과 함께하는 환대로써 존중의 다문화 신앙공동체를 통해 이 세상 속에 구원이 이루어지고 있음을 세상이 알 수 있도록 해야 할 것이다.

사례 3-1) ## 상주교회 다문화 사역과 다문화가족지원센터 사역 소개

상주교회가 위치하고 있는 상주시에는 현재 약 176개의 교회들이 나름대로 열심히 하나님 나라의 복음을 전파하며 동네 주민들과 함께하는 프로그램들을 운영하고 있다. 예를 들면 노인대학, 지역아동센터의 어린이 사역, 무료급식 같은 사역으로 '마을 목회'를 열심히 감당하고 있다. 곽희주 목사는 2002년도에 상주교회에 담임목사로 부임했다. 부임 후에 곽 목사는 '왜 이곳에 상주교회가 있어야 하는지?', 그리고 '상주에서 지역주민들과 함께하는 교회가 되려면 어떻게 접근해 가야 할까?'를 고민하며 기도하던 중 『블루오션 전략』[100]이라는 책을 읽게 되었고, 다른 교회에서 열심히 하고 있는 사역에 대해서는 경쟁을 피하고 우리만이 할 수 있는 사역, 시대가 요청하는 일이 무엇인가를 기도하며 살펴보았다. 그러던 중 마침 국제결혼중매업을 하고 있던 어느 성도로부터 결혼이주여성들의 아픔을 듣게 되었다.

푸른 꿈을 안고 행복하게 살게 될 것을 소망하며 한국에 들어왔는데 막상 그녀들 앞에는 만만치 않은 현실이 기다리고 있었던 것이다. 가족 구성원 간의 언어적인 소통의 문제와 문화적인 이질감으로 인한 스트레스는 결혼과 신혼의 단꿈을 이루기에는 쉽지 않은 장애로 존재하고 있었던 것이다. 뿐만 아니라 한국인 남편, 결혼이주여성, 시부모와 시집 가족들, 이 모두들에게 새롭게 경험되는 가족관계는 눈앞에 있는 행복한 삶을 살아가기에는 너무나 많은 희생이 강요되고 있었던 것이다. 곽 목사는 이들의 아픔을 자신의 아픔으로 동일시했고, 이렇게 힘든 가정의 삶을 살아가는 다문화가정들에게 작은 도움이라도 될 수 있는 방법이 없을까 생각하며 2006년 5월에 상주교회에 결

혼이주여성을 위한 한국어 교실인 '외국인 학교'를 시작했다. 마침 이 시기에 가장 많은 결혼이주여성들이 한국의 농어촌으로 물밀 듯이 쏟아져 들어왔다. 곽 목사는 다문화가정의 건강함에 대해서 약 60%는 그런 대로 건실하게 살아가고 있고, 20%는 힘겹게 하루하루를 버티고 있으며, 나머지 20%는 이미 갈라졌거나 이혼의 아픔을 경험한 가정들이라고 이야기한다. 그나마 한국인 남편이 성실하게 일하며 가정을 꾸리는 가정은 그런 대로 건실하게 유지되는 것을 볼 수 있다고 하며, 한국인 남편의 안정된 직장과 고정 수입이 다문화가정 유지의 절대적인 조건이라고 주장한다.

주변 중의 주변에 있는 다문화가정에 초점을 맞춘 상주교회는 당회를 소집하고 결혼이주여성들에게 가장 필요한 부분인 한글 교육을 위한 프로그램을 준비하고 실천에 옮기기 시작했  다. 매주 수요일 오전 10시에 모여 한글을 공부하고, 점심식사는 미리 준비된 재료로 각자 나라의 음식을 만들어 먹고 향수를 달래게 해 주었다. 무엇보다도 이들에게 성급하게 복음을 전하려 접근한 것이 아니라 다문화가족들의 마음을 이해해 주고, 또 삶의 애환을 들어주었다. 그 들어줌이 나중에는 가족의 어려움에 대한 상담까지 연결되고, 결혼이주여성들도 서서히 마음의 문을 열기 시작하면서 상주교회는 그들이 믿고 신뢰할 수 있는 교회가 되었다.

이렇게 약 2년 동안 교회 자체에서 예산을 세워 보며, 가을에는 여행도 가고, 모일 때마다 베트남, 필리핀, 캄보디아, 중국 등 다양한 나라의 음식도 만들어 함께 공동식사도 나누었다. 이렇게 음식을 만들어 먹고 마시며 신뢰관계가 형성이 되더니, 이들 중 자연스럽게 교회에 출석하는 여성들이 생겨났고, 이렇게 모인 모임이 필리핀 예배부, 베트남 예배부이며 지금까지 매 주일 오후 1시가 되면 각자의 모임 공간에 모여 성경공부도 하고 친교도 나누고 있다. 또 성탄절이 되면 교회학교에서 성탄 축하발표를 하게 되는데 여기에도 동참하여 각 나라별로 그들의 전통 공연도 하고 또 필리핀, 베트남, 캄보디아 여성들이 다 함께 연합하여 한 순서를 담당하여 하나님께 영광을 돌리기도 한다. 특히 다문화가족들을 위하여 바자회를 열어 얻은 수익금으로 바자회에 참여한 결혼이주여성들의 친정 부모님에게 보내도록 하여 기쁨을 함께하기도 하였다. 이렇게 시작된 다문화 사역은 현재 상주시 건강가정·다문화가족지원센터를 상주시로부터 위탁받아 운영하게 되었고 지금도 열심히

다문화사역을 감당하고 있다. 결혼이주여성들과 다문화가정에게 상주교회는 성실하고 진실되게 다가갔고, 우리는 당신들과 다르다는 생각보다는, 다문화 가정의 삶을 끌어안고 섬기는 모습을 보여 주고 있다.

곽 목사는 다문화가정을 포용하고 섬김에 있어서 가장 어려운 문제로 세 가지를 이야기한다. 첫째는 언어적인 소통의 문제이며, 둘째는 종교적인 문제, 그리고 셋째는 남편의 경제적인 능력이 부족하다 보니 이혼과 같은 가족해체 현상이 나타나는 것이다.

첫째, 언어적인 소통 문제는 결혼이주여성이 스스로 한국어 공부에 먼저 시간을 투자해야 하는데, 다문화가정의 경제적인 어려움으로 인해 돈부터 벌기 위하여 이곳저곳을 뛰어다니다 보니 공부할 시기를 놓치게 되는 경우가 허다하게 생기게 된다. 이럴 경우 가족들과 혹은 자라나는 자녀들과의 소통

에도 문제가 되어 심각한 일들이 일어난다. 곽 목사는 학문적인 소양이나 지적(知的)인 수준의 차이는 있겠지만 결혼이주여성들이 한국에 들어와 어느 정도 초보적인 소통을 이루는 데 적어도 10년 이상 걸린다고 주장한다. 그러나 경제활동으로 인해 한국어를 제대로 공부하지 못한 결혼이주여성들이 한국어 소통이 어렵게 되어 예배시간에 참석하여 앉아 있다 할지라도 설교를 잘 이해할 수 없기 때문에 결국, 신앙 자체가 자리 잡기 어려워진다. 이러한 이유로 상주교회는 베트남 출신 교역자를 청빙하여 베트남 여성 사역을 감당했다. 베트남 다낭 출신 웬녹 퐁(Pong)이라는 청년을 만나게 되었고, 이 청년을 서울장신대학교 신대원(M. Div)과 영남신학대학교 대학원(Th. M) 과정에서 신학훈련을 받게 하여 장로교 통합 측 경서노회에서 목사안수를 받게 하였다. 또한 그의 부인 웩티는 구미대학교 아동교육학과를 졸업하였다. 이들 부부는 상주교회의 다문화 사역 교역자로 열심히 섬기다가 지난 2017년 2월 고향 땅인 베트남 다낭으로 파송받아 지금은 'M 센터'를 설립하여 베트남에서 복음을 전하는 사역을 감당하고 있다. 상주교회는 웬녹 퐁 목사가 8년의 시간 동안 훈련을 할 수 있도록 돕고 본인의 나라에서 온 결혼이주여성들을 위한 복음 사역을 감당하게 하였고, 더 나아가 본국인 베트남으로 역파송을 했다.

둘째, 종교적인 문제의 경우, 결혼이주여성들이 각자의 친정 나라에서 가지고 있던 종교들은 거의 불교 내지는 조상숭배의 종교인데 이런 종교적인 부분들은 쉽지 않은 부분임을 곽 목사는 강조한다. 끝없는 돌봄과 사랑 밖에 다른 방법이 없다는 것이다.

셋째, 결혼이주여성들의 남편들의 경제적인 능력이 부족하여 가족해체 현상이 일어나는 것을 안타깝게 여겨 센터 내에 찻집(행복 찻집)을 만들어 일자리를 원하는 결혼이주여성들로 하여금 바리스타 교육을 받게 하고 시간별로 일하게 하여 1인당 1백 50만 원씩 지급하는데 모두 6명이 일하고 또 돌아가면서 일함으로 생활에 도움을 받게 하고 있다. 뿐만 아니라 몇 해 전에는 상주교회 세계선교부 주관으로 베트남 남부에 위치한 껀터, 하우장, 빌롱성, 까마오, 즉 메콩강 하류 지역에서 시집온 여성들 17명을 대상으로 화상(畵像)편지를 만들어 베트남으로 갔다. 베트남 친정 가족들은 한국으로 딸을 시집보내 놓고 얼마나 보고 싶었겠으며 궁금해하겠는가? 17명의 다문화 여성들 친정집들을 일일이 찾아다니며 화상(畵像) 편지를 보여 주고 또 준비한 선물과 복음도 함께 전하였다. 특히 하우장 출신 결혼이주여성 한 분의 친정집을 방문했더니 이미 친정 어머니에게 복음을 전하여서 친정 어머니는 신앙생활을 잘하고 있었고, 얼굴 피부 색깔이 유난히 까무잡잡하여 "왜 그러냐?"고 물었더니 "예수 믿고 살아 보니 너무 좋아서 이웃 동네에 복음 전하러 다니느라고 햇빛에 그을려 그렇다."고 대답하여 찾아간 이들의 마음을 뭉클하게 하였다고 전하고 있다.

지금 현재 상주교회에는 베트남, 필리핀 출신 여성들 중 세례받고 서리집사로 활동하며 교회를 섬기는 여성들이 많이 있다. 찬양대원으로, 식당 주방 봉사로 섬기고 있으며 김장철이 되면 앞장서서 섬기는 그들의 모습에 기존 교인들의 마음 또한 한없이 흐뭇하다고 한다. 매 주일 오후 1시가 되면 베트남 예배부, 필리핀 예배부에서 각각 모임을 갖고 친교와 교제를 나눈다. 때에 따라 가족들과도 모이며 기쁨과 즐거움을 나누고 있다. 교회의 곳곳이 환대하고 포용하는 모습으로 넘쳐나고 있다.

한국 사회는 이미 다문화사회이고 마을에 다문화가족들이 함께 살아가고 있다. 면 단위 초등학교의 경우 다문화가정의 자녀들이 입학하지 않으면 폐교할 수밖에 없는 학교들도 많이 있다. 이러한 현실 앞에 교회들은 이 시대가 어떤 시대인가를 바로 보아야 한다. 다문화가정은 우리와 함께 공동체를 이루며 살아가야 할 사람들이다. 그러나 교회들은 교회 내부의 문제들에 급급하다 보니 주위의 다문화가족들을 간과하는 것은 아닌가 생각되어 안타깝다. 곽 목사는 이렇게 강조하고 있다. "다문화 결혼이주여성들은 지금은 목소리도 작고 모습도 형편없어 보이지만 10년, 20년, 30년이 지나면 장차 그들과 그들의 자녀들이 한국사회의 주류로 급부상할 것이다. 이들을 놓치는 것은 한국 교회의 귀한 인적 자원을 놓치는 것이라고 생각된다. 이 책을 빌려 제안하기는, 지금이라도 한국 교회는 교회 안에 작지만 그들만이 모일 수 있는 공간도 만들어 주고 또 예산도 조금씩 책정해 주어서 작은 모임이나마 먼저 시작하는 것이 중요하다는 것이다. 무엇보다도 시간이 좀 걸리더라도 기다려 주고 인내하고 끊임없이 베풀어 주고 사랑해 주고 돌봐 주어야 한다. 결국, 다문화 사역은 마을 목회이자 선교사역이며, 하나님 나라의 확장이며, 복음 사역이라고 자신 있게 말할 수 있다. "거룩한 교회, 다시 세상 속으로!"

그렇다. 우리들이 살고 있는 마을 주위에 이미 결혼이주여성들이 얼마나 많이 정착하여 살고 있는지 모른다. 우리의 눈을 마을 깊숙이 돌려 소외되고 도움의 손길을 바라는 이웃들에게 도움이 되고 하나님의 기쁨이 되는 마을 목회가 되기를 소망해 본다.

사례 3-2) # LA 움직이는교회 사역 소개

움직이는교회는 2013년 2월에 선교적 교회를 지향하면서 미국에서 살아가는 한인 1.5세 젊은이들이 중심이 된 교회이다. 지금은 LA 북동쪽에 위치한 실버레이크 교회(Silverlake Community Church)에서 미국 교회를 대여하여 주일 오후에 예배드리고 있다. 선교적 교회를 지향하며 시작된 움직이는교회(The Moving Church) 는 이 시대의 교회가 세상 속으로 복음을 흘려보내고, 세상을 품어 내는 교회여야 한다는 비전을 가지고 시작되었다.

1. 세상을 품어 내는 교회

움직이는교회는 '세상을 품어 내는 교회'를 지향한다. 세상을 품어 내는 교회란 세상 속에서 일하시는 하나님을 발견하고, 하나님의 선교에 참여하는 것을 의미한다. 그러한 선교적 비전에는 하나님의 선교의 주도권은 하나님께 있고, 교회는 그 시대와 장소에서 하나님께서 무엇을 하고 계신지에 주목해야 한다는 의미가 있다. 그래서 움직이는교회는 성도들이 자신의 삶의 자리에서 하나님의 일하심을 발견하고, 그 하나님의 선교에 참여함으로 삶으로 드려지는 예배자로, 또한 복음의 메신저로 그리스도인으로서의 정체성을 강조한다. 움직이는교회는 교회 안에서 이루어지는 종교적인 의무보다 하나님의 은혜를 선포하며, 그 은혜에 대한 반응으로 살아가는 그리스도인으로서의 삶의 정체성을 강조함으로 성도들의 신앙활동이 교회 안에 머물지 않고, 세상 속에서 빛과 소금의 역할이 될 수 있도록 돕는다. 또한, 움직이는교회는 세상 속에서 복음의 메신저로 살아가는 교인들이 함께 모인 공동체로서 함께 예배하고, 각자의 삶에서 하나님의 일하심을 발견해 가며, 하나님의 선교에 참여한다.

2. 다문화 사역

그 사역의 첫 번째는 다문화 사역이다. 움직이는 교회는 미주 한인 1.5세를 중심으로 선교적 교회를 세워 가고 있다. 1.5세란 한국에서 태어나서 어린 시절을 보내다가 미국에서 유년기를 보낸 이민자들을 말한다. 1.5세들은 부모님과 함께 한국문화의 가정에서 자라면서도 미국 교육과 미국 문화 속에서 자라면서 다문화적인 성향을 가지고 있다. 다문화적인 성향을 가진 1.5세들은, 특별히 미국에서 소수민족으로 살아온 경우 나와 다른 문화에 대한 생각이 열려 있는 경우들이 많다. 다른 문화에 대한 이해와 포용성이 강한 것은 선교적으로 매우 좋은 장점이 된다. 한편 미국에서 한인 이민자는 소수민족이며, 1.5세들의 경우 어린 시절 영어를 처음 배울 때에 영어를 못하는 것 때문에 소외되거나, 학교에서 인종차별을 경험하기도 한다. 그러한 성장배경은 한인 1.5세들에게 정체성 혼란이라는 문제로 연결되어 나타난다. 무엇보다 부모의 나라 한국에서 태어나서 자란 1.5세의 경우에는 미국에서 태어난 2세들보다는 한국적인 문화에 대한 기억과 향수가 많이 있다.

그래서 움직이는교회에서는 1.5세로 구성된 만큼 다문화권에 대한 이해와 한인 정체성이란 두 가지 핵심 요소를 중심으로 선교사역을 준비하게 되었다. 먼저 한국을 선교지로 정한 이유는 한국 사회가 다문화사회로 변화하고 있다는 것이었다. 이미 다문화 경험을 가진 1.5세들의 삶이 다문화사회로 변화하는 한국 사회에 좋은 영향력을 줄 수 있을 뿐만 아니라, 부모의 나라 한국에서 1.5세들이 의미 있는 사역을 할 수 있다면, 미국에서 살아가지만 한국인이라는 정체성을 확립하는 데 큰 도움이 될 것이기 때문이다.

하나님의 선교사역은 "일"이라는 개념보다는 "만남"이라는 개념으로 이해할 수 있다. 기독교의 선교는 "만남"을 통해서 서로를 알아 가고, 이해하며, 서로를 세워 주는 일이기 때문이다. 그래서 한국으로 사역 방향을 선정하고 기도하던 중에 한국 대학을 다니는 탈북자들과의 만남의 기회를 가지게 되면서 시작된 커넥트와 한국의 다문화가정 자녀들을 위한 영어캠프를 진행하게 되었다.

3. 탈북자 사역

움직이는교회는 또한 탈북자 사역으로 섬기고 있다. 현재 한국에 탈북자들이 32,000명 정도인데, 그들 중 탈북자 청년들을 미국으로 초대해서 비전트립을 진행하고, 한인 1.5세들과 함께 수련회를 통해서 친구가 되어 가는 커넥트(ConneCT : Connect Corea Together) 사역을 시작하였다. 커넥트는 한국역사 교육, 한반도 이슈에 대한 성경적이고 균형 잡힌 시각 나눔, 탈북 청년 멘토링, 비전트립 등 미주  한인 젊은이들에게도 통일 한반도를 꿈꾸며, 준비하게 하는 사역을 감당하고 있다. 또한 미주 내에도 다른 탈북지원단체들과 네트워크를 통한 컨퍼런스 및 세미나를 통해서 통일 한반도에 대한 미주 지역의 관심을 이끌어 내는 일에 집중하고 있다.

● 커넥트(ConneCT)의 시작

움직이는교회는 한국에서 대학을 다니는 탈북자 대학생들을 미국으로 초대해서 미국 서부 지역을 중심으로 비전트립과 1.5세와 탈북대학생들이 함께하는 수련회를 가졌다. 이 사역을 위해서 12명의 한인 1.5세 청년들이 참여하였다. 모든 경비는 일일찻집과 펀드레이징과 자발적으로 낸 도네이션으로 예산을 세우고 진행하였다. 커넥트 1기(2017년 2월 진행, 6명 참가)에서는 UCLA, 헐리우드, 샌프란시스코, Google 본사, Apple 본사, 디즈니랜드, 오병이어 사역(홈리스 사역) 참가 등 10일 동안의 비전트립과 마지막 2박 3일을 수련회로 진행하였고, 커넥트 2기(2018년 2월 진행, 5명 참가)에서는 UCLA, 헐리우드, 그랜드캐년, 라스베가스, 유니버셜 스튜디오, 오병이어 사역(홈리스 사역) 참가 등 2주일 동안의 비전트립과 마지막 2박 3일을 수련회로 진행하였다.

● 만남의 특별함

고향을 떠나서 한국에 정착한 탈북 청년들은 탈북해서 한국에 정착한 지 2~3년 정도가 된 청년들이었다. 탈북 청년들과 한인 1.5세들의 공통점은 고향을 떠나서 새로운 지역에서 이민자로 살아간다는 것이었다. 그런 탈북자 대학생들의 경우, 한국에 온 이후에는 한국 사회에 적응하기 위해서 한국 문화를 따르는 삶이 강조되다 보니, 문제는 자신의 어린 시절과 북한에서의 삶을 드러내는 일에 제한을 받게 된다는 것이었다. 아직 한국 사회에서는 탈북자들을 바라보는 왜곡된 시선이 많기 때문에 자신들도 한국에 더 잘 적응하기 위해서 오히려 탈북자 친구들을 만나지 말아야 하는가에 대한 고민도 있었다고 한다. 한국 사회가 소수자에 대한 이해와 포용보다 한국에 동화될 것만을 강조한다면, 그것 또한 정신적 폭력이 될 수 있을 것이다. 그래서 커넥트 2기에서는 1기 때보다 탈북 청년들에게 나타나고 있는 이중 정체성에 대해서 좀 더 관심을 가지기로 하였다. 즉, 커넥트 2기 탈북 대학생들을 움직이는교회의 초대로 미국을 방문하는 손님으로만 여기지 않고, 그들이 북한에서 살아온 이야기들을 한인 1.5세 청년들에게 나누고, 들려주는 시간에 초점을 맞추었는데, 수련회 기간 진행된 탈북 대학생들의 프레젠테이션과 Q&A 시간은 역시 이중 정체성을 가지고 살아가고 있는 한인 1.5세 청년들에게도 흥미로운 시간이었다. 북한에서의 삶에 대한 질문들이 끊임없이 나왔고, 이 시간은 다른 문화권에 대한 존중을 넘어 친구로서 서로의 이야기를 나누는 시간이었다.

한 친구는 한국사회에서는 자신들을 같은 한국인으로 바라보지 않는 데서 오는 외로움과 편견, 왜곡된 시선 때문에 정작 한국 청년들과 친구가 되는 것이 쉽지 않았는데, 미국에서 살아가는 한인 1.5세들은 자신들을 바라보는 시선이 편안했다고 했다. 불쌍하다거나, 도움이 필요한 존재로만 여기는 것이 아니라, 거리감 없이 대해 준 것만으로도 마음이 열리게 되었고, 또한 조국을 떠나 미국에서 열심히 살아가는 모습들을 보면서, 자기들도 한국으로 돌아가서 더 열심히 공부해야겠다는 도전을 받았다고 하였다.

4. 한국 다문화가정 자녀들을 위한 영어캠프 사역

미주 한인 1.5세들은 다문화사회를 살아가면서, 이미 소수자의 편견과 차별을 한 번씩은 경험할 수밖에 없었던 환경에서 살아오면서 다문화에 대한 이해와 포용에 탁월함이 있다. 한국이 급속도로 다문화사회가 되었다는 소식을 접한 후, 움직이는교회에서 다문화가정의 어린아이들을 위해 영어캠프를 진행하기로 결정하였다. 단지 영어를 가르치는 것이 아니라, 다른 문화를 상위문화, 하위문화가 아닌 다양성으로 이해하게 될 뿐 아니라, 한국의 다문화가정의 아이들과의 교류로 서로에게 좋은 만남이 될 것을 기대하게 되었다. 이 사역을 위해서 한남대학교 기독교학과와 함께 2017년 여름 3일간의 영어캠프를 기획하였고, 36명의 다문화가정 아이들이 참여하였다.

2018년도에도 7월 마지막 주에 다문화자녀들을 위한 영어캠프사역으로 40여 명의 다문화가정의 자녀들을 위해서 20여 명의 1.5세들이 기쁜 마음으로 섬기고 갔다.

한국 다문화 영어캠프는 영어를 배우는 시간에 다문화가정 아이들 자신의 정체성을 확인해 보는 시간으로 준비하였다. 한 예로, 프로그램 중에 자신의 얼굴에 자신을 나타내는 것을 그림으로 그려 보는 시간을 가졌다. 샘플로 미국에서 살아가는 한인 1.5세 선생님들이 자신의 정체성을 태극기와 성조기로 그렸다. 다문화에서 살아가는 선생님들의 그림을 보면서, 아이들도 자신의 아버지는 한국, 어머니는 일본, 베트남, 중국, 우즈베키스탄 등 자신의 정체성을 그림으로 그려 보고, 자기가 좋아하는 음식, 취미, 꿈 등을 그림으로 표현하였다. 그리고 선생님들은 아이들의 이야기를 들어주었다. 다양한 정체성을 가진 아이들을 인정해 주었다. 이 시간은 단지 영어를 공부하는 것을 넘어서 한국에서 다문화가정의 자녀로 살아가는 아이들이 비슷한 정체성을 가진 누군가로부터 자기 자신을 인정받을 수 있는 시간을 준 것이다. 움직이는 교회 팀이 복음을 직접 전할 수는 없었다. 그러나 그 만남 가운데 다문화가정의 아이들이 즐거워하고, 자기 자신을 인정해 주는 누군가로부터 삶의 활력을 얻을 수 있기를, 그리고 그러한 나눔이 예수님을 믿는 선생님들로부터 이루어진 것을 언젠가 생각하게 될 때, 그 아이들의 삶의 여정 가운데 하나님의 일하심이 나타날 것을 믿고 기도하였다.

5. 움직이는교회의 지향점

움직이는교회는 교인 개인의 삶을 이해하고, 그들이 교회 안에서 이루어지는 예배에 참여하는 것을 넘어 각자의 삶의 자리에서도 예배자로 살아가며, 하나님께서 그들을 통해서 하시고자 하는 것을 발견하는 것에 집중한다. 교회가 공동체적인 신앙만을 강조하지 않고, 복음이 성도들의 삶의 자리를 통해서 세상에 흘러갈 수 있도록 성도 개인의 움직임, 삶의 신앙과의 균형을 강조한다. 교회 안의 프로그램에 참여하고, 집단에 개인이 순응하는 방식만을 고집하지 않고 움직이는교회는 이제 교인들이 자신의 삶을 통해서 복음의 역동성이 일어날 수 있도록 그들의 삶을 품어 내는 교회의 모습을 보여 준다.

움직이는교회가 공동체로 진행했던 다문화 영어캠프와 커넥트 사역은 미주 한인 1.5세들이 가진 특수성을 통해서 이 시대 가운데 하나님께서 원하시는 사역을 찾아가는 노력 가운데 시작되었다. 또한 움직이는교회는 교인들의 삶과 교회의 신앙생활이 분리된 것이 아님을 강조한다. 교인들의 삶의 이야기가 세상에 복음을 심는 삶이기 때문에 교회는 교인들의 삶에 집중하고자 한다. 세상은 교회가 성장하는 것보다, 교회가 무엇인지에 더 큰 관심을 가지고 있기 때문에, 움직이는교회는 교인들의 삶이 '움직이는 교회'가 되어 세상을 품어 내는 교회로 세워져 가기 위해서 교회 공동체와 성도 개개인 간에 서로 노력하고자 한다.

사례 3-3) # 복된교회 사역 소개

복된교회는 1975년 5월 5일 부천시 원미구 원미동에 자리를 잡은 이래 올해로 창립 42주년을 맞이했다. 소설가 양귀자 씨의 소설『원미동 사람들』의 배경이기도 한 원미동은 한국 사회의 다양한 서민들이 모여 사는 삶의 터전이다. 폭등한 서울 집값을 감당하지 못하고 서울 외곽으로 내몰린 사람들, 쌀값 폭락으로 시골에서 무작정 상경한 농민들, 부천에 위치한 공장지대에 취업하기 위해 몰려든 젊은 노동자들까지 그야말로 치열한 삶의 한복판에 내던져진 사람들이었다.

복된교회는 창립 이래로 줄곧 같은 지역에서 지역사회 속에 녹아들어 함께 호흡하며 하나님 나라를 만들어 가는 역할을 성실히 감당해 왔다. 2013년, 박만호 목사의 부임으로 아름다운 교회의 전통 위에 시대의 부름에 응답하며 새로운 도약의 시기를 맞고 있다. 복된교회의 42년 역사는 가난하고 소외된 갈릴리 나사렛에 인간의 몸으로 태어나신 예수님처럼, 소박한 서민 '원미동 사람들'과 함께 호흡하며 성장하고 상처 난 곳을 고치고 싸매며 교회의 사명을 감당한 은혜의 시간이었다고 고백할 수 있겠다.

1. 소외된 이들을 섬기는 행복 실은 밥차

1997년 외환위기 사태는 대한민국 전체가 충격과 공포에 사로잡힌 해였다. 수많은 기업들이 파산했고, 대규모 실직자들이 길거리로 내몰렸다. 복된

교회는 1998년 3월부터 현재까지 20년째 부천 시내 노숙인이 많이 몰리는 부천역과 부천중앙공원 두 곳에서 무료급식 봉사(현재는 '행복 실은 밥차'로 개명함)를 진행하고 있다. 월 평균 2,500명, 연 인원 약 30,000명에게 따뜻한 식사와 더불어 예수님의 복음과 사랑을 전하고 있다.

이를 위해 약 90여 명의 헌신된 봉사자들이 조를 나누고 역할을 분담하여 눈이 오나 비가 오나 사명감으로 섬기고 있다. 요새는 노숙인들이 많이 줄었다고는 하지만, 여전히 역과 공원에는 한 끼 식사를 때우기 곤란한 노숙인, 독거노인, 외국인 노동자와 같은 많은 이웃들이 '행복 실은 밥차'(무료급식 차량)를 기다리고 있다.

부천 시내에 '행복 실은 밥차'가 지나가면 반가워하고 호의를 보이는 시민들이 많다. 국가가 부도를 맞은 어려운 시기에 어려운 이웃들에게 밥을 나누어 주고, 성실하게 20년간 같은 사역을 지속하고 있는 사실을 신뢰의 증거로 여기기 때문이다. 실제로 새가족으로 교회에 등록하신 분 중에는 '행복 실은 밥차'를 운영하는 교회가 어디인지 눈여겨보았다가 먼 길 찾아와 등록한 분도 계시다. 부천시에서 복된교회가 이웃을 품고 섬기는 좋은 교회로 자리 잡고 있는 증거라 할 수 있겠다. 이처럼 처음에는 교회가 세상을 끌어안고 섬긴 것 같으나, 시간이 오래 지나다 보니 이제는 오히려 세상이 교회를 알아보고 얼싸안는 아름다운 형상이 만들어졌다.

2. 주변부를 품어 주는 외국인 선교회 사역

지금은 많은 기업이 이전했음에도 부천 지역에는 크고 작은 공장들이 많다. 늘어난 노동 수요에 맞추어 외국인 노동자들이 국제결혼, 산업연수생 등으로 부천에 많이 유입되었다. 교회가 있는 지역에 다양한 민족의 사람들이 모여들었다는 것은 교회 역시 그런 상황에 능동적으로 반응하는 좋은 이웃이 되어야 함을 의미한다.

복된교회는 이들 외국인 노동자들이 모여 삶을 나누고 위로를 받고 예배를 드리는 예배공동체로 자리를 잡았다. 2003년 9월부터 미얀마 공동체가 모여 예배를 드리기 시작했으며, 교회 인근에 미얀마 공동체를 위한 숙소를 마련하여 거주 공간 마련에 어려움을 겪는 미얀마인들의 생활공간을 제공하고 있고, 매 주일 오후 2시, 40여 명의 미얀마 공동체가 예배를 드리고 있다. 2013년 9월에는 미얀마 공동체 10주년을 맞아 기념식을 갖고 미얀마인 시암(Siam) 목사를 미얀마 선교사로 파송하였다.

복된교회는 몽골과도 인연이 깊다. 몽골에서 근로자로 한국에 왔다가 예수님을 영접한 보르마 씨가 장로회신학대학교에서 신학교육을 받고 목사안수를 받도록 적극적으로 도와 2009년 6월에는 보르마 목사를 몽골 울란바토르 복된교회 현지 선교사로 파송하였다. 또한 2016년 9월에는 숙원사업이었던 울란바토르 복된교회 낡은 성전을 허물고 새 성전을 건축하여 봉헌하였으며 몽골 청년들을 한국에 초청하여 사랑으로 섬기며 복음을 전하는 계기로 삼았다. 은퇴를 앞둔 보르마 목사의 바통을 이어받을 보양 씨는 신학교육을 마치고 기독교교육 전문가가 되기 위한 대학원에 진학 예정이다.

부천이라는 지역 특성 때문에 미얀마인, 필리핀인, 중국인, 베트남인 등 외국인 노동자와 다문화가정을 이룬 외국인 여성들과 그 자녀들의 비율이 높은 편이다. 그러나 외국인 사역은 여러 언어의 나라에 맞는 섬김은 물론, 각 나라 안에서도 부족들 간의 갈등이 있기에 장기간에 걸친 많은 에너지가 들어

가는 사역이다. 복된교회는 15년 가까이 미얀마 공동체와 몽골 교회를 섬기며 현지 교회를 돕고 섬기는 긴밀한 관계를 유지하였기에 많은 열매를 맺을 수 있었다. 앞으로도 늘어나는 중국인 사역을 확장하는 등 외국인 사역에 역량을 집중할 예정이다.

3. 세상을 끌어안는 공간 "드림센터"

복된교회는 2015년 5월, '세상 속의 빛과 소금'의 역할을 감당하기 위하여 '드림센터'를 개관하였다. 교회 앞 4층 건물을 매입하고 리모델링을 거쳐 눈에 보이지 않는 교회의 담장을 걷어 내고, 세상과 깊이 호흡하며 세상 속에 마음껏 복음의 기운을 불어넣는 전초기지를 마련하였다. 이는 3대 담임 목회자로 부임한 박만호 목사의 목회 비전이 구체화되는 현장이기도 했다. 전통교회가 오래된 전통과 구태에 매여 활력을 잃어버리기 쉬운 상황에서 '드림센터' 개관은 복된교회가 복음을 전하는 '복음 공동체'로, 세상과 호흡하며 고통과 아픔을 감싸 안는 '선교적 교회'로 변화되기 위한 전초기지를 마련했다는 상징성을 갖는다.

● 드림센터 1층 카페 '어울림'

이곳은 그 이름에 걸맞게 세상 속의 교회로 아름답게 어울리는 소통의 장이다. 세련된 인테리어와 신선하게 볶은 원두로 내린 커피와 다양한 음료가 저렴한 가격으로 제공된다. 카페 내의 공연 공간을 통해 다양한 문화공연이 펼쳐지기도 하는 문화공간이다.

● 드림센터 지하 '두드림 홀'

이곳은 방음시설을 갖춘 4개의 합주실로 구성되어 있다. 드럼반, 바이올린반, 색소폰반, 기타(Guitar)반 등의 다양한 악기 문화센터가 운영되고 있다. 고무적인 것은 약 100여 명의 수강생 중 비교인 비율이 70%에 달한다는 점이다. 마을 깊숙이 자리 잡은 드림센터에서 원미동 사람들의 꿈과 희망, 특별히 어린 꿈나무들의 꿈이 자라고 있다.

● 지상 2층 '어린이 영어도서관'

이곳은 약 7,000여 권의 어린이 영어도서 및 3,000여 권의 일반 도서를 구비하고 있다. 특히 어린이 영어교육 전문가 2명이 근무하며 체계적인 커리큘럼으로 영어 사교육에서 소외되기 쉬운 지역사회의 아동들에게 꿈과 희망을 불어넣고 있다.

● 지상 3층 '엎드림홀'(중강당)과 4층 '행복드림'(소그룹 실)

이곳에서는 '어린이 미술교실'을 비롯한 다양한 문화교실과 외국인 한국어학당 수업이 진행되고 있다.

4. 지역사회를 지속적으로 환대하고 존중하는 "사랑나무"

매년 성탄 시즌이 되면 복된교회 로비에는 사랑 열매가 주렁주렁 달리는 사랑나무가 자라난다. 올해로 다섯 번째 열리는 사랑나무는 2013년 박만호 담임목사 부임 후 첫 번째로 진행된 대표적인 사랑 나눔 사역이다. 성도들이 정성스럽게 모은 성금 약 1,500만 원은 지역 내 다문화가정·독거노인·소외계층·자립대상교회 등을 선정하여 생활물품을 담은 사랑나무 박스로 제작되어 150여 가정에 전달되었다. 특히 2017년 사랑나무는 폐지 수거를 하며 살아가시는 지역사회 어르신들의 안전을 위하여 '사랑의 리어카'를 특수 제작하여 필요한 분들에게 제공하였으며, 해가 갈수록 사랑나무 사역은 외연이 확장되고 질적으로 성장해 왔다.

사랑나무 사역의 특별한 점은 교인들이 십시일반 성금을 모으고, 교인들이 사랑나무 박스를 만들고 승용차와 손수레에 두세 개씩 운반하여, 교인들이 직접 전달한다는 데 있다. 또한 일회적인 기부행사로 그치지 않고 성도들의 삶과 이웃의 일상을 연결시켜 성도들이 지역사회를 지속적으로 섬길 수 있는 프로그램으로 자리를 잡았으며 이렇게 사랑나무를 통하여 여러 연계 사역들이 지속적으로 열매 맺게 되었다.

사랑나무 사역에서 확장되는 사랑의 열매들을 살펴보면 다음과 같다. ① '복된한국어학당'을 통해서 외국인들에게 한국어를 통하여 한국문화를 이해하고 한국사회에 조속히 적응할 수 있도록 돕기 위하여 한국어를 가르치는 사역이 정착되었다. ② 다문화가족을 위한 상담 및 통역 지원부터 다문화가정 아동의 방과 후 학습지도, 외국인들의 취업과 국적 취득을 도와주는 등의 사역으로 섬기고 있다. ③ 또한 한국야쿠르트와 협업을 통해서 사랑의 야쿠르트(지역 내 독거노인 안전 확인 및 안전망 구축 사역) 사역을 함으로 300가구의 독거노인들에게 매일 야쿠르트를 배달할 수 있도록 지원하고 있는데, 야쿠르트 배달사원들이 배달과 동시에 독거노인들의 위급사항 등을 확인하여, 특이사항이 있을 경우에는 즉시 상황을 공유하고 관공서와 공동 대처할 수 있는 안전망을 구축하고 있다. ④ 새싹 사랑(지역 내 취약계층 아동 지원 사역)을 통해서 다문화 · 조손가정 · 한부모가정 · 소년소녀가장 등 취약계층의 아동들이 분기별 한 번씩 다양한 문화체험 및 교육 활동 기회를 얻을 수 있도록 장학금 및 생활보조, 현장 체험학습의 기회를 제공하고 있다. ⑤ 더불어 사랑 사역을 통해서 교회 내외 장애인가정에 대한 생활보조, 이동 편의 지원, 명절 선물 지원, 가정 심방을 돕고 있고, 2018년에는 장애인사역부를 신설하기 위해 진행 중이다. 실버 사랑 사역을 통해서 한 달에 한 번, 도움이 필요한 독거노인 가정을 찾아가 말벗이 되어 드리고, 생활에 필요한 물품이나 집안일 지원, 생활지원 사역으로 섬기고 있다.

복된교회 탐방을 갔을 때의 일이다. 토요일 오후에 한 취객이 교회 앞에 주사를 하며 쓰러져서 소리를 지를 때, 담임목사인 박만호 목사의 모습을 보게 되었다. 매일 있는 일인 듯 편하게 다가가서 이야기를 들어주고 다독여 주며 기도해 주는 모습을 보았다. 그 취객도 얼굴이 밝아진 채로 돌아가는 모습을 보면서 지역사회의 어려움뿐만 아니라 개인의 연약함까지 나눌 수 있는 교회의 모습을 꿈꿀 수 있었다. 복된교회를 통해서 부천의 원미동 지역사회를 끌어안으려고 하고, 지역사회는 점점 교회를 신뢰함으로 함께 연약함을 보듬고 살아가는 모습을 볼 수 있었다.

다문화사회
다문화 가정과 함께하는, 포용의 리더십

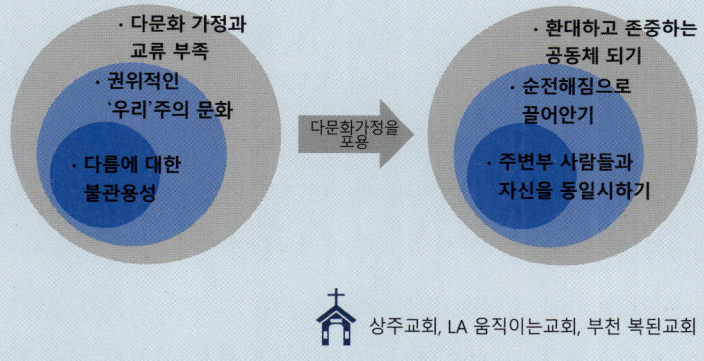

상주교회, LA 움직이는교회, 부천 복된교회

맺는말

거목이 아니라 숲이 되기

    2017년 가을, 선교적 교회 중의 하나인 모자이크 교회(Mosaic Church)가 그로부터 2년 전 필자가 연구년으로 머물렀던 동네에, 새로운 캠퍼스를 세우고 복음을 전하기 시작했다. 그런데 몇 개월이 지나지 않았음에도 2018년 2월 둘째 주에 있었던 토요찬양 집회에는 무려 천여 명이 모여서 함께 예배드렸다고 한다.[1] 이 동네에 이렇게 많은 크리스천이 있었나 의문이 들 정도였다. 끊임없이 변화하는 세상 가운데서 불변하는 복음은 여전히 힘이 있고 능력이 있다.

    2017년은 종교개혁 500주년 되는 해였다. 종교개혁의 정신은 교회의 본질과 정체성 회복을 통한 하나님의 뜻을 따르는 인간과 사회의 회복에 있었다. 교회의 가르침 속에서 살아 계신 하나님을 발견할 수 없음에, 변화된 시대 속에서 어떻게 하나님을 살아 있는 방법으로 매개할 수 있을지 고민한 결과가 종교개혁 정신으로 나타났다. 하나님이 기뻐하시는 삶을 따라 살겠다는 적극적 전환이 일어난 것이다.

    종교개혁을 계승하였음에도 불구하고 한국 교회는 숲을 이루어 하나님의 나라가 이 땅에 온전히 임하도록 하기보다는 각자의 욕심을 채워 거목이 되기에 급급하였다. 이러한 현상은 교회와 신앙인에 대한 실망 및 제도화된 교회의 무기력한 모습으로 이어져 젊은 세대가 교회로부터 발걸음을 옮기거나 크리스천의 정체성을 숨기는 결과를 낳고, 급기야 예수님과 복음까지 거부하도록 만들기에 이르렀다.[2] "개혁된 교회는 항상 개혁되어야 한다"(Ecclesia reformata semper reformanda). 다시 말해, 한국 교회는 교회의 본질을 찾고, 본질을 따라 실천하기 위해 계속 개혁되어야 할 것이다. 그래서 종교개혁이 구호로 끝나는 것이 아니라 이 시대에 복음대로 살고자 하는 변화의 삶으로 나타날 수 있기를 소망한다. 이제는 거목이 아닌 숲을 이뤄야 할 때다. 우리가 숲이 되어 함께 어우러짐은 삼위일체 하나님의 관계가 세상 속에 침투하는 것이고, 우리의 상식으로 도저히 받아들일 수 없는 예수님의 하나님 나라 운동에 동참하는 것이며, 성육신하신 예수님의 온전한 사랑이 우리의 삶에서 표출되어 하나님 나라를 일구며 살아가는 것이다.

우리가 숲이 되려면 변화를 이끄는 힘인 리더십의 본질을 회복하고 바로잡아(reset)야 할 것이다. 교회 존재의 근원이 되는 삼위일체 하나님에 대한 올바른 이해를 통해 교회의 본질을 굳게 붙들고, 본질에서 자연스레 요구되는 사명을 올바르게 감당하려는 인식 및 행동의 과정이 개인의 정체성, 대인관계와 일상, 공동체 전 영역에서 일어나야 한다. 특히 성육신으로 하늘과 땅의 세계를 연결하신 예수님이 우리의 모본이 되신다. 예수님께서는 하나님의 아들이자 성부, 성령 하나님과 떼놓을 수 없는 친밀한 관계 속에서 자기의 특권을 주장하기보다는 '세상을 위한 하나님의 종'이라는 자기의 정체성을 명확히 아셨고, 낮고 천한 말구유에서 태어나 주변부 백성이 되셨다. 늘 약하고, 병들고, 가난한 자들을 향해 다가가셨고, 그가 어떤 사람이든 상관없이 귀를 기울이셨으며, 감정까지 다독이는 따뜻함으로 한 사람 한 사람을 끌어안으셨다. 십자가에서 죽으심으로 우리를 향한 하나님의 뜻을 이루셨을 뿐만 아니라, 부활 후 제자들에게 만민을 제자 삼으라는 사명을 주시고 위임하심으로 그들이 초대교회를 능히 감당하게 하셨다.

우리가 서 있는 지점의 시대적, 문화적 배경에 따라 초점의 세밀한 위치가 다를 수는 있으나 방향은 같다. '리더십 리셋'(leadership reset)은 다른 것이 아니라, 바로 나와 우리의 삶을 변화로 이끄는 힘인 리더십의 중심과 방향을 재조정하는 것이다. 이는 궁극적으로 하나님의 은혜가 필요한 일로서, 단기간에 이뤄질 수도 없고, 어느 한 사람의 노력으로 가능하지 않기 때문에 교회 모든 구성원이 함께 팔을 걷어붙이고 나서야만 하는 일이다.

리더십 학자들은 조직문화 변혁에 영향을 끼치는 방법을 크게 두 가지로 제시하고 있다. 첫 번째는 리더의 직접적인 행동을 통해서 영향을 끼치는 것이고, 두 번째는 조직 구조를 바꿈으로 조직문화에 영향을 끼치는 것인데, 전자가 훨씬 효과적이다. 리더의 행동을 통해 보여 주는 가치와 비전, 그리고 주의를 기울이는 일의 내용, 롤 모델링, 그리고 위기에 대응하는 방식 등이 조직 문화 전반에 영향을 준다.[3]

중요한 것은 리더는 목회자나 직분자와 같이 은사를 받은 특정한 사람만이 아니라, 집단 내 구성원에게 영향을 줄 수 있는 모든 개인이 될 수 있다는 것이다. 리더이기 때문에 영향력을 나타내는 것이 아니라, 영향력을 나타내는 사람이 리더가 될 수 있다. 그렇다면 내가 다른 사람에게 영향을 줄 수 있다면, 리더가 아닐까? 여기서 우리는 리더십의 차원이 하나가 아닌 '정체성 – 일상 – 공동체'의 다차원이라는 점을 기억해야 한다. 설령 내가 다른 사람에게 아무런 영향을 줄 수 없는 존재라고 할지라도, 삼위일체 하나님과의 관계에서 내가 어떤 사람인지 명확히 인식하고 그에 어울리는 행동을 '시도'할 수 있다. 이는 내가 다른 사람과 공동체를 대하는 태도, 즉 일상과 공동체에서의 리더십에 영향을 준다. 삼위일체 하나님으로 인해 변화된 나를 대하는 다른 사람은 어떻게 될까? 그들 역시 하나님과의 관계를 돌아보고, 대인관계와 공동체 내 관계를 돌아보게 된다. 하나님 보시기에 좋은 개인과 공동체를 만들어 가기 위해 고민하고 행동하는 사람이 늘어나고, 이는 공동체 차원의 행동으로 이어질 것이다. 이것이 영향력이고 리더십이다.

교회는 이 땅에서 삼위일체 하나님의 존재 방식을 드러내도록 부름받은 존재이다. 따라서 한국 교회 리더들에게 필요한 리더십은 교회 공동체가 삼위일체 하나님과 하나님이 통치하시는 세상의 삶에 더 깊은 관심을 가지고 참여할 수 있도록, 공동체의 신실한 참여를 유도하고 교인들의 은사가 성장할 수 있도록 섬기는 것이다. 교회가 위치한 지역에서 이웃과 교류하고 그들의 이웃이 되면서 교회의 본질을 선교적 존재로 인식하고, 그리스도인을 선교적 그리스도인으로 이해함으로 하나님의 선교에 동참해야 할 것이다. 이 일은 신앙인과 교회에게 '있는 곳에서의 부름이 무엇인가'에 초점을 맞추게 한다.

교회가 복음의 회복을 통하여 다시금 섬김의 자리로 내려가 구원의 능력을 경험하며 하나님의 다스림에 순종함으로 서 있어야 한다. 따라서 하나님의 통치가 삶의 전 영역에서 나타날 수 있도록 신앙인과 교회의 삶의 모습은 나를 넘고 내 교회를 넘는 '섬김의 리더십'의 모습으로, 성도들과 동행하는 '관계적 리더십'의 모습으로, 그리고 다문화가정과 함께하는 '포용의 리더십'을 실천하는 성실한 삶으로 나타나야 할 것이다. 이와 같은 복음의 회복과 일상의 삶을 신실하게 살아가는 실천의 모습이 있을 때 후기 세속사회, 포스트모던 사회, 다문화사회 속에서 한국 교회가 교회의 본질을 찾아갈 수 있는 작은 발걸음이 될 수 있을 것이다. 그러함으로 그리스도인 된 우리가 부르심을 입은 부름에 합당하게 행하여서(엡 4 : 1), 우리의 빛을 사람들 앞에 비치게 함으로 세상 사람들로 하여금 우리의 착한 행실을 보고 하나님께 영광 돌리게 되는 일(마 5 : 16)을 실현할 수 있어야 하겠다.

미주

머리말

1) If you reset a machine or device, you adjust or set it, so that it is ready to work again or ready to perform a particular function. (Collins Cobuild Advanced Learner's English Dictionary 6th edition, HarperCollins Publishers, 2009)

서 론

1) 한국 교회는 기독교인이라는 정체성은 있으나 현재 교회에 출석하고 있지 않으면서 이스라엘 백성이 가나안 땅을 찾아다녔듯이 새로운 교회를 찾아다니며 개인적으로 신앙생활을 하는 개신교인을 가리키는 이른바 '가나안('안 나가'를 거꾸로 적은 것) 성도'라고 한다. 교회에 다니다가 어떠한 이유에서든지 교회에 나가지 않는 한국 교회 성도의 수가 개신교인의 17%, 즉 165만의 시대가 되었다. 지용근, "타 여론조사의 비교를 통해 본 2017년 한국교회의 사회적 신뢰도 여론조사", 기독교윤리실천운동, 「2017년 한국교회의 사회적 신뢰도 여론조사」 결과발표 세미나 자료집. http://cemk.org/, (2017. 9. 4. 접속).

2) 2015년 2월에 한국 갤럽이 발표한 "한국인의 종교와 종교의식 보고", http://www.gallup.co.kr/gallupdb/reportContent.asp?seqNo=78, (2017. 3. 8. 접속).

3) 기독교윤리실천운동본부, "2013년 한국교회의 사회적 신뢰도 여론조사 기초보고서", http://cemk.org/2008/bbs/board.php?bo_table=2007_data_cemk&wr_id=348, (2015. 3. 8. 접속).

4) "한국교회의 사회적 신뢰도 여론조사 결과 자료집", http://cemk.org/2008/bbs/board.php?bo_table=2007_data_cemk&wr_id=348, (2015. 3. 8. 접속).

5) 2008년 맥킨지(Mckinsey)에서 세계 기업의 임원 3,199명을 대상으로 한 설문조사에서 약 60 - 70%의 변화 프로그램이 실패하는 것으로 나타났다.
6) Chip Heath and Dan Heath, *Made to Stick : Why Some Ideas Survive and Others Die* (New York : Random House, 2007), 19 - 20.
7) Ed Stetzer and Thom S. Rainer, *Transformational Church* (Nashville, Tennessee : B&H Publishing Group and LifeWay Research, 2010), 18.
8) 위의 책, 10. 두 저자는 이와 같은 교회들을 Transformational Church라고 일컫는다.
9) 선교적 교회인 미국의 워싱턴주에 Bellevue에 있는 Doxa Church, Seattle에 있는 Soma Community, L.A.의 New City Church는 복음에 기반한 교인들의 정체성교육에 탁월함이 있는 교회들이고, 2011년도에 미국에서 가장 부흥한 교회였던 Valencia의 The Real Life Church는 150명이 넘는 지역의 사회복지사와 연결되어 있어서 사회복지사들의 필요를 도움으로 지역사회 섬김에 탁월함을 보여 주고 있다.
10) 반 겔더(Van Gelder)는 "교회는 새로운 문화적 상황에 대하여 지속적으로 상관성을 모색한다는 점에서 형성적일 수밖에 없고, 다른 한편으로는 복음이 새로운 사회문화적 상황과 상관 작용하는 과정에서 얻어지는 새로운 통찰에 비추어 역사적 기독교신앙을 재조명해 본다는 점에서 항상 개혁적일 수밖에 없다."고 주장한다. Craig Van Gelder, *Missional Church in Context : Helping Congregations Develop Contextual Ministry* (Grand Rapids, MI : Wm. B. Eerdmans Publishing, 2007), 55-56.
11) 김동건, 『현대신학의 흐름 : 계시와 응답』(서울 : 대한기독교서회, 2013), 31.
12) 위의 책, 32.
13) 위의 책, 240.
14) 선교적 교회론에 대한 논의는 데릴 구더(Darrell Guder), 크레이크 반 겔더(Craig Van Gelder), 그리고 알랜 록스버거(Alan Roxburgh) 등 미국 내 선교학자들이 주도하고 있고, 이머징 교회론은 에디 깁스(Eddie Gibbs)와 라이언 볼저(Ryan K. Bolger), 마이클 프로스트(Michael Frost)와 앨런 허쉬(Allan Hirsch), 브라이언 맥클라렌(Brian D. McLaren) 등이 주도하고 있다.
15) Gary Yukl, *Leadership in Organizations 7th Edition* (San Francisco, CA : Pearson, 2010), 296. 코터(John P. Kotter)는 '급변하는 환경에 따라 조직을 새로 만들거나 변화시켜 나가는 일련의 과정을 리더십'이라고 정의한다. John P. Kotter, *Leading Change* (Boston, MA : Harvard Business School, 1996), 25.

16) 여기서 개인은 목회자와 성도를 모두 아우르는 교회 각 구성원 누구나 될 수 있다.

17) Kevin Graham Ford, *Transforming Church : Bring Out the Good to Get to Great* (Colorado Springs, CO : David C. Cook, 2007), 15.

18) Peter L. Steinke, *Healthy Congregations : A System Approach* (Herndon, VA : The Alban Institute, 2006), 3-4.

19) 헌터(James C. Hunter)는 건강한 조직과 건강하지 못한 조직 사이의 차이점은 모두 리더십과 연관되어 있음을 강조하고 있다. James C. Hunter, *The World's Most Powerful Leadership Principle : How to Become a Servant Leader* (New York, NY : Crown Business, 2004), 28.

1부 교회와 리더십

1장

1) 국립국어원 표준국어대사전(http : //stdweb2.korean.go.kr/search/List_dic.jsp), (2017. 11. 4. 검색)

2) Gray Yukl, *Leadership in organizations 7th Edition* (San Francisco, CA : Pearson, 2010), 1.

3) 위의 책, 3.

4) Ronald E. Riggio, Ira Chaleff, and Jean Lipman-Blumen, ed. *The Art of Followership* (San Francisco : Jossey-Bass, 2008), 5.

5) Peter. G. Northouse, *Leadership : Theory and Practice, 4th Edition*, 김남현 역, 『리더십 이론 응용 비판 측정 사례』(서울 : 경문사, 2010), 204-205.

6) Walter C. Wright, "Introduction : Mentor to Mentor", in : *The Three Tasks of Leadership : Worldly Wisdom for Pastoral Leaders*, ed. Eric O. Jacobsen (Grand Rapids : Eerdmans, 2009), 2.

7) Peter G. Northouse, *Leadership : Theory and Practice 7th Edition* (Thousand Oaks, CA : SAGE Publications, Inc, 2015), 6.

8) Ronald E. Riggio, Ira Chaleff, and Jean Lipman-Blumen, ed., 앞의 책, 337.

9) W. E. Rosenbach and R. L. Taylors, ed. *Contemporary Issues in Leadership Research* (Oxford : Westview Press, 1993), 137-140.

10) Ronald E. Riggio, Ira Chaleff, and Jean Lipman-Blumen, 앞의 책, 53-65.

2장

1) Timothy Keller, *Center Church*, 오종향 역, 『팀 켈러의 센터처치』(서울 : 두란노, 2016), 25. 최근 (2017년 11월)에 리디머 교회는 팀 켈러 목사의 후임으로 한인 2세인 아브라함 조 목사를 내정했다.

2) 위의 책, 38.

3) 위의 책, 30-31. 이 신학적 비전은 단순한 교리적 신념보다 훨씬 더 실천적인 것이고, '이렇게 하라'는 방법론보다는 훨씬 더 신학적인 것이라고 주장한다. 신학적 비전은 복음을 충실하게 재진술한 문장으로서 교리적 기초(doctrinal foundation)에서 자라는 것이지만, 암묵적이고 명시적인 문화이해를 포함하는 것으로서 우리가 사역을 결정할 때 가장 밀접한 인과관계를 구성하게 된다. 팀 켈러는 센터처치(Center Church)라고 부르는 신학적 비전을 복음(Gospel), 도시(City), 운동(Movement)의 세 개의 기본적인 항목에 집중한다고 밝힌다. 위의 책, 25, 29.

4) 위의 책, 50.

5) 삼위가 나타난 성경 말씀은 창세기 1 : 26, 11 : 7, 18 : 2-21, 마태복음 28 : 30, 요한1서 5 : 8 등에서 찾아볼 수 있다. 알리스터 맥그래스(Alister E. McGrath)는 삼위일체의 성경적 근거를 마태복음 28 : 19과 고린도후서 13 : 13로 꼽는데, 이 구절들은 하나님께서 성령을 통해서 예수 그리스도 안에 나타남을 보여 준다.

6) 페리코레시스(Perichoresis) : 어떻게 신적인 세 위격들 사이에 이러한 연합이 일어날 수 있는가를 설명하기 위해 동방교회 정통주의자들이 고안하였으며, 7세기 다마스커스의 성 요한에 의해 사용되어 알려지기 시작했다. 페리코레시스는 '춤추는 하나님'으로서의 삼위일체 하나님을 설명하는데, 삼위 하나님은 상호순환(circumincession), 상호 내주(inhabitation, reciprocal interiority), 상호 침투(circumincession, reciprocal interpenetration)한다는 의미로, 삼위일체 각 위격들이 서로 자신 속에 타자를 포괄하는 것을 의미한다.

7) Leonardo Boff, *Trinity and Society*, trans. by Paul Burns (Maryknoll, New York : Orbis Books, 1988), 134-135.

8) Catherine Mowry LaCugna, *God For Us* (Chicago IL : HaperSanFrancisco, 1992), 228.

9) Stanley J. Grenz, *The Social God and the Relational Self : A Trinitarian Theology of the Imago Dei* (Louisville, KY : Westminster John Knox Press, 2001), xi, 142.

10) Jack O. Balswick, Pamela Ebstyne King, and Kevin S. Reimer, *The Reciprocating Self : Human Development in Theological Perspective* (Downers Grove, IL : InterVarsity Press, 2005), 38.

11) Stanley J. Grenz, 앞의 책, 305.

12) Miroslav Volf, *After Our Likeness : The Church as the Image of the Trinity*, 황은영 역, 『삼위일체와 교회』(서울 : 새물결플러스, 2012), 344.

13) 위의 책, 353.

14) Jack O. Balswick, Pamela Ebstyne King, and Kevin S. Reimer, 앞의 책, 51.

15) Jürgen Moltmann, *The Trinity and the Kingdom*, trans. by Margaret Kohl (Minneapolis, MN : Fortress Press, 1993), 202 ; *The Church in the Power of the Spirit : A Contribution to Messianic Ecclesiology*, trans. by Margaret Kohl (Minneapolis MN : Fortress Press, 1993), 164—165.

16) John D. Zizioulas, *Being as Communion* (Yonkers, NY : St. Vladimir's Seminary Press, 2007), 15.

17) Miroslav Volf, *After Our Likeness* (Grand Rapids, MI : Wm. B. Eerdmans, 1998), 128.

18) Miroslav Volf, 앞의 책, 398.

19) Jürgen Moltmann, 앞의 책, 199.

20) Leonardo Boff, 앞의 책, 7.

21) 볼프(Volf)는 참여에 대해서 "문화를 버리는 것과 지배하는 것 사이의 중간을 의미하는 것이며 그 안에 머물면서 자신의 독특성을 표출하는 것이며 헤어지지 않으면서 떠나는 것"이라고 표현한다. Miroslav Volf, *A Public Faith : How Followers of Christ Should Serve the Common Good* (Grand Rapids, MI : Baker, 2011), 90 - 92. 이러한 볼프의 접근법은 제임스 헌터(James Hunter), 팀 켈러(Timothy Keller)의 접근법과 유사하다.

22) Miroslav Volf, 앞의 책(삼위일체와 교회), 347.

23) 위의 책, 129.

24) 위의 책, 355.

25) 조직체로 교회의 사명은 개인 구원의 복음을 선포하는 것이며, 사람들을 그리스도께 이끌고 제

자화하는 것이다. 하지만 유기체로서의 교회를 향한 하나님의 뜻은 흩어지는 것이다. 세상 속으로 들어가 사는 것이고, 말씀과 행동으로 섬기고, 전도하며, 정의를 시행하는 것이다.

26) Timothy Keller, *Center Church*, 오종향 역, 『센터처치』(서울 : 두란노, 2016), 710, 721.

27) Jürgen Moltmann, *The Trinity and the Kingdom* (1993) ; *History and the Triune God* (New York : Crossroad, 1992) ; John Thompson, *Modern Trinitarian Perspectives* (New York, NY : Oxford University Press, 1994) ; Ted Peters, *God as Trinity : Relationality and Temporality in Divine Life* (Louisville, KY : Westminster/John Knox Press, 1993).

28) 2018년 대한예수교장로회(통합)의 102회 총회도 주제를 '거룩한 교회, 다시 세상 속으로'로 정하고 마을교회로 일컬어지는 선교적 교회가 되기를 노력하고 있다.

29) Ed stetzer and Thom S. Rainer, *Transformational CNashville* (Temmessee : B&H Publishing Group and Lifeway Reserch, 2010), 163.

30) Craig Van Gelder and Dwight J. Zscheile, *The Missional Church in Perspective : Mapping Trend and Shaping the Conversation* (Grand Rapids, MI : Baker Publishing Group, 2011), 8.

31) 위의 책, 210.

32) Craig Van Gelder and Dwight J. Zscheile, *(The) Missional Church in Perspective : Mapping Trends and Shaping the Conversation*, 최동규 역, 『선교적 교회론의 동향과 발전』 (서울 : CLC, 2015), 211.

33) Craig Van Gelder and Dwight J. Zscheile, 위의 책, 24.

34) 맥스 디프리(Max De Pree)는 리더의 첫 번째 임무는 우리가 지금 처한 현실을 명확히 파악하는 것(to define reality)이고, 마지막 임무는 고마움을 표시하는 것이라고 주장하면서 리더는 처음과 마지막 임무를 수행하는 과정에서 종이자 빚진 자가 되어야 함을 강조한다. Max De Pree, *Leadership Is an Art* (New York : Dell Publishing, 1989), 11.

35) 갤더와 샤일리는 삼위일체론적 접근방식과 하나님의 창조와 구속사역을 연결하는 방식을 2004년 잉글랜드 국교회에서 일어난 선교형교회(mission-shaped church)를 소개함으로 시도하고 있다. "창조와 구속은 하나님의 삼위일체적 삶의 흘러넘침이다. […] 성령 안에서 그리스도를 통해서, 창조주이신 하나님의 선교는 모든 피조물의 삶을 유지시키고 완전하게 하는 것이다. […] 성령 안에서 그리스도를 통해서, 구속자이신 하나님의 선교는 타락한 피조물을 회복하고 화해시키는 것이다." Craig Van Gelder and Dwight J. Zscheile, 앞의 책, 178.

36) Donald B. Kraybill, *(The) Upside-Down Kingdom*, 김기철 역, 『예수가 바라본 하나님 나라』 (서울 : 복있는사람, 2010), 25. 신약성경 학자들은 예수의 가르침의 중심 주제는 하나님 나라라는 데 의견을 같이한다.

37) 김지철, 조성노, 『복음과 문화』(서울 : 현대신학연구소, 1992), 101-102.

38) 위의 책, 28. 하나님 나라에 대해서 'already but not yet'의 견해를 동시에 받아들이면서 '지금 여기'를 강조하고자 한다.

39) Scot McKnight, *(The) Jesus Creed : Loving God, Loving Others*, 김창동 역, 『예수신경』(서울 : 새물결플러스, 2015), 180.

40) Darrell L. Guder, *Called to Witness : Doing Missional Theology*, 허성식 역, 『증인으로의 부르심』(서울 : 새물결플러스, 2016), 233-234.

41) Miroslav Volf, 앞의 책(삼위일체와 교회), 395.

42) Lesslie Newbigin, *(The) Gospel in a Pluralist Society*, 홍병룡 역, 『다원주의 사회에서의 복음』(서울 : IVP, 2007), 431-432.

43) Craig Van Gelder and Dwight J. Zscheile, 앞의 책, 219.

44) '거하시매'는 문자적으로 '천막을 치다'라는 의미이다(요 1 : 14).

45) Craig Van Gelder and Dwight J. Zscheile, 앞의 책, 261.

46) 1970년대 풀러 신학교 세계선교학부 출신의 선교사들이 고안한 것으로 동일집단원리는 사람들은 같은 언어와 관습과 문화와 신념을 가진 집단에서 복음으로 가장 큰 영향을 줄 수 있다는 입장을 취한다. Michael Frost and Alan Hirsch, *A New Kind of Church*, 지성근 옮김, 『새로운 교회가 온다』(서울 : IVP, 2009), 105.

47) Steve Taylor, *(The) Out of Bounds Church*, 성석환 역, 『교회의 경계를 넘어 다시 교회로』(서울 : 예영커뮤니케이션, 2008), 194.

3장

1) Marshall Sashkin and Molly G. Sashkin, *Leadership That Matters : The Critical Factors for Making a Difference in People's Lives and Organizations' Success* (San Francisco, CA : Berrett-Koehler, 2003), 3.

2) Gray Yukl, *Leadership in organizations 7th Edition* (San Francisco, CA : Pearson, 2010),

289.

3) 그리스어로 systema는 "whole"의 의미를 가지고 있다. Peter M. Senge, et al., *The Fifth Discipline Fieldbook : Strategies and Tools for Building a Learning Organization* (New York : Currency and Doubleday, 1994), 90.

4) Peter L. Steinke, *Healthy Congregations : A System Approach* (Herndon, VA : The Alban Institute, 2006), 3-4.

5) Marshall W. Van Alstyne and Sangeet Paul Choudary and Geoffrey G. Parker, *Platform Revolution*, 이현경 역,『플랫폼 레볼루션』(서울 : 부키, 2017), 35-36.

6) 대표적 기업은 우버(Uber), 에어 비앤비(Airbnb), 페이스북(Facebook), 유튜브(YouTube), 아마존(Amazon), 알리바바(Alibaba), iOS, 안드로이드(Adnroid) 등이 있다.

7) 조벽,『인성이 실력이다』(서울 : 해냄, 2016), 66.

8) International Federation of Accountants, "Creating Value with Integrated Thinking, The Role of the Professional Accountant"(2015. 11.) 더 자세한 사항은 이 보고서를 참고하기 바란다.

9) Richard Boyatzis and Annie McKee, *Resonant Leadership* (Boston : Harvard Business School Press, 2005), 21.

10) John W. Wimberly Jr., *Mobilizing Congregations : How Teams Can Motivate Members and Get Things Done* (Lanham, Maryland : Rowman & Lttlefield, 2015), 89-97. 교회 공동체가 제역할을 하지 못하게 하는 다섯 가지를 웜벌리는 신뢰의 결핍(absence of trust), 충돌의 두려움(fear of conflict), 헌신의 부족(lack of commitment), 책임의 회피(avoidance of accountability), 결과에 대한 무관심(inattention to results)라고 이야기한다.

11) Patrick Lencioni, *The Five Dysfunctions of a Team : A Leadership Fable* (San Francisco : Jossey-Bass, 2002).

12) 시스템적 사고는 전체를 이루는 각 부분이 서로 연관되어 있고, 상호작용을 한다는 시각이다. Marshall Sashkin and Molly G. Sashkin (2003), Peter Senge (1990), Shelley Trebesch (2001), Daniel Goleman, Richard Boyatzis, and Annie McKee (2002), Sashkin & Sashkin (2003), Ken Blanchard and Phil Hodges (2005), Andrew J. Razeghi (2006) 등이 리더십 연구에 있어서 시스템적 사고를 사용하고 있다. 이러한 접근법은 제임스 헌터가 제시한 신실하게 살아가기에서도 나타나고 있다. 정체성, 일대일의 관계, 사회적 영향력의 세 부분으로 헌터는 그리스도인의 실천적 영향력을 살피고 있다.

13) Alan Andrews ed al, (The) kingdom life, 『제자도와 영성형성』(서울 : 국제제자훈련원, 2010), 15 – 16.

14) '드 프리 리더십 센터' 이사를 지낸 월터 라이트(Walter C. Wright)는 "리더십은 관계 안에서 한 사람이 다른 사람의 생각, 행동, 신념, 가치관에 영향을 행사하는 것을 의미한다"고 정의한다. Walter C. Wright, Relational Leadership : A Biblical Model for Influence and Service 2nd edition (Colorado Springs, CO : Paternoster, 2009), 2. 풀러신학교에서 오랜 시간 리더십을 가르쳤던 로버트 클린턴(J. Robert Clinton)은 기독교 리더십을 "하나님이 주신 능력과 책임감(God – given abilities and God – given responsibilities)을 가진 사람이, 특정 그룹의 성도들에게 영향력을 행사하여 하나님의 뜻(the purposes of God)을 이루어 나가는 역동적인 과정"으로 정의하였다. J. Robert Clinton, The Making of a Leader (Colorado Springs : NavPress, 1988), 14.

4장

1) 팀 켈러는 현대사회를 우상이 점령한 사회라고 지적하면서 삶의 무엇이든 하나님의 대용품이 되어 가짜 신(Counterfeit god)이 될 수 있다고 경고한다. Timothy Keller, Counterfeit gods, 윤종석 역, 『내가 만든 신』(서울 : 두란노, 2017), 21.

2) 김세윤, "한국교회 문제의 근원, 신학적 빈곤", 『한국교회, 개혁의 길을 묻다』(서울 : 새물결플러스, 2013), 20 – 21.

3) 권연경, "값싼 구원론에서 벗어나기", 『한국교회, 개혁의 길을 묻다』(서울 : 새물결플러스, 2013), 81 – 82.

4) Dallas Willard 외 13명, (The) Kingdom Life, 홍병룡 역, 『제자도와 영성 형성』(서울 : 국제제자훈련원, 2012), 105.

5) 위의 책, 107 – 108.

6) 김세윤, 앞의 책, 20 – 21.

7) 한국기독교목회자협의회는 '2017 목회자의 종교생활과 의식조사'를 실시했다. 신앙과 생활의 일치를 묻는 질문에 목회자들은 신앙과 생활의 불일치 문제를 심각하게 겪는 것으로 드러났다. "나의 신앙과 일상생활의 태도가 일치한다"고 대답한 비율이 2012년 97.4%에서 67.2%로 크게 줄었다. 목회자들이 바라본 교인들의 신앙과 일상생활의 일치 부분에 대한 질문에서도 "교회 교인들

의 신앙과 일상생활의 태도가 일치한다"고 대답한 비율 역시 2012년 87%에서 63.5%로 줄어들었다. 지앤컴리서치, "2017 한국사회 주요 이슈에 대한 목회자 및 개신교인 인식조사 결과 보고서", 한국기독교목회자협의회(2017).

8) J. Philip Wogaman, *Christian Ethics : a Historical Introduction*, 임성빈 역, 『기독교윤리학의 역사』(서울 : 한국장로교출판사, 2000), 110.

9) 안철홍, "헝그리정신과 우직함", 「한국기독공보」, 2007. 2. 2.

10) Ken Blanchard and Phil Hodges, *Lead Like Jesus : Lessons from the Greatest Leadership Role Model of All Time* (Nashville, TN : W Publishing Group, 2005), 27.

11) Harold J. Leavitt, *Top Down : Why Hierarchies Are Here to Stay and How to Manage Them More Effectively* (Boston, MA : Harvard Business School Press, 2005), 163.

12) 박지원, "경직된 관료주의를 극복한 기업들", LG Business Insight(2015. 6. 17.), 26-27.

13) Marilynn B. Brewer and Wendi Gardner, "Who is This 'We'? : Levels of Collective Identity and Self Representations", *Journal of Personality and Social Psychology* 71(1996/1), 83-93.

14) Horold J. Leavitt, 앞의 책, 15-22.

15) 말콤 글래드웰(Malcolm Gladwell)이 2014년 6월 10일 "The importance of urgency and disagreeableness"의 제목으로 the American Hospital Association's 2014 Leadership Summit에서 강연했다. http : //healthsciences.utah.edu/innovation/blog/2014/07/malcolgladwell.php (2015. 11. 18. 접속).

16) Os Guinness, *Prophetic Untimeliness : A Challenge to the Idol of Relevance* (Baker : Hourglass Book Pub, 2003), 15.

17) 가나안 성도의 발생 원인에 대한 질문에 대하여 한국 교회의 성도들은 '배타적이고 이기적인 교회 공동체의 모습에 지쳐서'(41.2%), '목회자의 독단적이고 권위적인 모습에 실망해서'(21.4%), '교회가 개인의 영적인 갈급함을 채워 주지 못해서'(20.2%), '자유로운 신앙생활을 원해서'(16.2%)라고 대답하고 있다. 많은 평신도들은 교회가 사회에서 빛과 소금의 역할을 감당하길 원하지만, 교회는 대부분 교회의 내부적인 유지 및 재정에 관한 부분에 집중되어 있는 실정이다. (사)한국기독교언론포럼 엮음, 『2015년 10대 이슈 및 사회의식조사』(서울 : 예영커뮤니케이션, 2016), 64. 또한, 가나안 성도들이 '앞으로 어떤 교회에 나가고 싶은가?'라는 질문에 답한 상위 세 가지 요소는 '올바른 목회자가 있는 교회'(16.7%), '공동체성이 강조되는 교회'(15.6%), '부정부

패 없는 건강한 교회'(11.1%)라고 답하고 있다. 양희송, 『가나안 성도 교회 밖 신앙』(서울 : 포이에마, 2014), 38.

18) 한국기독교언론포럼(한기언·이사장 김지철 목사)은 2015년 12월 17일 '한국기독교 선정 2015 10대 이슈 및 사회의식 조사' 발표회에서 이 같은 조사 결과를 내놓았다. 개신교 평신도 900명과 목회자 100명 등 모두 1,000명을 대상으로 한 이번 설문에서 '목회자가 시급히 개선해야 할 문제'에 대해서는 목회자의 윤리성 문제가 많이 제기됐다. 평신도들은 '목회자들이 가장 시급히 개선해야 할 윤리 문제'로 '독단적 · 권위적 교회 운영'(37.9%)과 '불투명한 재정 운용'(35.8%), '담임목사 대물림'(12.7%)을 지적했다. (사)한국기독교언론포럼 엮음, 앞의 책, 54.

2부 한국 문화 속 교회의 변화를 위한 리더십

1장

1) 테너(Kathryn Tanner)는 문화란 '인간집단이 공유하는 삶의 방식'으로 정의한다. Kathryn Tanner, *Theories of Culture : A New Agenda for Theology* (Minneapolis : Fortress, 1997), 25 – 37.

2) Joe Frontiera, "Leadership and Organizational Culture Transformation in Professional Sport", *Journal of Leadership and Organizational Studies* 17(2010/1), 72.

3) Frances Hesselbein and Alan Shrader, ed. *Leader to Leader 2* (San Francisco, CA : Jossey Bass, 2008), 267.

4) 시카고 윌로우 크릭 커뮤니티(Willow Creek Community) 교회의 빌 하이벨스(Bill Hybells) 목사는 2010년 8월에 있었던 리더십 컨퍼런스(The Global Leadership Summit)에서 그동안 탁월한 리더십의 요건으로 주장했던 3C라 일컬어지는 인격(Character), 능력(Competency), 관계(Chemical)에 한 요소를 더 추가했는데, 그것은 문화(Culture)였다.

5) Bass 1990 ; Schein 1992 ; House 1995.

6) Edgar H. Schein, *Organizational Culture and Leadership 2nd edition* (San Francisco, CA : Jossey – Bass, 1992), 15.

7) Kevin G. Ford, *Transforming Church : Bring Out the Good to Get to Great* (Colorado

Springs, CO : David C Cook, 2008), 39. 2007년 크리스천투데이에서 발표한 교회 변화에 대한 교회 리더들의 대답을 보면, '교회의 변화를 가져오는 데 가장 큰 어려움은 무엇인가?'라는 질문에 대해서 리더들의 37%는 교회 내부의 문화(the internal culture)를, 34%의 리더들은 교회의 리더십 문화(the leadership culture)의 문제를 지적했다. http : //www.christianitytoday.com/bcl/features/polls.html(2017. 12. 4. 접속).

8) 위의 책, 5.

9) Thom S. Rainer, *Breakout Churches* (Grand Rapids, MI : Zondervan, 2006), 192.

10) Frances Hesselbein, "The Key to Cultural Transformation : If You Want to Transform Your Organizational Culture, Transform Your Organization", in : *Leader to Leader 2*, ed. Frances Hesselbein and Alan Shrader, (San Francisco, CA : Jossey Bass, 2008), 267. 지금은 Doxa Church의 담임목사로서 섬기고 있지만 Soma Church를 설립했던 제프 밴더스텔트(Jeff Vanderstelt)는 문화를 변화시키고 싶으면 먼저 언어를 변화시키고 재정립하는 작업이 필요하다고 주장하면서 교회 공동체 내에 복음을 말함으로 복음에 유창해지기 시작하면, 그 복음의 유창성은 개인 안에서 자라고, 공동체 문화의 변화를 일으키게 된다고 주장한다. 제프 밴더스텔트 저, 장성은 역, 『복음의 언어』(서울 : 토기장이, 2018), 72-73.

11) Bill Hybels, *Courageous Leadership* (Grand Rapids : Zondervan, 2002), 27.

12) 위의 책, 23.

13) Bill Hybels, *Leading from Here to There : Five Essential Skills* (Michigan, Grand Rapids : Zondervan, 2016), 9.

14) 코우즈와 포스너는 150만 부가 넘게 팔린 이 책에서 리더십을 설명할 때 리더십의 추구하고자 하는 가치를 설명하는 '핵심 특성'과 리더십 행동에 있어서 가장 중요한 핵심이 되는 '행동적 특징'으로 나눠서 설명한다. James M. Kouzes and Barry Z. Posner, *The Leadership Challenge 4th Edition* (San Franscico, CA : John Wiley & Sons, Inc, 2007), 3-44.

15) 저자는 이전의 연구에서 리더십에 대한 통합적인 접근법을 사용함으로 최근의 리더십 학자들 – 피터 센지(Peter Senge, 1990), 게리 유클(Gary Yukl, 1998), 셸리 트레비쉬(Shelley Trebesch, 2001), 대니얼 골먼(Daniel Goleman, 2002)과 블랜차드와 하지스(Ken Blanchard and Phil Hodges, 2005) – 이 주장하고 있는 리더십을 통한 조직의 변화를 가능하게 하는 핵심요소(핵심 특성, 행동 특성)가 무엇인가를 살펴보았다. 그 결과 각 리더십 수준에 있어서 중요한 핵심요소는 개인 내면 차원에 있어서는 영적 성숙(Spiritual Formation), 일대일 관계 차원에 있어서는 진실

됨(Trust), 집단 차원에 있어서는 위임(Empowerment), 조직 과정에 있어서는 비전(Vision)으로 나타났다. Kye, Jae Kwang, "Discovering Leverage Points at Each Leadership Level for Transformation of Korean Church", *Korean Journal of Christian Studies* 81(2012), 277–310.

16) 디지털 네이티브는 미국의 교육학자인 마크 프렌스키(Marc Prensky)가 2001년 그의 논문 "Digital Native, Digital Immigrants"를 통해 처음 사용한 용어로 1980년대 개인용 컴퓨터의 대중화, 1990년대 휴대전화와 인터넷의 확산에 따른 디지털 혁명기 한복판에서 성장기를 보낸 30세 미만의 세대를 지칭한다.

17) Jose Casanova, *Public Religions in the Modern World* (Chicago : University of Chicago Press, 1994), 211. 래리 샤이너(Larry Shiner)는 세속화를 5개의 범주로 나눠서 요약하였다. 1) 종교의 사회적 감소(decline), 2) 종교 집단의 세상에 대한 모방(conformity), 3) 세계의 비신성화(desacralization), 4) 종교의 사유화(privatization), 5) 신앙 내용과 행동방식의 '종교적' 영역에서 '세속적' 영역으로의 전이(transposition)이다. Larry Shiner, "The Meanings of Secularization", *Secularization and the Protestant Prospect*, ed. James F. Childress, (Philadelphia : Westminster Press, 1970), 31–40.

18) Charles Taylor, *A Secular Age* (Cambridge, Massachusetts, and London, England : The Belknap Press of Harvard University Press, 2007), 2–3.

19) Peter L. Berger, *The Desecularization of the World* (Wm. B. Eerdmans Publishing Company, 1999), 3.

20) www.signandsight.com/features/1714.html (2018년 6월 20일 접속).

21) 위의 책, 1967년 피터 버거가 세속화를 이야기하면서 종교가 사라져 갈 것이라고 이야기한 책 제목이 *The Sacred Canopy*였다.

22) Michael Warner, Jonathan Vanantwerpen, and Craig Calhoun, ed. *Varieties of Secularism in a Secular Age* (Cambridge, Massachusetts, and London, England : Harvard University Press, 2010), 22. Peter L. Berger, 앞의 책, 6.

23) Eddie Gibbs and Ryan K. Bolger, *Emerging Churches : Creating Christian Community in Postmodern Cultures* (Grand Rapids, MI : Baker Academic, 2005), 48.

24) Eddie Gibbs, *Churchmorph : How Megatrends are Reshaping Christian Communities* (Grand Rapids, MI : Baker Academic, 2009), 19–21.

25) [경제Talk] 다보스포럼, 제4차 산업혁명을 논하다. http : //biz.khan.co.kr/khan_art_view.html?artid=201601200957091#csidx7acf0d30ba179888d16400347c70cce (2017년 11월 12일 접속).

26) 박봉권 외 3인, 『2017 다보스 리포트』(서울 : 매경출판<주>, 2017), 180.

27) Don Tapscott, *Growing Up Digital* (New York : McGraw—Hill, 1998), 68—78. *Grown Up Digital* (2009)

28) Leonard Sweet, *Postmodern Pilgrims*, 김영래 역, 『영성과 감성을 하나로 묶는 미래교회』(서울 : 좋은씨앗, 2002), 18.

29) 위의 책, 62.

30) 다문화란 "다인종, 다민족으로 구성된 사회와 국가에서 문화의 중심이 되는 주류문화에 대한 하위 개념으로서 위계관계 혹은 다양성의 존중을 내포하는 개념"이다. 안경식 외 6인, 『다문화 교육의 현황과 과제』(서울 : 학지사, 2010), 95.

31) 국내 장기 체류 외국인의 체류 사유를 보면 2007년 통계로 외국인 노동자가 60%, 결혼이민자가 13%를 차지하고 있고, 국내 장기 체류 외국인의 국적별 분포로 보면 중국, 베트남, 미국, 필리핀, 태국, 인도네시아 순이다. 2000년부터 2008년까지 OECD 19개국의 외국인의 증가속도는 5.9%인 데 반해 한국은 19.9%를 기록하고 있다. 안경식 외 6인, 『다문화 교육의 현황과 과제』(서울 : 학지사, 2008), 19.

32) 위의 책, 17.

33) 법무부, "출입국 · 외국인정책 통계월보", 2016년 12월호.

34) "출입국 · 외국인정책본부"(http : //www.immigration.go.kr)>자료실>간행물>2015년 중앙행정기관 외국인 정책 시행계획, 9.

35) 황미애 외, "외국인에 대한 중등학생의 법적 관용성 : 다문화 법교육에의 함의", 「시민교육연구」 제45권 (2013/1), 172. 설동훈 외, 『다문화 가족의 중장기 전망 및 대책 연구 : 다문화 가족의 장래인구추계 및 사회, 경제적 효과분석을 중심으로』(서울 : 보건복지부, 2009), 117—121, 김유경, "다문화가족의 변화 전망과 정책과제",「보건복지포럼」175(2011).

36) 2007년 혼인통계를 보면 2005년 총 결혼건수는 316,375건이고 그중 국제결혼건수는 43,121건 (13.6%)으로 보고되고 있다. 그중 외국인 아내 건수는 31,180명(9.8%), 외국인 남편 건수는 11,941명 (3.8%)으로 보고되고 있다. 2012년 외국인과의 혼인은 총 28,325건으로 2011년보다 1,437건 감소한 것으로 나타나지만 외국인과의 혼인은 총 혼인(327,073건) 중 8.7%로, 2005년부터 2012년까

지 혼인통계를 보면 총 결혼건수 중 국제결혼건수가 평균 10% 정도를 계속해서 유지하고 있다. 2014년부터 난립하는 국제결혼중개업체에 대한 단속으로 인해서 2015년 외국인과의 혼인은 총 혼인(30만 2천 8백 건) 중 7.0% 수준이 되었다. 통계청(인구동태통계연보), 2007－2015년 국제 결혼현황 혼인통계. http : //www.index.go.kr/potal/main/EachDtlPageDetail.do?idx_cd=2430(2016. 10. 8. 접속).

37) 결혼 이민자는 15년 사이(2001년 25,182명에서 2016년 152,374명)에 6배 증가했고, 다문화가정 학생 수는 8년 사이(2008년 20,000명에서 2016년 99,000명)에 5배가 증가하였다. 통계청,『한국의 사회동향 2017』(2017), http : //kostat.go.kr. (통계청 홈페이지)

38) 통계청 사회통계국,『2014년 1월 인구동향』(2014).

39) 통계청,『고령자 통계』(2008).

40) 통계청,『가정별 성비, 인구성장률, 인구구조, 부양비, 노령화지수, 중위연령, 평균연령(전국)』(2012).

2장

1) 무관심 다음으로는 '종교에 대한 불신과 실망(19%)'이 두 번째였다. 이어 '정신적, 시간적 여유가 없어서(18%)', '내 자신을 믿기 때문(15%)'이 뒤를 이었다. 한국갤럽조사연구소,『한국인의 종교 1984－2014』(서울 : 한국갤럽조사연구소, 2015), 29. 2017년 말에 한국기독교목회자협의회에서 지앤컴 리서치(대표 : 지용근)를 통해 실시한 한국인의 종교생활과 신앙의식조사에서 개신교인 24%, 비개신교인 28.6%가 한국 교회가 해결해야 할 최우선 과제로 '목회자의 사리사욕'을 꼽았고, 두 번째로 개신교인 16.1%, 비개신교인 18.7%로 '자기 교회 중심적 사고'가 문제라고 응답했다. 셋째로 개신교인 18.6%, 비개신교인 11.8%는 '양적팽창/외형에 치중하는 교회'를 지적했다. 지앤컴리서치, "2017 한국사회 주요 이슈에 대한 목회자 및 개신교인 인식조사 결과 보고서", 한국기독교목회자협의회발표, 미간행보고서(2018).

2) 1998년과 2004년에 한 [한국 개신교인의 교회 활동과 신앙 의식조사(한미준)]에 이은 세 번째 조사로 앞의 두 차례 조사와의 시계열적인 분석을 한 [2013 한국인의 종교생활과 의식조사 보고서]이다. "한국기독교목회자협의회",『한국기독교 분석리포트』(서울 : 도서출판 URD, 2014), 65.

3) 가나안 성도란 기독교인이라는 정체성은 가지고 있으나 현재 교회에 출석하고 있지 않으면서 이스라엘 백성이 가나안 땅을 찾아다녔듯이 새로운 교회를 찾아다니는 사람들을 일컫는 말이다. 교

회 출석 기간도 평균 14년이 넘고, 90%가 교회 직분을 맡았다. 2/3는 교회를 떠나 본 적이 없는 사람들로 2016년 현재 한국에 165만 명에 가까운 숫자라고 한다. 가나안 성도들이 교회를 떠난 이유는 '자유로운 신앙생활(30.3%)', '목회자에 대한 불만(24.3%)' 등의 이유로 교회를 떠났지만 대다수(82.1%)가 구원의 확신이 있었다고 답했고, 3명 중 2명은 다시 교회에 나가고 싶다(67.1%)는 입장을 밝혔다. 정재영, "종교 세속화의 한 측면으로서 소속 없는 신앙인들에 대한 연구",「신학과 실천」39권(2014), 599-600. 2017년 말에 한국기독교목회자협의회에서 실시한 한국인의 종교생활과 신앙의식조사를 통해 나타난 결과는 가나안 교인도 2012년 이후 배 이상 증가한 것으로 나타났다. 가나안 교인의 교회 비출석률은 2012년 10.5%에서 2017년 23.3%으로 증가했다. (지앤컴리서치, 앞의 보고서).

4) (사)한국기독교언론포럼 엮음,『2015년 10대 이슈 및 사회의식 조사』(서울 : 예영커뮤니케이션, 2016), 64.

5) 근대화가 세속화로 바로 연결된다는 초기 세속화 이론은 철회되었으나, 유럽이나 미국의 엘리트들처럼 특별한 경우에는 근대성의 도래와 함께 종교성은 사라지고 세속화했다.

6) 1998년과 2004년에 한 [한국 개신교인의 교회 활동과 신앙 의식조사(한미준)]에 이은 세 번째 조사로 앞의 두 차례 조사와 시계열적인 분석을 한 [2013 한국인의 종교생활과 의식조사보고서]이다. 한국기독교목회자협의회, 앞의 책, 370-371.

7) Michael Frost, *Exiles : Living Missionally in a Post-Christian Culture*, 이대헌 역,『위험한 교회 : 후기 기독교 문화에서 선교적으로 살아가는 유수자들』(서울 : SFC, 2009), 15-16.

8) Craig Van Gelder and Dwight J. Zscheile, *(The) Missional Church in Perspective : Mapping Trends and Shaping the Conversation*, 최동규 역,『선교적 교회론의 동향과 발전』(서울 : CLC, 2015), 51-52.

9) Michael Frost and Alan Hirsch, *A New Kind of Church*, 지성근 옮김,『새로운 교회가 온다』(서울 : IVP, 2009), 38.

10) David T. Olson, *The American Church in Crisis : Groundbreaking Research Based on a National Database of over 200,000 Churches* (Grand Rapids : Zondervan, 2008), 163-164.

11) Michael Frost and Alan Hirsch, 앞의 책, 45.

12) 위의 책, 43-67.

13) 개신교 교인의 경우 교회 생활과 세상 생활이 '일치하지 못한다'는 응답이 35.3%에 이르러 신앙

과 현실, 종교와 삶이 이원화된 채 생활하는 개신교도인들도 적지 않음을 보여 주고 있다. 그리고 그들 중 74.2%가 불일치 극복의 필요를 느끼지 못하고 있다고 대답했다. 한미준 – 한국갤럽, 『한국 개신교인의 교회활동과 신앙의식 – 한국갤럽조사연구소』(서울 : 두란노출판사, 1999), 60.

14) Dvid T. Olson, 앞의 책, 163.

15) Anthony Giddens, *Modernity and Self—Identity* (Polity Press, 1992), 52.

16) James W. Fowler, *Stages of Faith* (San Francisco : Harper & Row, 1981), 4.

17) Thomas H. Groome, *Christian Religious Education*, 이기문 역, 『기독교적 종교교육』(서울 : 한국장로교출판사, 1993), 103.

18) 예전의 소비패턴은 비싼 명품을 사서 로고나 브랜드를 자랑하는 패턴에서 이제는 가격대비 성능을 보는 패턴으로 바뀌고 있으나, 과시적 소비를 통한 만족감을 얻으려는 모습은 변함이 없다. 최근의 소비패턴은 부나 사회적 지위를 과시하는 베블린 효과, 자신의 선호도와 상관없이 다른 사람들의 관심도에 따라 구매하는 밴드 왜건 효과, 어떤 제품에 사람들이 몰리면 차별화를 가지고자 다른 제품을 구매하는 스놉 효과 현상 등이 나타나고 있다.

19) 김세윤, "한국교회 문제의 근원, 신학적 빈곤", 『한국교회, 개혁의 길을 묻다』(서울 : 새물결플러스, 2013), 19.

20) Dallas Willard and Jan Johnson, *Renovation of the Heart* (Colorado Springs, CO : Navpress Books & Bible Studies, 2002), 19.

21) Dallas Willard and Don Simpson, *Revolution of Character* (Colorado Springs, CO : Navpress Books & Bible Studies, 2005), 16.

22) 위의 책.

23) 영적 성숙과 연관된 말씀은 로마서 12 : 2, 갈라디아서 4 : 19, 마태복음 28 : 19, 골로새서 1 : 28 – 29, 에베소서 4 : 13을 예로 들 수 있다. 갱글과 윌호이트도 영적성숙이란 "주님의 제자로 성숙하기 위해서 내주하시는 예수 그리스도에 의해 변화되는 의도된 다각적인 과정"이라고 주장한다. Kenneth O. Gangel and James C. Wilhoit, *The Christian Educator's Handbook on Spiritual Formation* (Wheaton, IL : Victor Books, 1994), 16.

24) 종교의 세속화란 사회가 변화하면서 종교에도 어떤 변화가 생겨나는 현상을 말한다. 이때 종교의 변화는 종교의 쇠퇴, 이 세상과의 동조, 종교로부터의 사회의 이탈, 종교적 신앙과 제도의 변형, 세계의 비성화(非聖化)와 같은 형태로 나타난다. 이원규, 『한국 교회 어디로 가고 있나』(서울 : 대한기독교서회, 2000), 200.

25) http：//www.churchleaders.com/pastors/pastor—articles/175643—james—white—need—to—know—these—3—cultural—currents.html (2017. 12. 4.) 이전에는 종교가 일종의 독립변수로서 문화일반을 주도하였지만, 이제는 종속 변수로서의 종교를 논하는 시점에 이르렀다. 이러한 현상을 우리는 세속화라 부르며 이에 동반되는 현상을 신앙의 사사화라 부른다. 임성빈, "기독교 윤리학자가 본 한국 교회와 사회적 책임", 『한국 교회와 사회적 책임』(서울：장로회신학대학교 출판부, 1997), 251.

26) Craig Van Gelder and Dwight J. Zscheile, 앞의 책, 262—263.

27) 지니계수는 1에 가까울수록 불평등도가 높은 것이다. 최근 보도된 '한국보건사회연구원'의 조사통계에 따르면, 2013년 기준 18–24세의 빈곤율은 19.7%, 25–29세는 12.3%이고, 60–64세 (20.3%) 다음으로 높은 연령대. 청년실업률은 2012년 9%, 2013년 9.3%, 2014년 10%로 매년 증가하고 있다.

28) 노벨 경제학상을 수상한 조세프 스티글리츠(Joseph E. Stiglitz)는 『불평등의 대가–분열된 사회는 왜 위험한가』라는 책에서 불평등의 위험성을 경고하고 있다. 불평등은 시장 경제가 본래 가질 수 있는 역동성과 효율성과 생산성을 모두 마비시킬 뿐만 아니라 효율성과 무관한 분배 구조를 고착화시켜서 결국 사회 전체를 악순환의 소용돌이 속으로 침몰시킨다고 주장한다. Joseph E. Stiglitz, (The) Price of Inequality：How Today's Divided Society Endangers our Future, 이순희 역, 『불평등의 대가』(파주：열린책들, 2013), 27.

29) 이상영, '한국사회의 사회·심리적 불안의 원인분석과 대응방안', 「보건·복지 Issue & Focus」 304권, 4.

30) Bob Ditmer, "It's Time to Take Another Look at the Religious 'Nones'", CHURCHLEADERS, (2018. 2. 6.)

31) Aubrey Malphurs and Gordon E. Penfold, Re：Vision；The Key to Transforming Your Church (Grand Rapids, MI：Baker Books, 2014), 26.

32) 위의 책, 30–31.

33) LG경제연구원에서 리더들이 변화의 요구에도 불구하고 리더들로 하여금 기존의 습관에 따라 일을 하게 만드는 리더들의 사고 및 일 처리 방식에 있어서의 관성, 즉 리더십 이너샤(leadership inertia)의 원인을 세 가지로 정리하고 있다. 그 세 가지는 과거의 성공 경험이 주는 과거에 했던 방법이 주는 예측 가능성으로 인한 심적 안정감, 전략적 선택지가 많지 않아서 무엇을 어떻게 해야 할지 모르기 때문이고, 익숙하지 않은 것에 대한 불편함을 들고 있다. 황인경, *LG Business*

Insight, 12(2012), LG경제연구원, 16–22.

34) Walter C. Wright, *Relational Leadership : Biblical Model for Influence and Service 2nd edition* (Colorado Springs, CO : Paternoster Publishing, 2010), 34.

35) Efrain Agosto, *Servant Leadership : Jesus and Paul* (St. Louis, MO : Chalice, 2005), 1.

36) Owen Phelps, *The Catholic Vision for Leading Like Jesus : Introducing S3 Leadership – Servant, Steward, Shepherd* (Huntington, IN : Our Sunday Visitor Publishing Division, 2009), 45–56.

37) Leighton Ford, *Transforming Leadership : Jesus' Way of Creating Vision, Shaping*, (Downers Grove, IL : InterVarsity Press, 1991), 151. 예수님의 리더십의 원칙은 마가복음 10 : 45에서 찾을 수 있다. "For even the Son of Man did not come to be served, but to serve, and to give his life as a ransom for many"(막 10 : 45).

38) Henri J. M. Nouwen, *In the Name of Jesus : Reflections on Christian Leadership* (New York : The Crossroad Publishing Company, 1989), 82.

39) Cassidy(1978), Hays(1996), Hauerwas(1983), Longenecker(1984), Mealand(1981), Myers(1988), Chilton and McDonald(1987), Perkins(1981), Yoder(1994)는 하나님 나라와 예수님의 가르침을 기독교 사회 윤리와 연결하려는 경향을 보여 준다.

40) Raymod E. Brown, *The Anchor Bible—The Gospel According to John (i—xii)* (Garden City, NY : Doubleday & Company, Inc, 1966), 407.

41) Jack O. Balswick, Pamela Ebstyne King, and Kevin S. Reimer, *The Reciprocating Self : Human Development in Theological Perspective* (Downers Grove, IL : InterVarsity Press, 2005), 32.

42) Dr. J. Robert Clinton, *The Making of a Leader* (Colorado Springs : NavPress, 1988), 14.

43) Bill Hybels, *Courageous Leadership* (Grand Rapids : Zondervan, 2002), 181–197.

44) John Stott, *(The) Radical Disciple : Some Neglected Aspects of Our Calling*, 김명희 역, 『변함없는 핵심자질 8가지 : 제자도』(서울 : IVP, 2010), 15–17.

45) 시 11 : 6, 16 : 5, 116 : 13, 사 51 : 22, 렘 25 : 15, 겔 23 : 31–34, 시 75 : 8. C. Gene Wilkes, *Jesus on Leadership : Becoming a Servant Leader* (Nashville, TN : LifeWay, 1996), 82–83.

46) Henri J. M. Nouwen, 앞의 책, 62—66, 82—88.

47) 윌리암스는 예수님의 리더십에 대해서 설명하는 세 개의 역설적인 성경말씀을 제시한다. 눅 9 : 24, 막 9 : 35, 마 5 : 5. "누구든지 제 목숨을 구원하고자 하면 잃을 것이요 누구든지 나를 위하여 제 목숨을 잃으면 구원하리라"(눅 9 : 24), "예수께서 앉으사 열두 제자를 불러서 이르시되 누구든지 첫째가 되고자 하면 뭇 사람의 끝이 되며 뭇 사람을 섬기는 자가 되어야 하리라 하시고"(막 9 : 35), "온유한 자는 복이 있나니 그들이 땅을 기업으로 받을 것임이요"(마 5 : 5). Pat Williams, *The Paradox of Power : A Transforming View of Leadership* (Tampa, FL : Warner, 2002), 7.

48) Dallas Willard 외 13명, (The) Kingdom Life, 홍병룡 역, 『제자도와 영성 형성』(서울 : 국제제자훈련원, 2012), 365.

49) Jerry C. Wofford, *Transforming Christian Leadership : 10 Exemplary Church Leaders* (Grand Rapids, MI : Baker, 1999), 18.

50) Ryan Shaw, *Spiritual Equipping for Mission : Thriving as God's Message Bearers* (Downers Grove, IL : InterVarsity Press, 2014), 50 – 53.

51) 김세윤 박사는 하나님과 올바른 관계라 함은 "지금 믿음으로 얻은 칭의는 최후의 심판 때 그것이 확인될 때까지 우리로 하여금 회복된 하나님과의 올바른 관계(하나님 나라) 속에 서 있어야 함, 즉 그의 통치(예수의 주권)에 의지하고 순종하면서 살아가야 하는 의무를 담고 있는 것이다." 라고 주장한다. 김세윤, "한국교회 문제의 근원, 신학적 빈곤", 『한국교회, 개혁의 길을 묻다』(서울 : 새물결플러스, 2013), 20.

52) Sen Sendjaya, and James C. Sarros, "Servant Leadership : Its Origin, Development, and Application in Organizations", *Journal of Leadership & Organizational Studies* 9, no. 2 (2002), 59.

53) James A. Autry, *The Servant Leader : How to Build a Creative Team, Develop Morale, and Improve Bottom – Line Performance* (Roseville, CA : Prima Publishing, 2001)를 참조하기 바란다. 그린리프의 삶과 글에 대해서는 www.greenleaf.org에서 더욱 알 수 있다.

54) Jim Collins, *Good to Great* (New York : HarperCollins, 2001), 17 – 38.

55) 위의 책.

56) J. W. Graham, "Servant Leadership in Organizations : Inspirational and Moral Leadership", *Leadership Quarterly 2* (1991/2), 105 – 119.

57) C. Gene Wilkes, 앞의 책, 41. ; Wilkes(1998)는 예수님이 섬김의 리더로서 어떻게 이끄셨는

지를 정의하면서 예수님의 삶을 통해서 성경적 리더십의 일곱 가지 특별한 형태를 이야기하고 있다. "1) 예수님은 겸손하셨고, 하나님께서 높여 줄 때까지 기다리셨다. 2) 예수님은 자리보다는 하나님의 뜻을 구했다. 3) 예수님은 하나님의 아들이라는 정체성이 분명했기에 다른 사람들을 섬기는 데 주저함이 없었다. 4) 예수님은 위대함이란 섬기는 자가 되고 종이 되는 것이라고 정의했다. 5) 예수님은 다른 사람들의 필요를 섬기기 위해서 상석(the head table)을 떠나셨다. 6) 예수님은 비전을 실천하게 하시기 위해 팀을 만드셨다. 7) 예수님은 자신이 리더가 되라고 부른 제자들에게 자신의 책임과 권한을 나누어 주셨다." C. Gene Wilkes, *Jesus on Leadership : Timeless Wisdom on Servant Leadership* (Carol Stream, IL : Tyndale House Publishers, 1998), 11−12.

58) Donald B. Kraybill, *(The) Upside−Down Kingdom*, 김기철 옮김, 『예수가 바라본 하나님 나라』(서울 : 복있는사람, 2010), 384−385. 십자가는 로마의 상징으로 범죄자를 처벌하는 국가 권력을 나타내는 가혹한 표지다. 지배 권력은 예수님이 선택한 대야에 맞대응하기 위해 처형의 도구인 십자가를 사용했다. 텅 빈 무덤은 악의 세력에 대한 하나님의 지배를 나타내는 표지로 오랜 세월 동안 사용되어 왔다.

59) John C. Maxwell, *The 360° Leader : Developing Your Influence from Anywhere in the Organization* (Nashville, TN : Thomas Nelson, 2005), 36.

60) 계재광, "리더십에 있어서 신앙정체성의 중요성에 대한 연구", 「신학과 실천」, 제38권 38호 (2014), 204.

61) Siang−Yang Tan, *Full Service : Moving from Self−Serve Christianity to Total Servanthood* (Grand Rapids : Baker Books, 2006), 54−55.

62) 위의 책, 52.

63) Walter C. Wright, *Relational Leadership* (Waynesboro, GA : Paternoster, 2000), 83.

64) 헌터는 기독교인들 사이에 세상을 바꾸려고 시도하는 가장 유명한 정치 신학들, 즉 기독교 좌파(Charles Colson), 우파(Jim Wallis)와 신 재세례파(Stanley Hauerwas)의 존경받는 기독교리더들의 의견을 신랄하게 비판한다. 제임스 헌터(James D. Hunter)는 역사적으로 그리스도인에 의해서 세상을 바꿔 보려는 노력들이 잘못된 이유들을 이야기하면서, 크리스천들의 실천을 통해서 세상을 더 좋게 바꿀 수 있는 방법을 '신실하게 살아가기'(faithful presence)라고 주장한다. 헌터는 신실하게 살아가는 것이 그동안 시도되었던 그 어떤 시도들보다 더 모범적이며 깊은 변화의 열매를 맺을 것이라고 주장한다. James Davison Hunter, *To Change the World :*

The Irony Tragedy, and Possibility of Christianity in the Late Modern World (New York, NY : Oxford University Press, 2010), 244-247.

65) James Davison Hunter, 위의 책, 246.

66) "종들아 모든 일에 육신의 상전들에게 순종하되 사람을 기쁘게 하는 자와 같이 눈가림만 하지 말고 오직 주를 두려워하여 성실한 마음으로 하라 무슨 일을 하든지 마음을 다하여 주께 하듯 하고 사람에게 하듯 하지 말라"(골 3 : 22-24).

67) 위의 책, 244.

68) Christopher J. H. Wright, (The) Mission of God's People, 한화룡 역, 『하나님 백성의 선교』 (서울 : IVP, 2012), 344.

69) James Davison Hunter, 앞의 책, 247.

70) 위의 책.

71) 한국기독교목회자협의회(한목협, 대표회장 : 이성구)는 2017년 9월 22일부터 10월 20일까지 지앤컴 리서치(대표 : 지용근)를 통해 실시한 한국인의 종교생활과 신앙의식조사 결과를 2017년 12월 28일 발표했다. 개신교인과 비개신교인 각 1,000명씩 총 2,000명이 설문에 참여했고, 표본 오차는 95% 신뢰수준에서 ±3.1%포인트이다.

72) 2017년 말에 한국기독교목회자협의회에서 지앤컴 리서치(대표 : 지용근)를 통해 실시한 한국인의 종교 생활과 신앙의식 조사에서 기독교에 대한 신뢰도는 2012년 조사 때보다 더욱 추락한 것으로 확인됐다. 비개신교인 47.9%는 기독교를 '더 적게 신뢰하게 되었다'고 응답해 2012년 설문 결과 19.7%보다 두 배 이상 급증했다. (지앤컴리서치, 앞의 보고서). 한국 교회가 신뢰를 상실하게 된 이유에 대한 물음에 대하여 가장 많은 응답은 "언행일치가 되지 않아서"(24.8%)였고, 다음은 "교회가 내부적 비리/부정부패가 많아서"(21.4%)였다. 신뢰상실의 이유로 한국 교회가 알고 행해야 하는 것에 따른 행함이 없음에 관련된 응답을 모두 합하면 65.6%에 이르고 있다. 기독교윤리실천운동본부, "2013년 한국교회의 사회적 신뢰도 여론조사 기초보고서", http : //cemk.org/2008/bbs/board.php?bo_table=2007_data_cemk&wr_id=348 (2015. 3. 8. 접속)

73) Craig Van Gelder and Dwight J. Zscheile, 앞의 책, 300.

74) Simon Gathercole, "The Gospel of Paul and the Gospel of the Kingdom", *God's Power to Save*, ed. Chris Green, (Nottingtham, UK : InterVarsity, 2006), 138-154.

75) Timothy Keller, *Counterfeit gods*, 윤종석 역, 『내가 만든 신』(서울 : 두란노, 2017), 46-51.

76) 요한복음에서 제자들의 발을 씻으신 다음에 주님께서 '본'을 보이셨다고 되었다. 의식을 넘어서

분명한 목적을 갖고 하신 일이라는 것이다. 톰 라이트는 그 '본'(example)이 헬라 문화에서는 '밑그림'(pattern)의 의미로 쓰이기 때문에 예수님이 보여 주신 것은 새로운 밑그림이란 설명을 한다. "너희는 이 세대를 본받지 말고"(롬 12 : 2)에서도 'pattern of this world'라는 단어가 등장한다.

77) Craig Van Gelder and Dwight J. Zscheile, 앞의 책, 68.
78) Timothy Keller, 앞의 책, 47.
79) Donald B. Kraybill, 앞의 책, 46.
80) 위의 책, 46.
81) Christopher J. Wright, 앞의 책, 342.
82) 크리스토퍼 라이트는 바울의 "항상 주의 일에 더욱 힘쓰는 자들이 되라 이는 너희 수고가 주 안에서 헛되지 않은 줄 앎이라"(고전 15 : 58)에서 '주의 일'은 신앙적이고 종교적인 일만 의미하는 것이 아니라 "주께 하듯" 하는 어떤 일을 의미한다고 주장한다. Christopher J. Wright, 앞의 책.
83) 기독교윤리실천운동본부가 2017년 3월 3일 100주년 기념관에서 발표한 "2017년 한국교회의 사회적 신뢰도 여론조사 결과 발표세미나 자료집"에는 한국교회의 가장 시급한 문제가 불투명한 재정사용(26.1%)이라고 응답되었는데 이를 기독교 신자가 분석한 기독교의 시급한 개선점이 교인들의 삶(27.9%)과 교회 지도자들의 삶(24.3%)으로 언급된 점과 연계하면 지도자들의 리더십 수행에 관한 비판이 주된 요인임을 추측할 수 있다. 또한, 이를 제고하기 위한 방편으로 윤리와 도덕 실천 운동이라는 응답이 무려 45.3%에 이른 점은 종전의 사회복지에 관한 기대가 윤리 실천 운동으로 이전되었음을 나타내는 것으로 한국교회의 본질적 문제가 리더십에 있음을 보여 주고 있다.
84) Ed Stetzer and Thom S. Rainer, *Transformational Church－Creating A New Scorecard For Congregations* (Nashville, TN : B&H Publishing Group & LifeWay Reaserch, 2010), 50.
85) 위의 책, 53.
86) 위의 책, 59.
87) 하나님께서 특별한 일을 맡겨 주실 때 사용하는 소명이라는 vocation의 라틴어 어근 *vocare*라는 단어는 "call"(부르다) 또는 "calling"(부르심)이라는 의미가 있다. Os Guinness, *(The) Call : Finding and Fulfilling the Central Purpose of Your Life*, 홍병룡 역, 『소명』(서울 : IVP, 2009), 21.

88) Christopher J. Wright, 앞의 책, 79 – 80.

89) 위의 책, 106.

90) Jim Collins, "The Good to Great Pastor : An Interview with Jim Collins", *Leadership* (Spring, 2006), 48―49.

91) Tim Chester and Steve Timmis, *Everyday Church*, 신대현 역, 『일상교회』(서울 : IVP, 2015), 143―146.

92) Scot McKnight, *(The) Jesus Creed : Loving God, Loving Others*, 김창동 역, 『예수신경』(서울 : 새물결플러스, 2015), 240―241.

93) Nicholas T. Wright, *Simply Jesus : A New Vision of Who He Was, What He Did, and Why He Matters*, 윤종석 역, 『톰 라이트가 묻고 예수가 답하다』(서울 : 두란노, 2013), 341.

94) 하우어워스는 End에는 시간상의 끝으로서의 End, 어떤 목적과 목표의 의미로서 End를 함께 내포하는 중의적인 의미로 사용하고 있다. Stanley Hauerwas, 앞의 책.

95) 위의 책, x.

96) Dallas Willard, *(The) Great Omission*, 윤종석 역, 『잊혀진 제자도』(서울 : 복있는사람, 2007), 147.

97) 요한복음 13 : 34 – 35.

98) James Davison Hunter, 앞의 책, 281.

3장

1) 대한예수교장로회 청년회전국연합회, 「2016년 청년보고서」.

2) 한국갤럽조사연구소, 『한국인의 종교 1984―2014』(서울 : 한국갤럽조사연구소, 2015), 30.

3) 남기평 외 5인, 『한국교회, 청년이 떠나고 있다』(서울 : 동연, 2017). 청년의 교회・종교에 대한 의식 설문조사. 요약본은 아래 웹페이지 참고. http : //veritas.kr/articles/27321/20171102/%EC%B2%AD%EB%85%84%EC%A2%85%EA%B5%90%EC%9D%98%EC%8B%9D%EB%B0%B1%EC%84%9C.htm

http : //www.veritas.kr/articles/27436/20171109/%EC%B2%AD%EB%85%84%EC%A2%85%EA%B5%90%EC%9D%98%EC%8B%9D.htm

4) (사)한국기독교언론포럼 엮음, 『2015년 10대 이슈 및 사회의식 조사』(서울 : 예영커뮤니케이션,

2016), 54.

5) 개인주의-집단주의와 수평적-수직적 사회관계를 연관지은 문화의 네 가지 형태는 트리안디스와 겔판드의 논의를 참고할 것. H. C. Triandis and M. J. Gelfand, "Converging Measurement of Horizontal and Vertical Individualism and Collectivism", *Journal of Personality and Social Psychology* 74 (1998/1), 119.

6) K. S. Kim, F. Dansereau, I. S. Kim, and K. S. Kim, "A Multiple—Level Theory of Leadership : The Impact of Culture as a Moderator", *Journal of Leadership & Organizational Studies* 11(2004/1), 85−86.

7) 위의 저널, 78.

8) 이희완, 이헌경, "한국 유교정치문화가 관료의 권위주의 성격형성에 미친 영향", 「세계지역연구논총」 25(2007/1), 33−54.

9) 김영하, "한국권위주의의 형성배경연구", 「한국행정사학지」 2 (1993/1), 157.

10) 이희완, 이헌경, 앞의 저널, 36.

11) 위의 저널, 37.

12) 임성빈은 한국은 근대와 후기 근대를 동시에 경험하고 있고, 세대적 특징도 당대에 걸쳐 혼합적으로 나타나고 있기 때문에 구세대와 신세대로 나누는 것이 사회문화 변동의 추이를 차별적으로 설명하는 데 도움이 됨을 이야기하며, X세대(1965년) 이후를 신세대로 정의하고 있다. 임성빈, 『21세기의 도전과 문화선교』(서울 : 한국장로교출판사, 2010), 117−118.

13) 위의 책, 121.

14) 각 사회의 개인주의를 측정한 측정치를 보면, 일본은 46, 이스라엘은 54, 스웨덴은 71, 오스트레일리아는 90, 미국은 91인 것에 반하여 한국은 18이라는 수치를 보이고 있다. Geert Hofstede, *Culture's Consequences 2nd edition* (Thousand Oaks, California : Sage Publications, 2001), 263.

15) 손봉호 교수는 대부분의 한국의 담임목사는 유교적 권위의 영향에 따른 권위주의적 리더의 범주에 속한다고 주장한다. 손봉호, 『이런 목회자가 교회를 변화시킨다』(서울 : 하나출판사, 1995), 34.

16) Peter G. Northouse, *Leadership : Theory and Practice* (Thousand Oaks, CA : Sage Publications, 2007), 316−317.

17) 최재석, 『한국인의 사회적 성격』(서울 : 개문사, 2002), 59.

18) Rim Hyung Cheon, "Do You Love Me?" in : *Best Advice*, ed. William J. Carl III, (Louisville,

KN : Westminster John Knox Press, 2009), 137.

19) 김동호, 『생사를 건 교회 개혁』(서울 : 도서출판 규장, 1995), 77.

20) 위의 책, 145.

21) Kevin Graham Ford, *Transforming Church : Bring Out the Good to Get to Great*, (Tyndale : SaltRiver, 2007), 8.

22) 버킹엄과 코프먼은 400개 이상의 회사에서 일하는 8만여 명의 관리자들을 연구해서 결과를 발표했다. M. Buckingham and C. Coffman, *First, Break All the Rules : What the World's Greatest Managers Do Differently* (New York : Simon & Schuster, 1999), 34.

23) www.gallup.com에 있는 결과를 참조해 보라. 특히 A. L. Wisenman's The Driving Factor Behind Spiritual Health, The Gallup Tuesday Briefing, July 9, 2002.

24) 금장태, 『한국현대의 유교문화』(서울 : 서울대학교출판부, 1999), 116-117.

25) 돈 디그라프(Don DeGraaf)는 평범한 조직일지라도 조직의 힘 중 45%는 오해에 의해 소진되고, 나타나는 실수의 3분의 2는 오해에서 비롯된다고 주장한다. D. DeGraaf, C. Tilley, and L. Neal, "Servant-Leadership Characteristics in Organizational Life." in *Practicing Servant Leadership*, ed. Larry C. Spears and Michele Lawrence, (Indianapolis, IN : Jossey-Bass, 2004), 135.

26) 맥루언은 '매체는 메시지'라는 유명한 선언을 통해서 그동안 매체는 메시지나 콘텐츠를 담는 그릇이나 연결 다리라는 패러다임을 뒤집는 선언을 했다. 즉, 매체는 의미세계를 창출하는 의미 창출적 환경으로서 매체를 통해 창출되는 실재는 인간의 의식에 깊은 영향을 끼치는 의미적 실재 세계, 줄여서 의미 세계라는 것이다. Marshall McLuhan, *Understanding Media : The Extensions of Man,* critical edition, ed. Terrence Gordon (Corte Madera, CA : Gingko Press, 2003), 17-35. 이런 패러다임은 매체/콘텐츠의 이분법을 해체한다. 영화에서 스토리-영상콘텐츠는 담론과 기술의 융합인 것이다. 그리고 스마트 폰을 통해서도 하게 되는 SNS나 여러 앱들도 스토리와 영상콘텐츠를 따로 분리해서 보기 어려운 미디어 컨버전스 문화를 보여 주고 있다.

27) Eddie Gibbs and Ryan K. Bolger, *Emerging Churches : Creating Christian Community in Postmodern Cultures* (Grand Rapids, MI : Baker Academic, 2005), 21.

28) James M. Kouze and Barry Z. Posner, *Christian reflections on the leadership challenge,* 정옥배 역, 『크리스천 리더십 챌린지』(서울 : 디모데출판사, 2009), 179.

29) Alister McGrath, *NIV Bible Commentary*, 박규태 역, 『구속사로 본 핵심주석』(서울 : 국제제자훈련원, 2010), 295.

30) 위의 책, 365.

31) Marilynn B. Brewer and Wendi Gardner, "Who is This 'We'? : Levels of Collective Identity and Self Representations", *Journal of Personality and Social Psychology* 71(1996/1), 83-93.

32) Robert Banks and Bernice M. Ledbetter, *Reviewing Leadership : A Christian Evaluation of Current Approaches* (Grand Rapids : Baker, 2004), 110-111.

33) Kenneth C. Haugk, *Christian Caregiving : A Way of Life* (Minneapolis, MN : Augsburg Publishing House, 1984), 1.

34) 인간은 노력하는 한 방황하는 법이니라(Es irrt der Mensch, solange er strebt), 괴테의 파우스트 中

35) Sen Sendjaya and James C. Sarros, "Servant Leadership : Its Origin, Development, and Application in Organizations", *Journal of Leadership & organizational Studies* 9 (2002/2), 60.

36) Eugene H. Peterson, *The Jesus Way* (Grand Rapids, MI : Eerdmans, 2007), 22.

37) Siang-Yang Tan, *Full Service : Moving from Self-Serve Christianity to Total Servanthood* (Grand Rapids, MI : Baker Books, 2006), 70.

38) Joseph A. Maciariello, *Work & Human Nature* (Pasadena, CA : De Pree Leadership Center, 2002), 10.

39) Leighton Ford, *Transforming Leadership : Jesus' Way of Creating Vision, Shaping*, 32.

40) Walter C. Wright, *Relational Leadership : A Biblical Model for Influence and Service 2nd edition* (Colorado Springs, CO : Paternoster, 2009), 15.

41) Rock Harbor Church, The Reality L.A., Mosaic Church 등 많은 교회들이 있지만, 그동안 잘 소개되지 않은 교회들 중 예를 들 수 있는 교회로 New City Church in L.A., Doxa Church, Soma Community Church, The Real Life Church의 모습을 통해서 알 수 있다. 리얼라이프 교회의 핵심 가치는 God, Jesus, Holy

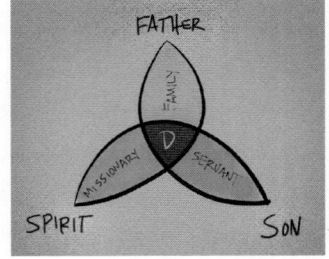

Spirit, Bible, Church, Bible, Humanity이고, 뉴시티 교회의 핵심가치와 비전 선언은 '예수 그리스도를 사랑하는 사람들이 모인 누구든지 포용하는 복음 중심의 공동체가 되길(to Be) 원하고, 공동체의 사역을 통해서 사람들이 하나님을 만나고, 신앙공동체의 일원이 되어서 함께 성장하고, 도시를 함께 섬김으로(to Do) 하나님 나라를 이 땅에서 확장하길 원한다.'이다. 옆의 사진은 소마공동체교인들이 이해하고 받아들이는 우리가 누구인가(who we are)라고 하는 정체성에 대한 이해이다. 이 정체성에 대한 이해는 독사교회(Doxa Church)와 거의 같다. 왜냐하면, 지금 독사교회의 담임목사가 Soma Community를 처음 시작했던, Jeff Vanderstelt이다. 하나님은 우리의 아버지이시고, 우리는 그의 가족이며(God is our Father and we are His Family), 예수님은 우리의 주님이시고, 우리는 그의 종이며(Jesus is our Lord and we are His Servants), 성령님은 우리의 인도자와 파송자 되시고, 우리는 그의 선교사(The Holy Spirit is our Guide and Sender and we are His Missionaries)라는 명확한 자기 정체성에 대한 인식이 있다. 이 세 가지 정체성이 예수 그리스도의 제자됨의 표지라는 것이다.

42) Daniel Goleman, Richard Boyatzis, and Annie McKee, *Primal Leadership : Realizing the Power of Emotional Intelligence* (Boston, MA : Harvard Business School Press, 2002), 248.

43) Amanda Ruggeri, "America's Best Leaders : How They Were Picked", *U.S. News & World Report*, December(2008), 55. 다니엘 핑크는 그렇기에 창조적 개인을 자발적으로 드라이브하도록 하려면 사람들 누구나 가지고 있는 동기 3.0, 즉 '내재 욕구'에 주목해야 한다고 강조한다. 핑크는 단순하고 명확한 작업을 수행할 때는 보상이 위력을 발휘하지만 창의적인 접근이 필요한 문제에 있어서는 효과를 내지 못하며, 오히려 자기주도적으로 참여할 수 있는 내재 동기를 마련해 주는 것이 훨씬 효과적이라고 지적한다. 그리고 이렇게 내재 욕구에 집중하며, 유연하고 창조적인 개인을 I 유형으로 칭한다. I는 'Instrinsic'의 첫 글자이다. 주목할 것은 이 I 유형이 타고나는 것이 아니라 개인의 노력에 의해 만들어지며, I 유형의 행동은 '자율성, 숙련, 목적'이라는 세 가지 요인으로 구성된다는 그의 주장이다.

44) 대니얼 골먼은 감성지능을 리더십에서 가장 중요한 요소라고 주장하며, "감성지능을 가진 리더들은 자신들이 맡은 바 사명에 진정한 열정을 가지고 있으며, 그들의 그러한 열정은 전염성을 가지고 있고, 그들의 의욕과 설렘은 순식간에 퍼져 그들이 이끄는 사람들에게 생기를 불어 넣는다."고 주장한다. Daniel Goleman, Richard Boyatzis, and Annie McKee, *Primal Leadership : Realizing the Power of Emotional Intelligence* (Boston, MA : Harvard

Business School Press, 2002), 248.
45) Peter. G. Northouse, 앞의 책, 217-218.
46) David J. Bosch, "Evangelism : Theological Currents and Cross-Currents Today", *The Study of Evangelism : Exploring a Missional Practice of the Church*, ed Paul W. Chilcote and Laceye C. Warner, (Grand Rapids, Michigan : Willian B. Eerdmans Publishing Company, 2008), 9.
47) Neil Cole, *Church 3.0 : Upgrades for the Future of the Church* (San Francisco, CA : Jossey-Bass, 2010), 41.
48) John P. Kotter, *Leading Change* (Boston, MA : Harvard Business School, 1996), 94.
49) *Generation Gap : How Technology has Changed How We Talk about Work*, [Forbes], 2015. 5. 16. 수정인용.
50) Robert E. Kelley, "Rethinking Followership" in : *The Art of Followership*, ed. Ronald E. Riggio, Ira Chaleff, and Jean Lipman-Blumen (San Francisco, CA : Jossey—Bass, 2008), 5.
51) Bruce J. Avolio and Rebecca J. Reichard, "The Rise of Authentic Followership" in : *The Art of Followership*, ed. Ronald E. Riggio, Ira Chaleff, and Jean Lipman-Blumen (San Francisco, CA : Jossey-Bass, 2008), 337.
52) James M. Kouzes and Barry Z. Posner, *Credibility* (San Francisco : Jossey-Bass, 1993), 22.
53) Leighton Ford, 앞의 책, 32.
54) Joel Peterson, David A. Kaplan, *The 10 Laws of Trust*, 박영준 역, 『신뢰의 힘』 (고양 : 가나출판사, 2017), 47.
55) 위의 책, 48.
56) Bennett J. Sims, *Servanthood : Leadership for the Third Millennium* (Eugene, OR : Cowley Publications, 1997), 13.
57) 골먼과 그의 친구들은 인간관계를 조정하는 능력을 탁월한 리더의 필수 요건으로, 공동체의 분위기를 바꿀 수 있는 남다른 능력이라고 정의하고 있다. Daniel Goleman, Richard Boyatzis, and Annie McKee, 앞의 책, 247-248.
58) 계재광, "유교문화가 한국교회 리더십 형성에 미친 영향", 「신학과 실천」 제22권 22호(2010), 89.
59) Gilbert Rozman. ed. *The East Asian Region : Confucian Heritage and Its Modern*

Adaptation (Princeton, NJ : Princeton University Press, 1991), 206-210.

60) 계재광, 앞의 저널, 91-92.

61) Barbara Kellerman, *Followership : How Followers Are Creating Change and Changing Leaders* (Boston, MA : Harvard Business Press, 2008), 46, 242. 바바라 켈러만은 팔로워를 정의하길 "힘과 권위와 영향력이 그들의 상사보다 적으므로 어쩔 수 없이 윗사람에게 동조해야 하는 종속된 사람들"이라고 정의한다. 위의 책, xx.

62) Gary Yukl, *Leadership in Organizations 7th Edition* (San Francisco, CA : Pearson, 2010), 300-305.

63) Leonardo Boff, *Holy Trinity, Perfect Community*, 김영선, 김옥주 역, 『성삼위일체 공동체』 (서울 : 크리스천해럴드, 2011), 71.

64) Jeff Vanderstelt, *Gospel Fluency*, 장성은 역, 『복음의 언어』(서울 : 토기장이, 2018), 72. 제프는 지금 위싱턴주의 독사교회(Doxa church)의 담임목사로 섬기고 있다. 그는 복음이 영혼을 구원하는 능력뿐 아니라 일상을 변화시킬 수 있는 하나님의 능력 됨을 주장하면서, 일상의 전 영역에 적용되어야 할 진정한 좋은 소식이기 때문에 복음에 유창해질 것(Gospel fluency)을 주장한다. 그러기 위해서 복음을 매일의 삶에 적용시켜야 하고, 서로의 삶에 복음을 선포하는 공동체에 속해야 할 것을 주장한다.

65) 위의 책, 64.

66) Dietrich Bonhoeffer, *Life Together*, 조현진 역, 『현대인을 위한 성도의 공동생활』(서울 : 프리셉트, 2011), 97, 154.

67) 위의 책.

68) James K. Dittmar, "An Interview with Larry Spears", *Journal of Leadership and Organizational Studies* 13/1(2006), 113.

69) Robert K. Greenleaf, *Servant Leadership : A Journey into the Nature of Legitimate Power and Greatness* (Mahwah, NJ : Paulist, 2002), 31.

70) James C. Hunter, *The World's Most Powerful Leadership Principle : How to Become a Servant Leader* (New York, NY : Crown Business, 2004), 114-115.

71) 신뢰는 상호 신뢰, 대리 신뢰, 거짓 신뢰의 세 가지 종류가 있다. 첫째 상호 신뢰는 관계의 구성원들이 사랑과 책임감을 바탕으로 상호적 신뢰를 실천하는 것으로, 팀이 협조해서 거둔 성과가 개인이 노력해서 이룬 성과를 훨씬 능가한다는 사실을 인지한다. 대리 신뢰는 타인에 대한 가장 일

반적인 신뢰의 형태로서 변호사를 선임할 때 그들을 신뢰하는 것과 같다. 마지막으로 거짓 신뢰는 신뢰의 허울을 쓴 가짜이다. 개인적 이익을 타인의 이해관계와 일시적으로 연동시키는 행위로서 계약서를 기반으로 한 경제적 관계들을 예로 들 수 있다. 거짓 신뢰는 단기적 행동만을 지배하고, 상황이 바뀌면 결국 배신으로 이어질 가능성이 크다. Joel Peterson, David A. Kaplan, 앞의 책, 42—45.

72) Don Tapscott, *Growing Up Digital* (New York, NY : McGrawHill, 1998), 77.

73) Ken Blanchard and Phil Hodges, *Lead Like Jesus : Lessons from the Greatest Leadership Role Model of All Time* (Nashville, TN : W Publishing Group, 2005), 27.

74) Joel Peterson, David A. Kaplan, 앞의 책, 51.

75) Jane L. Fryar, 2001 *Servant Leadership : Setting Leaders Free* (St. Louis, MO : Concordia Publishing House, 2002), 28.

76) Brene Brown, *Daring greatly*, 최완구 역, 『완벽을 강요하는 세상의 틀에 대담하게 맞서기』(서울 : 명진출판, 2013), 65.

77) Warren Bennis and Burt Nanus, *Leaders* (New York : Harper Collins Publisher, 2003), 40.

78) 신뢰 관계를 통하여 리더십을 행사하는 리더들에게 공통적으로 나타나는 요인들을 Robbins은 다음과 같이 주장한다. 1. 개방을 실천한다(Practice openness), 2. 공정해야 한다(Be fair), 3. 느낌을 전한다(Speak your feelings), 4. 진실을 말한다(Tell the truth), 5. 일관성을 보인다(Show consistency), 6. 약속을 지켜야 한다(Fulfill your promise), 7. 확신을 준다(Maintain confidence), 8. 능력을 보여 준다(Demonstrate competence). S. P. Robbins, *Essentials of Organizational Behavior* (Upper saddle River : Prentice Hall, 2003), 145.

79) 피터슨과 캐플런은 신뢰의 전제조건으로 리더와 구성원들 상호간에 인성(character), 역량(competence), 권한(authority)의 세 가지 전제 조건이 확실하게 갖춰져야 함을 강조하고 있다. Joel Peterson, David A. Kaplan, 앞의 책, 40.

80) Daniel Goleman, Richard Boyatzis, and Annie McKee, 앞의 책, 192.

81) Daniel Goleman and Richard Boyatzis, "Social Intelligence and the Biology of Leadership", *Harvard Business Review* (2008/September), 75.

82) Daniel Goleman, Richard Boyatzis, and Annie McKee, 앞의 책, 5.

83) Daniel Goleman, *Working with Emotional Intelligence* (New York : Bantam Books, 1998), 320.

84) John P. Kotter and Dan S. Cohen, *The Heart of Change : Real-Life Stories of How People Change Their Organizations* (Boston : Harvard Business School, 2002), 2-3.
85) https : //hbr.org/2015/06/you-innovate-with-your-heart-not-your-head. Innovation Starts with the Heart, Not the Head.
86) Daniel H. Pink, *Drive* (New York, NY : Riverhead Books, 2012).
87) 필자가 2018년 초에 미국의 서부지역(west coast)에 있는 선교적교회를 탐방했을 때 가지게 된 소견은 건강하게 지역사회에서 인정받는 교회들의 특징은 복음을 삶에 진실되게 살아내려고 노력하며, 그 노력의 모습이 지역사회를 섬기는 모습으로 나타나고 있다는 것이다.
88) Joel Peterson, David A. Kaplan, 앞의 책, 49.
89) Collins, Jim, *Good to Great*, 이무열 역, 『좋은 기업을 넘어 위대한 기업으로』(서울 : 김영사, 2002), 311.
90) Niels PFlaeging, <Un-leadership> Workshop (서울 : 2012)
91) Eddie Gibbs and Ryan K. Bolger, 앞의 책, 100-101.
92) IBM은 '권한 위임'과 함께 '파트너십을 통한 혁신 확대'와 '고객참여'를 탁월한 기업성과를 위한 3대 필수요소로 들었음. IBM Institute, "Leading throuth connections : Insights from the global chief executive officer sturdgy"(2012).
93) 박지원, "경직된 관료주의를 극복한 기업들", LG Business Insight(2015. 6. 17.), 25-27.
94) Bruce J. Malina, "Jesus as Charismatic Leader?", *Biblical Theology Bulletin* 14(1984/4), 58.
95) Nicholas T. Wright, *Simply Jesus : A New Vision of Who He Was, What He Did, and Why He Matters*, 윤종석 역, 『톰 라이트가 묻고 예수가 답하다』(서울 : 두란노, 2013), 331.
96) C. Gene Wilkes, *Jesus on Leadership : Becoming a Servant Leader* (Nashville, TN : LifeWay, 1996), 217.
97) Miroslav Volf, *After our likeness : the church as the image of the trinity*, 황은영 역, 『삼위일체와 교회』(서울 : 새물결플러스, 2012), 394.
98) Joel Peterson, David A. Kaplan, 앞의 책, 109.
99) Ken Blanchard ed, *Leading at a Higher Level* (Upper Saddle River, NJ : Prentice Hall, 2007), 74-86.
100) Gary Yukl, A. Gordon, and T. Taber. "A Hierarchical Taxonomy of Leadership

Behavior : Integrating a Half Century of Behavior Research", *Journal of Leadership and Organizational Studies* 9/1(2002), 27.

101) James M. Kouzes and Barry Z. Posner, *The Truth About Leadership* (San Francisco, CA : Jossey-Bass, 2010), 76.

102) Peter M. Senge, ed. *The Necessary Revolution : How Individuals and Organizations Are Working Together to Create a Sustainable World* (New York : Doubleday, 2008), 339.

103) Daniel Goleman, 앞의 책, 320.

104) Chip Heath & Dan Heath, *Switch : How to Change Things When Change is Hard* (New York : Broadway Books, 2010), 9, 17-18.

105) James M. Kouzes and Barry Z. Posner, *Leadership Challenge 4th Edition* (San Francisco, CA : Jossey-Bass, 2007), 251.

106) John S. (Jack) Burns, "Christian Leadership On The Sea of Complexity", in : *Organizational Leadership : Foundations & Practices for Christians*, ed. John S. Burn, John R. Shoup and Donald C. Simmons Jr., (Downers Grove : Inter Varsity Press, 2014), 140.

107) John S. (Jack) Burns, 위의 책, 141. ; Joseph C. Rost, *Leadership for the Twenty-First Century* (New York : Praeger, 1991).

108) Henri Nouwen, *In the Name of Jesus : Reflections on Christian Leadership* (New York : The Crossroad Publishing Company, 1989), 40.

109) Pierluigi Piovanelli, "Jesus' Charismatic Authority : On the Historical Applicability of a Sociological Model", *Journal of the American Academy of Religion* 73(2005/2), 395-427.

110) Donald B. Kraybill, *(The) Upside-Down Kingdom,* 김기철 역, 『예수가 바라본 하나님 나라』(서울 : 복있는사람), 391.

111) 위의 책, 30.

112) Leonard Doohan, *Spiritual Leadership : The Quest for Integrity* (New York : Paulist Press, 2007), 93.

113) Neil Cole, 앞의 책, 39.

114) Leighton Ford, 앞의 책, 127.

115) The terms 'servant' and 'steward' are reciprocal at some levels.

116) C. Gene Wilkes, 앞의 책, 189.

117) 제이 크랜다는 온라인 캠퍼스 전임사역자로 처음 임명된 사역자이다. 캐빈 전도사는 2017년 3월부터 온라인 캠퍼스 소그룹 사역자가 되었다.

118) saddleb.com/online. 8가지 '액션 스텝'에는 '새들백교회에 처음 출석한다', '나는 오늘 예수 그리스도를 따르기도 결단했다' 등등 지역에 있는 오프라인 캠퍼스에 출석했을 때와 동일한 질문이 담겨 있다.

4장

1) 우리나라는 '다문화'란 단어를 2007년부터 정부 공식문서에 사용했는데, '혼혈인' 대신 '다문화 결혼자녀'로 바꾸었고, 교과서에서도 한국사회를 '단일민족으로 구성된 국가'에서 '다민족·다문화 사회로 구성된 국가'로 바꾸었다. 박기덕,『한국 다문화사회화의 현황과 문제점 및 대응방안』(경기 : 세종연구소, 2012), 7.

2) 법무부, "2017년 12월 출입국·외국인정책 통계월보", (2017/12).

3) 위의 문서. 2017년 12월 기준 한국사회의 체류외국인수는 2018년 3월 인구통계수치상 대전(150만)이나 충북(160만)에 거주하는 인구보다 많다.

4) http : //www.index.go.kr/potal/main/EachDtlPageDetail.do?idx_cd=2430 (2017. 11. 20. 접속).

5) '인구주택총조사' 17년 11월, 통계청. http://kostat.go.kr. 다문화가족정책과, "다문화가족 관련 연도별 통계"(2018. 1.), 여성가족부의 '다문화가족지원법'에 따르면 다문화가족 범위는 한국인(출생·인지·귀화 등 불문)과 결혼이민자(외국인)로 이루어진 가족, 한국인과 귀화자로 이루어진 가족으로 정의한다. 여성가족부, "제3차 다문화가족정책 기본계획(안) 2018－2022", (2018. 3).

6) 이종복 외 7인,『다문화사회의 이해와 복지』(파주 : 양서원, 2013), 18.

7) 유네스코 아시아·태평양 국제이해교육원 엮음,『다문화사회와 국제 이해교육』(서울 : 동녘, 2009), 97－98.

8) 최충옥 외 10인,『다문화교육의 이론과 실제』(서울 : 양서원, 2009), 36.

9) 다문화주의란 다양한 문화나 가치, 다양한 민족집단과 이들의 개별적인 언어와 습관들을 그대로 하나의 국가체제 속에 공존시키는 사상과 제도를 말한다. 다문화주의는 한 나라의 민족정책에서 그곳에 함께 살고 있는 이주민이나 외국인들에 대해 적극적으로 포용하는 입장을 취한다.

10) Internations, "Expat Insider 2017", 42. https : //www.internations.org/expat－insider/

11) 전경옥 외 7인 공저, 『다문화 사회 한국의 사회통합』(서울 : 이담북스, 2013), 181.

기 간	제1차 : 2010 – 2012년(3년간)	제2차 : 2013 – 2017(5년간)	제3차 : 2018 – 2022(5년간)
과제	5대 영역 61개 세부과제	6대 영역 86개 세부과제	5대 영역 800여 개 세부과제
주체 및 기관	11개 중앙행정기관 및 지방자치단체	13개 중앙행정기관, 법원 및 지방자치단체	18개 중앙행정기관, 법원 및 지방자치단체

12) 그 실례로 한국보다 먼저 다문화 사회를 경험했던 서구 유럽의 많은 나라의 리더들이 자국의 다문화 정책이 실패했음을 고백했다. 2010년에는 독일의 메르켈 총리가, 2011년에는 프랑스의 사르코지 대통령과 영국의 캐머런 총리가 자국의 다문화 정책 실패를 선언했다. (한승주, "표·일자리 앞에 '유럽 다문화 포용정책' 무너졌다",「국민일보」, 2011. 4. 19).

13) 전경옥 외 7인 공저, 앞의 책, 183. 여성가족부는 "제3차 다문화가족정책기본계획(2018－2022)"을 한국여성정책연구원과 함께 전문가 및 관계기관 등이 참여하는 세미나, 자문회의 등을 열고 제3차 기본계획(안)을 마련하여 2017년 11월 9일 전문가와 현장종사자들의 공청회를 거쳐 2018년 3월에 공포하였다. 제3차 다문화가족지원정책(2018－2022)은 '참여와 공존의 열린 다문화 사회'란 비전 아래 모두가 존중받는 차별 없는 다문화 사회를 구성하고, 다문화가족의 사회·경제적 참여를 늘리고, 다문화 가정 자녀의 건강한 성장을 도모하는 방향으로 추진되고 있다.

14) 계재광, "다문화사회에 적합한 교회리더십에 대한 연구－교회의 20대 젊은이들이 바라보는 다문화사회－",「신학과 실천」39권 39호(2014), 511－541.

15) 위의 저널. 이 연구를 위해서 2013년 6월부터 9월까지 '다문화 사회 속에서 교회의 역할'이라는 제목으로 지역에 따라 선별한 교회에 설문을 배포 후 회수하여 분석하였다. 설문을 통해 한 질문은 한국교회 신도들이 '다문화사회와 가정에 대해서 어떻게 이해하고 있는지, 다문화 가정에 대한 정책과 선결과제에 대한 인식은 어떠한지, 다문화 사회를 맞이하는 한국교회의 역할은 무엇이라고 생각하는지' 등 34문항의 질문을 하였다. 설문지는 최종 1,060부를 회수하였으며, 회수된 설문지 중 불성실하게 응답한 설문지 250부를 제외하고 810부를 최종분석 자료로 활용하였다.

16) 은지용, "청소년 다문화 학습 프로그램 모형 개발 연구",「청소년학연구」14, (2007), 219.

17) 박천응,『다문화 교육의 탄생』(안산 : 국경없는마을, 2009), 132. 외국인주민이 가장 많이 거주하는 곳은 경기도 안산시 원곡본동(29,726명, 주민등록인구 대비 89.4%)으로 나타났다. 행정안전부, "2014 지방자치단체 외국인주민 현황조사".

18) 차이(Difference)는 '서로 같지 아니하고 다름, 또는 그런 정도나 상태'를 의미하는데 옳고 그름이 있지 않으며, 따라서 차이는 존중되어야 한다. 하지만 차별(Discrimination)은 '둘 이상의 대

상을 각각 등급이나 수준 따위를 정해 구별'하는 것으로서 사회적 불평등을 유발하고, 갈등을 야기하기에 차별은 금지되어야 한다.

19) 범주화(Categorization)란 사람들을 개인으로서가 아니라 범주 또는 그룹의 일원으로 인지하는 과정으로서, 주위 환경을 단순화하려는 필요에서 기인한 것으로 사람들을 나이, 성, 출신 등의 범주로 그룹화함으로써 구조화하는 것을 의미한다.

20) 고정관념(Stereotype)이란 한 사회 그룹에 부여된 공통적 특징으로 사회적으로 공유되는 믿음으로서 이는 꼭 사실과 부합되지는 않는다. 고정관념은 한 개인 어떤 그룹에 속한다는 이유로 그 개인을 잘 알기 전에 일종의 기대를 발생시킨다.

21) 편견(Prejudice, Bias)은 비교 대상이 동일한데도 합리적 이유 없이 차등적 대우를 해야 한다거나 비교 대상이 상이한데도 합리적 이유 없이 동등한 대우를 해야 한다고 믿는 선입관이다. 이는 집단에 대한 부정적인 태도, 부정적인 가치평가를 포함하게 된다.

22) 계재광, "유교문화가 한국교회 리더십 형성에 미친 영향", 「신학과 실천」 제22권 22호(2010), 83–84.

23) 최상진, 『한국인의 심리학』(서울 : 중앙대학교출판부, 2003), 129.

24) 배요한, 『한국교회 회복과 부흥을 위한 목회자상 정립과 목회의 방향 모색』(대전 : 한남대학교 교목실, 2010), 15. 미간행도서.

25) 서종남, "결혼이민자 가정의 문제점과 해결방안 연구", 「시민교육연구」 42(2010), 109.

26) 김이선 외, "다문화가족의 해체 문제와 정책과제", 여성가족부(연구보고 2010–02), 213.

27) 인문사회연구회, 『다문화주의 세계에서 제2외국어 교육활성화를 위한 정책대안』(서울 : 인문사회연구회 한국교육개발원, 2002), 16.

28) 오인수, "다문화가정 학생의 학교 괴롭힘 피해 경험과 심리 문제의 관계 : 심리적 안녕감의 매개효과를 중심으로", 「아시아교육연구」 15권 4호(2014), 219–238.

29) 안경식 외 6인, 『다문화 교육의 현황과 과제』(서울 : 학지사, 2008), 99.

30) 김옥순, "다문화 사회 속에서 한국교회의 디아코니아 역할에 관한 연구", 「신학과 실천」 41(2014), 465–466.

31) 김정현, 송진숙, 문희강, 이명희, "대전시 중·고등학생의 다문화사회 인식과 다문화교육 경험이 문화적 민감성에 미치는 영향 : 다문화교육 필요성 인식의 매개효과를 중심으로", *Family and Environment Research* 51권 1호(2013), 107–118.

32) 안상수 외, "국민 다문화 수용성조사연구", 여성가족부(한국여성정책연구원 2012. 01), 49.

33) 계재광, 앞의 저널(신학과 실천 39권 39호), 528.

34) Peter G. Northouse, *Leadership : Theory and Practice 7th Edition* (Thousand Oaks, CA : SAGE Publications, Inc, 2015), 6.

35) James M. Kouzes and Barry Z. Posner, *The Leadership Challenge 4th Edition* (San Franscico, CA : John Wiley & Sons, Inc, 2007). 3-44. 코우즈와 포스너는 리더십을 설명하는 150만 부가 넘게 팔린 이 책에서 리더십을 설명함에 있어서 리더의 추구하고자 하는 가치를 설명하는 '핵심특성'과 리더십 행동에 있어서 가장 중요한 핵심이 되는 '행동적 특징'으로 나눠서 설명한다.

36) Ronit Kark and Boas Shamir, "The Dual Effect of Transformational Leadership : Priming Relational and Collective Selves and Further Effects of Followers", in *Transformational and Charismatic Leadership : The Road Ahead. Vol. 2*, ed Bruce J. Avolio and Francis J. Yammarino (New York : JAI, 2002). 68. 볼만과 터렌스는 '리더십의 핵심은 리더의 마음속에 있다.'고 주장한다. Lee Bolman and Terrence E. Deal, "The Heart of Leadership Lies in the Hearts of Leaders" in *Leading with Soul : An Uncommon Journey of Spirit* (San Francisco, CA : Jossey-Bass, 1995), 6.

37) George Barna, *(A) Fish out of Water : 9 Strategies Effective Leaders Use to Help You*, 김주성 역, 『물 밖의 물고기』(서울 : DMI, 2005), 14.

38) Os Guinness, *The Call : Finding and Fulfillinf the Central Purpose of Your Life* (Nashville : W Publishing Group, 1998), 31.

39) Jung Young Lee, *Marginality : The Key to Multicultural Theology*, 신재식 역, 『마지널리티』(서울 : 포이에마, 2014), 126. 이정용은 오랜 한국계-미국인의 삶을 통해서 주변성의 신학을 이야기한다.

40) 위의 책, 125.

41) 위의 책, 137. 다윗왕국이 자리한 예루살렘은 당시 지배계층의 중심이었고, 가장 높은 권위와 부의 장소였다. 하지만 갈릴리 사람들은 예루살렘의 엘리트들에게 억압받는 주변부 사람이었다. Joachim Jeremias, *Jerusalem in the Time of Jesus* (Philadelphia : Fortress Press, 1981), 74-76, 95-97.

42) 위의 책, 156.

43) 관점과 같은 개인 내면의 차원은 한 개인 내부의 과정에 초점을 맞추는 리더십 이론으로 이 부분은 자기관리라고 하는 셀프리더십(self-leadership)과도 연관이 있다.

44) H. Richard Niebuhr, *The Responsible Self* (San Francisco, CA : Harper & Row Publishers, 1963), 44.

45) Ken Blanchard and Phil Hodges, *Lead Like Jesus : Lessons from the Greatest Leadership* (Nashville, TN : Thomas Nelson, 2008), 21.

46) 위의 책.

47) Frances Hesselbein, "The Key to Cultural Transformation : If You Want to Transform Your Organizational Culture, Transform Your Organization", in : *Leader to Leader 2*, ed. Frances Hesselbein and Alan Shrader (San Francisco, CA : Jossey Bass, 2008), 267. 모든 공동체의 문화는 그 구성원들이 매일 살아가고 있는 삶을 반영하고 있다.

48) David J. Bosch, *Transforming mission : paradigm shifts theology of mission*, 김병길, 장훈택 역,『변화하고 있는 선교 : 선교신학의 패러다임 변천』(서울 : 기독교 문서선교회, 2013), 555.

49) Christopher J. H. Wright, *(The) Mission of God's People*, 한화룡 역,『하나님 백성의 선교』(서울 : IVP, 2012), 171.

50) James M. Kouzes and Barry Z. Posner, *Credibility : How Leaders Gain and Lose It, Why People Demand It* (San Francisco, CA : Jossey-Bass, 2003), 25.

51) Ryan Shaw, *Spiritual Equipping for Mission : Thriving as God's Message Bearers* (Downers Grove, IL : InterVarsity Press, 2014), 18, 48.

52) 기독교윤리실천운동본부, "2013년 한국교회의 사회적 신뢰도 여론조사 기초보고서". 한국교회봉사단은 2017년 '한국교회의 사회봉사활동에 대한 국민인식 조사 결과'를 발표했는데, '사회봉사활동을 가장 적극적으로 하는 종교는 어디인가'라는 질문에 기독교(29.2%)라는 응답이 가장 높았고, 천주교(20.2%), 불교(3.8%)가 뒤를 이었다. 하지만, 기독교의 사회봉사활동에 대해 '호감간다'고 응답한 경우는 45.8%였다. '호감가지 않는다'는 응답은 42.6%로 호감간다와 별 차이가 없었는데, 눈여겨봐야 할 대목은, 20대와 30대 응답자 사이에선 호감보다 비호감 응답이 더 높다는 점이다. 20대는 비호감(47.3%)이 호감(34.2%)보다 조금 높았고, 30대의 경우 비호감이 53.5%로 호감(38.3%)보다 훨씬 높게 조사됐다. 한국교회봉사단,『섬기면서 하나 되고 하나 되어 섬기는 한국교회』(서울 : 도서출판KD, 2017), 230-235.

53) "나는 너희의 하나님이 되려고 너희를 애굽 땅에서 인도하여 낸 여호와라 내가 거룩하니 너희도 거룩할지어다"(레 11 : 45).

54) "너희는 너희가 거주하던 애굽 땅의 풍속을 따르지 말며 내가 너희를 인도할 가나안 땅의 풍속과

규례도 행하지 말고 너희는 내 법도를 따르며 내 규례를 지켜 그대로 행하라 나는 너희의 하나님 여호와이니라"(레 18 : 3-4).

55) Christopher J. H. Wright, 앞의 책, 175.

56) Nicholas T. Wright, *Simply Jesus : A New Vision of Who He Was, What He Did, and Why He Matters*, 윤종석 역, 『톰 라이트가 묻고 예수가 답하다』(서울 : 두란노, 2013), 281.

57) John Stott, *(The) Living Church : Convictions of a Lifelong Pastor*, 신현기 역, 『살아 있는 교회』(서울 : IVP, 2009), 61.

58) 위의 책.

59) "오직 너희를 부르신 거룩한 이처럼 너희도 모든 행실에 거룩한 자가 되라 기록되었으되 내가 거룩하니 너희도 거룩할지어다 하셨느니라"(벧전 1 : 15-16)

60) 김기석, 『일상순례자』(서울 : 웅진뜰, 2011), 157.

61) Neil Cole, *Church 3.0 : Upgrades for the Future of the Church* (San Francisco, CA : Jossey-Bass, 2010), 40.

62) Eddie Gibbs, *Church Next : Quantum Changes in Christian Ministry (Paperback)*, 임신희 역, 『넥스트 처치』(서울 : 교회성장연구소, 2003), 269.

63) Jung Young Lee, 앞의 책, 70.

64) 김옥순, 앞의 저널, 473.

65) 신동원, "다문화 상황에서의 결혼예식에 대한 고찰", 「신학과 실천」 39권 39호(2014), 129.

66) Eddie Gibbs, *Leadership Next*, 이민호 역, 『넥스트 리더십』(서울 : 쿰란출판사, 2010), 69.

67) 선교적 교회론은 영국의 선교학자 레슬리 뉴비긴(Lesslie Newbigin)의 유럽 사회와 교회에 대한 반성과 성찰로부터 시작하여, 북미선교 학자들에 의하여 교회의 선교적 본질을 확인하고 회복하려는 학문적 운동으로 발전하여 왔다. 이 선교적 교회론의 핵심은 관점의 변화이다. 교회의 선교가 '하나님의 선교'(Missio Dei)에서 나온다고 이해하는 관점으로의 변화이다. 이러한 관점의 변화로 말미암아 선교의 일차적 동인을 인간적 활동의 우선성에서 찾는 것이 아니라 하나님 활동의 우선성에 초점을 맞춤으로, 선교의 기반을 교회로부터 구원의 경륜 속에서 넓은 범위에 걸쳐 보내시는 하나님의 운동으로 이동시켰다. Craig Van Gelder and Dwight J. Zscheile, *(The) Missional Church in Perspective : Mapping Trends and Shaping the Conversation*, 최동규 역, 『선교적 교회론의 동향과 발전』(서울 : CLC, 2015), 36.

68) Christopher J. H. Wright, 앞의 책, 95.

69) Craig Van Gelder and Dwight J. Zscheile, 앞의 책, 262-263.

70) Stanley Hauerwas and William Henry Willimon, *Resident aliens : life in the christian*

colony, 김기철 옮김,『하나님의 나그네 된 백성』(서울 : 복있는 사람, 2008), 21. 하우어워스가 말하는 교회의 표지에 대해서 힐리(Nicholas M. Healy)는 그 교회는 "구별된 이야기, 정체성, 그리고 행동이 있는 사람들로 이루어진 공동체로서 세상 속에서 그리고 세상을 위해서 거룩하고 신실한 대안 공동체의 역할을 하는 교회"를 지칭한다고 분석하고 있다. Nicholas M. Healy, *HAUERWAS : A (Very) Critical Introduction* (Grand Rapids, Michigan : Wm. B. Eerdmans Publishing Co., 2014), 38.

71) Craig Van Gelder and Dwight J. Zscheile, 앞의 책, 265.

72) 위의 책.

73) 계재광, "리더십에 있어서 신앙정체성의 중요성에 대한 연구",「신학과 실천」38권 38호(2014), 216-217.

74) Larry Crabb, *Becoming a true spiritual community : a profound vision of what the church can be*, 김명희 역,『영혼을 세우는 관계의 공동체』(서울 : IVP, 2013), 62.

75) Jean Vanier, *Community and growth*, 성찬성 역,『공동체와 성장』(서울 : 성바오로, 1995), 20.

76) Brene Brown, *Daring greatly*, 최완구 역,『완벽을 강요하는 세상의 틀에 대담하게 맞서기』(서울 : 명진출판, 2013), 65.

77) 미간행물, 2013년 [윌로우크릭 글로벌 리더십 서밋] 강연 내용 중. 12년간 진행된 그녀의 연구에 대해서 PBS, NPS, CNN 등의 매체에서 특집프로그램으로 집중 조명했고, TED강연에서는 그녀의 "The Power of Vulnerability"와 "Listening to Shame"은 조회 수 800만 건을 기록할 정도로 영향력이 컸다. Brene Brown, *Daring greatly*, 최완구 역, 위의 책, 58.

78) Henri J. M. Nouwen, *Sabbatical Journey* (New York : Crossroad, 1998), 219-220.

79) George R. Hunsberger, "The Missional Voice and Posture of Public Theologizing", *Missiology* 34-1 (January 2006), 20-26.

80) 위의 책, 20-23.

81) 위의 책, 23-26.

82) Alister E. McGrath, *(The) Future of Christianity*, 박규태 역,『기독교의 미래』(서울 : 좋은씨앗, 2005), 85-86.

83) 제3의 공동체의 모습은 어떠해야 할지에 대한 부분은 좀 더 심도 깊은 논의를 필요로 한다. 포테라(Agostino Portera)는 다문화사회가 보여 주는 통합(integration)의 모습을 설명하면서 4가지 방법을 이야기한다. - 1) 주된 문화에 동화되는 것(*monistic integration* : assimilation), 2) 서로 다른 가치관을 가진 그룹이 공존하는 것(*dualistic or pluralistic integration* : multiculturalism, 3) 서로 다른 가치와 문화가 하나로 혼합되는 것(*integration as fusion*

of differences : melting pot), 4) 상호문화적으로 접근하는 것(*interactive integration* : intercultural model) – 이 중에서 포테라는 상호문화적 접근법이 바람직하다고 주장하는데, 이 접근법은 각기 다른 인종적 집단이 자신의 이야기와 가치, 공통의 관점을 계속 교환하는 과정을 통해 상호적 통합관계를 형성하는 것을 목적으로 삼는 접근법이다. Agostino Portera, "Intercultural and Mulicultural Education : Epistemological and Semantic Aspects", in *Intercultural and Multicultural Education : Enhancing Global Interconnectedness*, eds. Carl A. Grant and Agostino Portera (New York : Taylor & Francis, 2011), 17.

84) Leonardo Boff, *Holy trinity, perfect community*, 김영선, 김옥주 역, 『성삼위일체 공동체』(서울 : 크리스천해럴드, 2011), 93.

85) 계재광, "다문화사회에 적합한 교회리더십에 대한 연구 2 – 교회의 역할에 대한 교인들의 생각을 중심으로 –",「신학과 실천」46권 46호(2015), 551.

86) Miroslav Volf, *Exclusion and Embrace*, 박세혁 역, 『배제와 포용』(서울 : IVP, 1996), 434.

87) 위의 책.

88) 정미, "다문화적 신앙공동체 형성을 위한 교회의 교육적 과제",「기독교교육정보」24(2009), 281 – 305.

89) "전대나 배낭이나 신발을 가지지 말며 길에서 아무에게도 문안하지 말며 어느 집에 들어가든지 먼저 말하되 이 집이 평안할지어다 하라"(눅 10 : 4 – 5).

90) Craig Van Gelder and Dwight J. Zscheile, 앞의 책, 248.

91) 위의 책.

92) 보통 다문화 가정을 품을 수 있는 공동체를 지칭할 때 '관용'(tolerance)이라는 용어를 사용한다. 그러나 관용의 개념은 높은 위치에 있는 사람이 아래에 있는 다른 사람들을 참아 주는 개념이 내재되어 있다. Agostino Portera, 위의 책, 26 – 27. 따라서 '존중'(respect)이나 '포용'(embrace)이라는 용어가 더 동등한 위치에서의 만남을 전제로 하기에 '존중의 공동체' 또는 '포용과 존중의 공동체'라는 단어를 사용하고자 한다.

93) Miroslav Volf, 앞의 책, 412.

94) 위의 책.

95) Jung Young Lee, 앞의 책, 114.

96) Stanley Hauerwas and William Henry Willimon, *Resident aliens : life in the christian Colony*, 김기철 옮김, 『하나님의 나그네 된 백성』(서울 : 복있는 사람, 2008), 116.

97) "너희는 유대인이나 헬라인이나 종이나 자유인이나 남자나 여자나 다 그리스도 예수 안에서 하나이니라"(갈 3 : 28).

98) "그는 우리의 화평이신지라 둘로 하나를 만드사 원수 된 것 곧 중간에 막힌 담을 자기 육체로 허시고"(엡 2 : 14).
99) J. Andrew Kirk, *What is Mission?*, 최동규 역, 『선교란 무엇인가?』(서울 : 기독교문서선교회, 2009), 331.
100) W. Chan Kim and Renée Mauborgne, *Blue Ocean Strategy*, Expanded Edition, 강혜구 역, 『블루오션 전략(확장판)』(서울 : 교보문고, 2015)

맺는말

1) 모자이크 교회의 담임목사였던 어윈 R. 맥마너스 목사가 암 수술을 받으러 가는 길에 이 동네에 있는 오래된, 문을 닫은 리알토(Rialto) 극장을 보게 되었고, 이곳을 향하신 하나님의 뜻을 분별하여 모자이크교회 캠퍼스를 시작하게 되었다고 한다. 리알토 극장은 영화 라라랜드(La La Land)에 나온 히스토릭 빌딩(historic building)으로 개보수를 하지 않는 조건, 그리고 지역사회를 성실히 섬기는 교회가 되겠다는 다짐으로 주민 공청회를 통과해서 이곳에서 목회를 시작하게 되었다.
2) 종교에 대한 무관심은 특히 젊을수록 심하다. 종교에 대한 관심도에 있어서 20대의 절반 이상인 55%가 "종교에 관심이 없다"고 답했다. 이는 30대~50대(40%), 60세 이상(36%)에 비해 월등히 높은 수치다. 또한, 20대 기독교 인구는 10년 전에 비해 5% 낮은 18%로 나타나고 있다. 한국갤럽조사연구소, 『한국인의 종교 1984-2014』(서울 : 한국갤럽조사연구소, 2015), 29.
3) 유클은 다른 많은 학자들(Deal & Kennedy, 1982 ; Schein 1992, 2004 ; Trice & Beyer, 1993 ; Tsui, Zhang, Wang, Win, & Wu, 2006)을 연구해서 조직문화에 영향을 끼치는 방법을 크게 두 가지로 정리했다. Gary Yukl, *Leadership in Organizations 7th Edition* (San Francisco, CA : Pearson, 2010), 300-305.

Leadership Reset

사회 변화 \ 대응하는 리더십		개인 내면 차원	일대일 관계 차원	공동체 차원	리더십	방향	사례 교회
후기세속사회	어려움	그리스도인 이라는 정체성의 부재	믿지 않는 사람과 구분이 없는 삶	내 교회 일만으로도 바쁘다	Servant Leadership	공적 역할 감당	장유 대성 교회 · 창동 염광 교회
	핵심 요소	주님이 리더 되심을 자각하기	신실하게 섬기며 살아가기	지역사회를 품는 복음의 공동체 되기	나를 넘고 내 교회를 넘는, 섬김의 리더십		
	핵심 특성	리더가 되시며 나를 부르신 하나님	상대방 수준까지 내려오신 예수님	성육신으로 드러난 하나님 나라의 모습			
	행동 특성	하나님의 뜻을 따르기	신실하게 먼저 섬기는 일상	소명으로 지역사회를 감당하는 공동체			
포스트모던사회	어려움	존재보다 권위가 우선	소통보다 지위가 우선	위임보다 지시가 우선	Relational Leadership	다음세대와 함께	새들백 교회 · 주사랑 교회 (파주)
	핵심 요소	예수 그리스도와의 관계에 기초한 정체성 갖기	관계 변화를 가져오는 공감적 경청하기	기꺼이 속하고 싶은 공동체 되기	교인과 동행하는, 관계적 리더십		
	핵심 특성	성부, 성령과의 관계로 자신을 인식하신 예수님	그가 누구이든 깊게 소통하신 예수님	개인의 감정까지 따뜻하게 다독이시는 예수님			
	행동 특성	주님과 더 친해지고 닮아 가기	먼저 들어 주고, 서로 믿을 수 있는 관계	신뢰로 자리를 만들어 주고 능히 감당하게 하는 공동체			

다문화사회	어려움	다름에 대한 불관용성	권위적인 '우리'주의 문화	다문화가정과 교류 부족	Embrace Leadership	다문화가정을 포용	상주교회 · 움직이는 교회 (LA) · 복된 교회 (부천)
	핵심 요소	주변부 사람들과 자신을 동일시하기	순전해짐으로 끌어안기	환대하고 존중하는 공동체 되기	다문화가정과 함께하는, 포용의 리더십		
	핵심 특성	주변부 백성이었던 예수님과 제자들	그리스도인들을 통해 자신의 뜻을 실현하시는 하나님	연약함까지 나누게 하려고 교회를 주신 하나님			
	행동 특성	나를 세상의 주변부로 옮겨 놓는 관점의 전환	먼저 손 내밀고 끌어안는 섬김의 삶	다른 존재 자체를 존중하고 포용하며 환대하는 공동체			

LEADERSHIP RESET

리더십 리셋

초판인쇄	2018년 7월 20일
초판발행	2018년 7월 30일

지은이	계재광
펴낸이	채형욱
펴낸곳	한국장로교출판사
주 소	03129 / 서울특별시 종로구 대학로 19, 409호(연지동, 한국기독교회관)
전 화	(02) 741-4381 / 팩스 (02) 741-7886
영업국	(031) 944-4340 / 팩스 (031) 944-2623
등 록	No. 1-84(1951. 8. 3.)

ISBN 978-89-398-4314-1 / Printed in Korea
값 13,000원

편 집 장	정현선		
교정·교열	이슬기, 김효진, 김지웅	**표지·본문디자인**	남충우, 김지수
업무부장	박호애	**영업부장**	박창원

※ 이 출판물은 저작권법에 의해 보호를 받는 저작물이므로 무단전재와 무단복제를 할 수 없습니다.